养老服务管理

曾富生　覃延长　李　根◎编著

科 学 出 版 社
北　京

内 容 简 介

为积极应对人口老龄化，我国对居家养老、社区养老、机构养老、医养结合、智慧养老等模式不断探索。目前，养老服务面临着规范化、标准化等考验，存在养老服务质量亟待提升等问题。本书聚焦于养老服务需求、养老服务质量和不同模式的养老服务管理，主要内容包括养老服务及其管理的相关概念、养老服务管理的基础理论、养老服务质量的内涵及评估标准、发达国家养老服务管理及对我国的启示、不同模式的养老服务管理，以及养老服务管理在实践中的典型案例。

本书主要面向高校养老服务管理、社会工作、劳动与社会保障等相关专业本科生和研究生，也可供从事养老服务研究的科研人员参考。

图书在版编目（CIP）数据

养老服务管理 / 曾富生，覃延长，李根编著. —北京：科学出版社，2025.3

ISBN 978-7-03-074197-4

Ⅰ. ①养… Ⅱ. ①曾… ②覃… ③李… Ⅲ. ①养老-社会服务-中国-教材 Ⅳ. ①D669.6

中国版本图书馆 CIP 数据核字（2022）第 235873 号

责任编辑：王京苏 / 责任校对：贾娜娜

责任印制：赵 博 / 封面设计：有道设计

科学出版社 出版

北京东黄城根北街 16 号

邮政编码：100717

http://www.sciencep.com

北京富资园科技发展有限公司印刷

科学出版社发行 各地新华书店经销

*

2025 年 3 月第 一 版 开本：787×1092 1/16

2025 年11月第二次印刷 印张：14 3/4

字数：347 000

定价：68.00 元

（如有印装质量问题，我社负责调换）

前　言

随着老龄社会的到来及人口老龄化程度的不断加深，养老问题已成为全民关注的热点。党的二十大报告明确指出，实施积极应对人口老龄化国家战略，发展养老事业和养老产业，优化孤寡老人服务，推动实现全体老年人享有基本养老服务。这一战略方向为养老服务管理提供了明确的指引。我国在积极应对人口老龄化方面，已经对居家养老、社区养老、机构养老、医养结合、智慧养老等多种养老模式进行了持续探索。这些探索不仅使越来越多的老年人受益于养老服务的拓展与延伸，也推动了养老服务体系的不断完善。然而，我们也必须认识到，我国的社会化养老服务仍在不断发展中，养老服务质量参差不齐，还无法很好地满足广大老年人多层次、高质量的养老需求。因此，做好养老服务管理显得尤为迫切。

随着经济社会的发展、科技的进步、医疗水平的提高，老年人的养老需求不断发生变化，新的养老服务不断出现，智慧养老、虚拟养老院、康养服务、医养结合等新名词进入大众视野。在这种情况下，我们聚焦于老年人的养老服务需求、养老服务质量和不同养老模式的养老服务管理，在总结近年来全国养老服务实践及相关研究的基础上，编著了本书。

本书共十章，第一章对老年人、人口老龄化、养老服务、养老需求、养老服务管理等概念进行了界定，对相关现状进行了描述。第二章介绍了养老服务管理的基础理论，主要有老年理论、需求理论和相关管理理论。第三章探讨了养老服务质量的内涵、标准及对其的评估。第四章介绍了发达国家养老服务管理及对我国的启示。第五章到第九章分别介绍和讨论了居家养老、社区养老、机构养老、医养结合养老、智慧养老这几种养老模式的养老服务管理；值得注意的是，这几种养老模式在学理上并不互斥，而是相互融合，在实践中相互交叉，且在探索中相互结合，衍生出更多新模式，本书基于实践和通俗意义上的理解，介绍和讨论上述几种养老模式的养老服务管理。第十章介绍了养老服务管理在实践中的典型案例。

本书由贵州财经大学曾富生教授、覃延长副教授和李根副教授共同编著，贵州财经大学夏小红、涂静美、高明英、周梅、刘丹叶等老师，以及硕士研究生张忌、姜豪、韦玉享、兰秋林、尚婉银、董文瀚做了大量的工作，在此对参与本书编写及出版的老师和同学一并致以诚挚的谢意。由于养老服务处于不断发展和变动的过程中，相关的研究和实践也在不断更新，本书难免存在不足之处，恳请读者和同人批评指正并提出宝贵意见，以期不断修改完善。

编　者

2025 年 1 月

目　　录

第一章　绪　　论

随着社会经济的发展与进步，人们对养老服务管理也越加重视，现阶段我国人口老龄化现象比较严重，养老问题成了人们讨论的焦点。根据对资料的调查与分析，现阶段的主要养老形式有居家养老、社区养老、机构养老，除此之外，还有医养结合和智慧养老等其他养老形式。当前，我国已经进入人口老龄化快速发展阶段，积极应对老龄化，加快发展养老服务事业与产业，不断满足老年人口持续增长的养老服务需求，是促进家庭发展、全面建成小康社会、践行以人民为中心的发展思想的重要而紧迫的任务。随着老年人生活水平的提高，其对养老服务也有较高的需求，但我国在养老服务管理方面还有一定的不足之处，相关部门应加强对养老服务的管理，从而使养老服务管理机制得以顺利运行。

第一节　“老”的界定

何谓老？这是养老服务研究的一个根本性问题，对于“老”的含义界定，既是确定养老服务对象的前提和养老服务内容的基础，也是提升养老服务质量的关键。

一、年龄维度

年龄是判断“老”的最常见标准，具有客观性，但并非唯一的标准，因此也具有可变性。

（一）年龄分组①

年龄是以年为计量单位的人生尺度，表明一个人从出生到现在为止生存的时间长度。由于年龄的计量方式非常客观，因此人们普遍认同这一概念。但把生理学上的年龄放到不同维度中考察，其意义却大有不同。根据不同的用途，可以将年龄分为心理学年龄、生物学年龄、年代学年龄和社会学年龄。

心理学年龄多用于衡量儿童、青少年的心理发展程度，分析认知能力与年龄之间的对应关系，判断其适度行为能力。

生物学年龄则是从生命历程的视角判断一个人处在哪一阶段，常见的阶段划分是婴儿期、儿童期、少年期、青年期、成年期和老年期。

年代学年龄是指一个人从出生之日起，按年月顺序排列计算的年龄；一般是按照一岁一组或五岁一组将年龄进行划分，用来显示人口年龄结构，常见的人口金字塔图就是

---

① 佟新，2006. 人口社会学[M]. 3 版. 北京：北京大学出版社.

基于年代学年龄进行的分组，可以预测随年龄推移可能出现的社会问题，在同期群分析中也多有应用。

社会学年龄是指担当某种社会角色的年龄。关于社会结构、社会角色、社会地位、社会阶层等方面的社会学研究，需要对年龄进行详细的划分，这就诞生了社会意义明确的社会学年龄分组，常见的分组有政治和法律年龄（如公民有选举权和被选举权的年龄）、受教育年龄、劳动适龄人口和非劳动适龄人口等。社会学年龄的划分受法律规定和社会制度安排的共同影响，在不同文化、不同国家中也各有差异。例如，欧美国家大多将65周岁及以上人口视为非劳动适龄人口，这与欧美国家的退休制度、人们的身体素质等因素密切相关。在我国，根据国务院关于渐进式延迟法定退休年龄的办法，从2025年1月1日起，男职工和原法定退休年龄为五十五周岁的女职工，法定退休年龄每四个月延迟一个月，分别逐步延迟至六十三周岁和五十八周岁；原法定退休年龄为五十周岁的女职工，法定退休年龄每两个月延迟一个月，逐步延迟至五十五周岁。可以看出，整个社会的退休制度，以及基于此的养老保险制度都需要对“退休年龄”有清晰明确的规定，但用退休年龄来判断“老”是有很大缺陷的。

（二）第三年龄与第四年龄的划分

第五届全球老龄大会从生命历程的视角将人的一生划分为四个阶段：第一年龄段，即幼年、少年成长期；第二年龄段，即青壮年期，也即劳动年龄期；第三年龄段，即低龄老人，从时间上来看是60～85周岁的老年群体；第四年龄段，即高龄老人，从时间上来看是85周岁以上的老年群体。

尽管我们可以根据年龄及生理特征将老年群体划分为第三年龄段和第四年龄段，但老年群体内部的差异性却比其他任何年龄段的群体差异性都大。生活方式、经济水平、个人性格、对衰老的态度、健康状况、社会支持、网络等因素影响着生物学意义上的老化，因此我们能看到许多低龄老人无法或不愿参与各种活动，也能看到许多高龄老人依然保持着热情，活跃在各个场合和领域。老年阶段是生命历程的最后一个阶段，受身体变化的影响最大，每个人都经历着一些共性的身体变化，但又不完全由身体变化所决定。生命历程是一个流动的过程，是一种独特的个人经历，呈谱系发展，具有动态性，我们无法将一个固定的模式套用到所有人身上，因为每个人的生命历程是由诸多“参数”决定的。

（三）平均预期寿命的变化与“老”的判断

“老”在某种意义上说是一个相对的概念，在不同的生产力水平下有着不同的含义。平均预期寿命是基于生命表计算出来的一个值，是指同一批人出生后，预期平均每人一生可存活的年数，它不受年龄结构的影响，可以跨时期、跨地区地进行比较，综合反映了一个社会的经济状况和生活水平，是一个重要的社会发展指标。

在工业革命之前的漫长时期里，人类的生存条件并不如人意，由于营养的缺失、医疗卫生条件的恶劣，新生儿和婴儿的死亡率非常高，加上战争、瘟疫、饥荒等天灾人祸频频发生，人口死亡率波动幅度较大，人类的平均预期寿命很低。据人类学家和考古学家对古罗马时期的墓碑进行的分析，当时 1 岁内的婴儿死亡率为 150‰～200‰，人口的平均预期寿命为 22 岁，中世纪时期大约为 30 岁。18 世纪中叶，世界各地人口的平均预期寿命一般不超过 35 岁。18 世纪中叶后，欧美国家受益于工业革命的成果，营养、卫生条件和住房持续改善，在 19 世纪早期平均预期寿命为 40 岁。20 世纪 50 年代世界各地人口的平均预期寿命达到 46 岁，80 年代上升到 59.5 岁，1995 年为 65 岁。2019 年，全世界的平均预期寿命是 70.31 岁，最高的是日本，平均预期寿命为 83.7 岁，其中男性预期寿命为 80.5 岁，女性预期寿命为 86.8 岁。从人类平均预期寿命的发展历程来看，发达国家率先降低了死亡率，平均预期寿命上升，在第二次世界大战后，发展中国家的平均预期寿命也有了大幅度的提升，人类科学技术的进步和社会发展惠及了全世界所有人①。

从人类平均预期寿命的变化过程来看，对老人的界定在不同的时代有着不同的标准。有学者对从欧洲和非洲挖掘出来的 8000 年前的 300 多具成年人骨骼进行考古研究后，发现他们的平均死亡年龄为 30 岁，能活过 40 岁的人寥寥无几②。在工业革命之前的大部分时期里，40 多岁就算是“高龄”，也就是当时社会真正意义上的“老人”。在如今平均预期寿命超过 70 岁的社会大背景下，不到 50 岁去世就算是“英年早逝”了，我们对青年期、壮年期、老年期之间的时间跨度的判定也随着平均预期寿命的增长而不断调整，真正意义上的老人的年龄标准也不断往上提。

二、生理维度

衰老是一个自然老化的过程，是人从中年迈入老年必然经历的一系列身体上的变化，但衰老在不同老年人身上有着不同的表现，如有的老年人在 60 多岁时就老态龙钟、疾病缠身；有的老年人 80 多岁了还活跃在各个领域，虽然视觉、嗅觉、听觉、味觉、触觉的反应都已变慢，但这并没有给他们带来太大的不便。老年人在衰老过程中存在时间序列上的巨大差异，提醒我们不能把年龄作为衡量“老”的唯一标准，“衰老”程度也许是个更好的度量标准。这引起我们进一步思考：身体衰老的原因是什么？身体衰老的表现有哪些？衰老到何种程度可以判断为“老”？

（一）身体衰老的原因

目前，科学界对身体衰老的解释尚未达成一致，主流的学说可以分为三大类③。

1. 基因程序说

基因程序说认为，人体的老化过程如同器物的耗损过程，是人体按照遗传结构决定的预先编制好的程序运行的结果。随着年龄的增长，人体所有主要系统的细胞都会丧失修复损伤的能力，其中遗传因素起决定性作用，但不同生活方式和不同环境对老化的进程会有所延缓或促进。基因程序说解释了跟年龄密切相关的一系列疾病的出现，如晚年发病的糖尿病、阿尔茨海默病、青光眼等，也能解释一些家族病的出现及健康长寿在不

① 转引自佟新，2006. 人口社会学[M]. 3 版. 北京：北京大学出版社.

② 转引自潘纪一，朱国宏，1991. 世界人口通论[M]. 北京：中国人口出版社.

③ 凯瑟琳·麦金尼斯·迪特里克，2008. 老年社会工作生理、心理及社会方面的评估与干预[M]. 2 版. 隋玉杰，译. 北京：中国人民大学出版社.

同家族中的延续性现象。我们从这一理论可以推导出：人体衰老过程主要是由基因控制的，健康的生活方式能在一定程度上影响这一过程。

2. 交联与自由基说

细胞生物学家认为，细胞和分子结构内出现的不良反应是导致衰老的原因。人体内的分子自身内部和与其他分子间会产生交联现象，导致一系列微妙的变化，细胞因此而堆积一些物质，导致器官发生变化，如关节僵硬、皮肤起皱、血管硬化等。另外一种解释是自由基理论，自由基是细胞在新陈代谢氧化的过程中产生出来的一种不稳定的分子，它附在人体的蛋白质上，造成健康细胞功能的损伤，进而导致机体的损伤。维生素 C、维生素 E、β-胡萝卜素等抗氧化剂可以稳定自由基，减缓细胞受损的进程。交联与自由基说告诉我们，富含抗氧化剂维生素的食品可以帮助人们延缓衰老，如橘子、草莓、西红柿、菠菜、卷心菜等（含维生素 C），麦芽、干果、植物油等（含维生素 E），南瓜、胡萝卜、桃子、橙子等（含 β-胡萝卜素）。

3. 免疫系统退化说

免疫系统退化说认为，人体的免疫系统能产生抗体，使人体摆脱病毒、细菌和畸变细胞（如癌细胞）的侵袭。随着年龄的增长，人体免疫系统识别和对抗疾病的能力减弱，体内畸变细胞可能就开始增长，造成慢性疾病，导致身体某些器官的功能受损。还有一种免疫系统学说认为，免疫系统功能退化会导致机体自身排斥或摧毁正常细胞，从而患关节炎、糖尿病等。

以上几种学说都从某个角度诠释了衰老的原因，尽管没有任何一种理论被认为是衰老的真正原因，但其给了我们很多启示，为社会工作者提供了医学知识储备和评估决策的依据。

（二）身体衰老的表现

一说到“老”字，我们脑海中可能会浮现出一些词，如步履蹒跚、老态龙钟、驼背、头发花白、颤抖、老花眼、白内障、耳背、高血压、冠心病、糖尿病、健忘、唠叨、瘫痪、大小便失禁、变矮、喘粗气、反应慢……这些都是对老年人的相关描述，尽管里面可能带有一些偏见的成分，但确实从不同角度描述了老年人生理上衰老之后的结果[①]。当人的身体衰老之后，就会出现上述特征，所不同的是，这些特征在不同的老年人身上出现时间的先后和多少会有差异。凯瑟琳·麦金尼斯·迪特里克（Kathleen McInnis Ditrich）曾详细列出了人体的各个系统随着年龄增长后产生的变化[②]：①皮肤系统——皮肤丧失皮下脂肪和水分而出现皱纹、变薄、弹性减少、色素沉着（黄褐斑）；因对冷热反应的灵敏度变低而容易低烧或高热；头发变得稀少、变白；手指甲、脚指甲变厚。②神经系统——神经系统效能降低，对外界刺激反应变慢、时间延长；睡眠质量较差，深度睡眠时间少，晚上清醒、白天犯困；容易犯脑血栓、脑溢血、中风、帕金森病。③心血管

① 笔者分别在社会工作专业的本科生和硕士研究生中做过调查，让每位同学在尽可能短的时间内（即不假思索地）写下描述老年人的词，此处列出的是调查结果之一。

② 凯瑟琳·麦金尼斯·迪特里克，2008. 老年社会工作生理、心理及社会方面的评估与干预[M]. 2 版. 隋玉杰，译. 北京：中国人民大学出版社.

系统——随着时间的推移，脂肪和胶原蛋白的附着导致心脏供血效能降低，容易出现冠心病、动脉粥样硬化、高血压等疾病。④肌肉骨骼系统——由于脊椎骨的压缩而变矮；肌肉因肌肉细胞萎缩而缺乏力量、弹性和耐力；平衡感变差，容易跌倒；可能掉牙瘪嘴；软骨退化导致关节炎；骨质疏松而导致骨折、驼背。⑤胃肠道系统——容易有饱腹感而吃得少；经常便秘。⑥呼吸系统——肺部功能减弱，导致呼吸慢而浅，更容易呼吸困难，也更容易患肺炎。⑦泌尿系统——肾脏过滤毒素的功能降低，膀胱丧失紧张性，前列腺肥大，易出现感染，容易小便失禁。⑧内分泌系统与生殖系统——老年人胰腺生产胰岛素的功能减弱，可能发展成晚年发病的糖尿病；雄性激素和雌性激素水平降低，导致男女在泌尿生殖系统方面的变化。⑨感觉系统——70 岁之后，老年人的感觉系统都会发生一些改变，变得不再敏锐，阈限提高；触觉中的痛觉阈限升高，感受不到一些轻微的疼痛，平衡感变差；视觉上会出现老花眼，视觉减退，分辨颜色的能力下降，容易出现白内障、青光眼；听觉的灵敏度下降，对不同声音的分辨能力下降，可能造成老年性耳聋；味觉阈限降低，老年人口味变重；嗅觉受损，可能闻不出煤气、烟雾或变质食品的气味。

（三）如何根据“衰老”做判断

人体机能的衰老是不可避免的。随着年龄的增长，人体的各部分系统都会出现程度不同的“老化”，表现出“衰老”的特征。但“衰老”并不意味着疾病，也不代表着身体会很糟糕，当然，“衰老”与老年人的幸福感也不能画等号。我们观察到的老年人，虽然都经历着“衰老”的过程，但其生命状态却千差万别：有的疾病缠身、终日卧床；有的出现在各种体育运动中，活跃程度不亚于年轻人；有的因“衰老”而自卑，主动与社会隔离，减少社会活动；有的则积极进取，丝毫不受“衰老”特征的影响；有的觉得自己老了，没有用了，情绪低落，整天唉声叹气；有的则更享受老了之后的新角色，可以做以前没有机会和时间做的事情，幸福感强……如此种种，不一而足。如果仅以某种“衰老”特征作为“老”的判断，那么会使养老服务系统失去瞄准性，无法提供有针对性的服务。

纠结在“衰老”的特征中无法给我们指明方向，如果跳出这个窠臼，用医学护理上的判断标准也许更有针对性。老年人的自理能力是判断其是否需要护理的直接标准：如果能完全自理，老年人几乎没有护理的需求；如果是半自理，老年人需要外界的协助才能应付基本的日常生活；如果是完全不能自理，老年人则需要全程的护理。但是“衰老”过程与自理的渐进谱系之间并不能等同（图 1-1），有一部分老年人终其一生也没有护理的需求，尽管老化的过程一直在持续进行，但没有影响到老年人的自理能力，在生命的最后阶段“无疾而终”，或者只经历了短暂的不能自理时间。有部分老年人可能在进入老年之前健康状况就很糟糕，自理能力差，需要持续的外界护理协助。

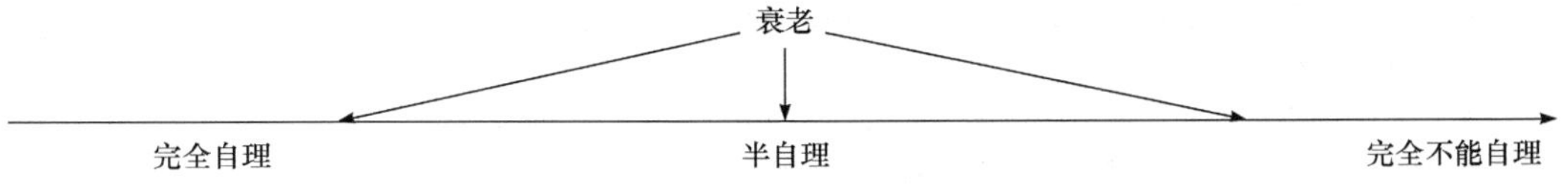

图 1-1　衰老与自理能力的关系

通过“衰老”与自理能力之间的关系可以发现，从生理上的“衰老”程度来判断老年人的养老需求是不合理的，应当将其自理能力作为判断标准，充分考虑衰老的过程与特征，这有助于合理评估老年人的自理能力，有助于养老服务的供给和养老资源的配置。

三、心理维度

生理上的衰老取决于遗传基因和生活方式的选择，有其可循的规律和比较明显的特征，但老年人在心理上的变化却有着极其复杂的差异性和难以辨认性。

（一）智力的变化

大多数人通常认为智力会随着年龄的增长而下降，但实际情况很复杂，两者并非线性的负相关关系。凯瑟琳·麦金尼斯·迪特里克将智力分为“结晶智力”（crystallized intelligence）和“液态智力”（fluid intelligence）①。结晶智力由后天努力获得，与个体经验、知识的积累密切相关，而个体知识积累的成效取决于受教育程度、人生经历、信息接触条件及遗传基因等因素。从这个角度来看，随着年龄的增长，老年人在阅历、知识、经验上会逐渐累积，从而增加结晶智力。也就是说，老年人的结晶智力是不断增长或保持不变的。液态智力与大脑、神经系统等相关，取决于个体器官的生理结构与功能的变化情况，如信息综合处理能力、思维敏捷程度的变化。一般而言，个体的液态智力在成年早期会达到巅峰，随后会随着年龄的增长而衰退。不同类型的智力随着年龄的反向变化使测量老年人的智力过程变得比较复杂，单一地认为老年人智力必然衰退是不正确的。有纵向跟踪研究表明：老年人在 74 岁时，仍有 70%的老年人在过去的 7 年中保持稳定的智力，到 81 岁时，至少有 60%的老年人维持与之前一样的智力水平②。

（二）记忆力的变化

理论上人脑的记忆能力是无限的，老年人的记忆能力也与年龄无关，但老年人处理形成记忆的信息的能力会受到疾病和衰老的影响③。记忆的过程包括编码、贮存和提取三个阶段，老年人在编码阶段可能无法更好地加工新信息而出现记忆问题，在贮存阶段处理信息的速度也可能减慢，在提取阶段也会有一定难度，回忆能力减弱④。老年人的知觉速度下降，反应能力衰退，这导致老年人的记忆力无法表现得像年轻人那样快速，从而给人其记忆能力低下的印象，而老年人对自我记忆能力的评价也要低于年轻人。但排除疾病、营养不良、抑郁等的影响，老年人的记忆能力可以表现得很好。

老年人的记忆能力还有两个特点：一是通过一定的训练和锻炼，老年人的记忆能力可以维持得很好，尤其是当赋予一定的意义和动机时，其记忆能力会表现得更好。也就

---

① 凯瑟琳·麦金尼斯·迪特里克，2008. 老年社会工作生理、心理及社会方面的评估与干预[M]. 2 版. 隋玉杰，译. 北京：中国人民大学出版社.

② 邬沧萍，姜向群，2015. 老年学概论[M]. 3 版. 北京：中国人民大学出版社.

③ 凯瑟琳·麦金尼斯·迪特里克，2008. 老年社会工作生理、心理及社会方面的评估与干预[M]. 2 版. 隋玉杰，译. 北京：中国人民大学出版社.

④ 邬沧萍，姜向群，2015. 老年学概论[M]. 3 版. 北京：中国人民大学出版社.

是说，通过适当的干预措施和一定的记忆策略，老年人的记忆能力是可以得到维持和改善的。二是老年人的记忆能力因人而异，在衰退时间、程度和速度上都不大相同，表现出很大的个体差异①。

（三）性格的变化

性格是对现实的稳定态度和习惯内化后的行为方式，是个体行为、情绪和认知功能的混合体。性格决定了个体与现实环境互动的方式，个体从出生开始就显现出不同的性格类型，并在成年后基本成型，大多数会保持到老年阶段，表现出一定的稳定性。性格是个体与环境持续互动的结果，因此，个体的性格也会随着年龄增长、生活方式变化、家庭变故等发生改变。在老年生活中，疾病、丧偶、经济拮据、对死亡的恐惧等因素都会给老年人带来很大的压力。个体的性格提供了看待问题的视角和应对方式，不同老年人处理相同的问题会表现出不同的认知方式和行为方式。在生活中，有的老年人会为一些鸡毛蒜皮的小事而苦恼不已，有的则只在遇到危及生命之类的重大事件时才表现出忧虑；有的老年人对以后的生活感到悲观，有的则更加乐观；有的老年人感觉生活失控，只能听其他人安排，有的则能游刃有余地掌控生活……以上情况都表明老年人在性格上具有多样性，就如同个体在其他年龄段表现得一样。

有两个方面值得关注：一是大多数老年人适应环境的态度和行为方式基本上会由主动转为被动、由朝向外部世界转为朝向内部世界②。关注这种变化可以引导我们从整体结构中寻找老年人无力感的原因。二是代际变迁的视角。每一个同期群的老年人都被烙上了时代的印记，其独特的历史经历造就了一代人共同的人生态度和行为标准，因此年龄并非老年人性格的决定因素，更多是个体特征与独特的经历共同塑造的结果，这可以引导我们解构社会对老年人整体的偏见与歧视。

（四）常见的老年心理疾病

在老化的过程中，认知功能会发生很大的变化，老年人因认知和情绪问题而产生的常见疾病有抑郁症、阿尔茨海默病、谵妄症、焦虑症等。抑郁症是情感和情绪失调的结果，患抑郁症的老年人通常表现出心情抑郁、精神萎靡、睡眠紊乱、胃口差、对生活有适应性障碍等症状，这大多发生在晚年生活中常见的重大变故之后，如丧偶、患病等。抑郁症可能是某些常见病的症状之一，如脑瘤、帕金森病、内分泌失调等，也可能是因为自我隔绝于外界或服药的副作用之一。阿尔茨海默病是指认知或智力功能的严重受损或者丧失，通常是由生理原因造成的，这在老年人中发病率非常高，65岁之后老年人患阿尔茨海默病的比例每5年就能增加一倍，总的发病率为5%～10%。正常衰老过程中人的神经系统反应变慢，认知上变得迟钝，但这并不意味着认知功能的丧失。谵妄症的症状主要有精神错乱、出现幻觉、情绪反复等，该病发病急，但可以治愈。焦虑症在老年人中比较普遍，但该病在青少年、成年人群体中同样有比较明

① 张恺悌，2008. 老年社会工作实务[M]. 北京：中国社会出版社.

② 邬沧萍，姜向群，2015. 老年学概论[M]. 3版. 北京：中国人民大学出版社.

显的表现，尤其是在竞争压力比较大的环境中。在老年人中，焦虑症有多种表现形式，如过度的忧虑和紧张、情绪激动易怒、恐慌症、恐惧症（如广场恐惧症、社交恐惧症）、强迫症等[①]。

需要注意的是，尽管上述任何一种心理上的疾病都会降低老年人的生活质量，但出现在老年人身上的病态问题并非正常衰老的一部分，而是老年人因为生理原因或社会原因而出现的认知和情绪问题。

四、“老”的内涵

（一）“老”是过程，也是结果

“老”是一个必经的过程，是所有老年人必然面对的生物进程，无法回避，也无法忽略。“老”又是一个结果，是人到了一定年龄后身体、心理、社会等方面变化出现的一系列结果，既包含客观上年岁的增长、身体的衰老，也包含他人和社会的角色期待、主观认定（如刻板印象），以及个体对自身衰老情况和外界认识的综合认知。面对这一复杂、多面的概念，从发展的、动态的视角来看待“老”这一过程和结果，更具有建设性意义。

除此之外，“老”的概念是建构的、可塑的。对个体而言，如何认知“老”的本身会影响衰老的过程和结果。积极乐观地面对衰老，坦然地接受老年阶段的角色和任务，获得一个完美的自我解释，会延缓衰老的进程，延长健康、自主的时间。消极悲观地面对衰老，伴随而来的是心理上的负面情绪和一些“老年”心理疾病，反过来又影响身体的健康，束缚了自身的自主，获得的是一个低质量的老年生活。所以，个体对“老”的认知本身就是可塑的，是可以由自己建构的。对社会而言，“老”是一个社会共识，是基于文化、社会代际传递和新老更替的制度安排、社会经济发展情况等而形成的一个判断，这个判断既可以将老年人视为社会中有价值的人群、社会的财富，也可以将老年人视为社会的纯消费群体、社会负担。从人类既有的历史来看，在一定的经济条件和文化下，各种判断都存在过，也基于相应的判断而对老年人做出了弃老、尊老、制度安排等相应处理。也就是说，“老”是社会整体的“共谋”，包括老年人在内的个体有意无意地接受社会的共识，从而综合产生对老年人的制度安排和态度上的认知——而这又是相对的、可变的。处于当前的现实环境下，我们所能做的是认识到建构这一本质，基于当前条件对“老”进行有益的重塑，以达到解放老年人、在现有条件下合理满足老年人基本需求的养老目的。

（二）“老”的定义

“老”是指个体在达到社会公认的退休年龄标准后，需要外界帮助来恢复、维持、促进其健康和自主的一种状态。老年人则是指在这种状态下的个体或人群。

在这个定义中，我们强调了年龄这一客观标准。年龄是客观的，在一定的社会条件

---

① 凯瑟琳·麦金尼斯·迪特里克，2008. 老年社会工作生理、心理及社会方面的评估与干预[M]. 2 版. 隋玉杰，译. 北京：中国人民大学出版社.

下，人的工作能力和健康状况也是基本稳定的。随着经济社会的发展和人均预期寿命的延长，我国的人口老龄化趋势加快，劳动力年龄人口占比逐年下降；为了应对这一挑战，保持人力资源的充分利用，并维持社会保障体系的可持续发展，我国正式施行延迟法定退休年龄的决策部署。所以我们选择最新的退休年龄标准作为“老”这一定义的基本属性。

仅仅是退休年龄这一标准还远远不够。“老”具有多样性、差异性、可塑性和建构性，因此不能以年龄作为唯一的判断标准。一是达到退休年龄标准的人群极其庞大，这是当下老龄化社会面临的巨大问题，无差异地提供相应的养老保障是不可行的。从西方发达国家的实践来看，社会大包大揽、无限制地扩大保障范围是行不通的，所以许多发达国家的老年社会福利开始强调责任分散和整体性收缩，对于未富先老的社会，可能更是无法承受之重。二是达到退休年龄标准的人群中，有很多人不需要社会的特殊关照①。从第三年龄和第四年龄的划分中可以看出，许多老年人可以自我满足基本的需求，因此，笼统地以退休年龄为标准提供服务，存在资源浪费的问题，整个社会资源配置的效率会大打折扣。三是针对不需要的人群提供过度的关照，会适得其反。当一个社会在整体上认为老年人都是弱势的、虚弱的、保守封闭的、丧失选择能力的、健康状况很糟糕的，那么这个社会实际上是在营造一种刻板印象，塑造了一个老年人需要被照顾、被供养的形象，而文化无微不至的渗透力会影响到社会的每一个人，包括老年人自己。也就是说，老年人将内化这些观念，从而自己给自己设限，造成“习得性无助”，进一步削弱老年人的健康和自主。

第二节 我国的人口老龄化

人口老龄化是当今世界人口发展的重要趋势，正广泛而深刻地影响着人们的生活。作为世界上最大的发展中国家，中国在经济发展水平相对较低的阶段迎来了人口老龄化，这对中国当前以及今后很长一段时间内的经济社会发展都将产生深远影响。在此背景下，如何构建健康、可持续的养老体系以满足老年人多元化的养老需求至关重要。基于此，本节在论述我国人口老龄化的概念、我国人口老龄化的特点与发展阶段的基础上，探讨人口老龄化对我国发展的影响。

一、人口老龄化的概念

人口老龄化是指人口生育率降低和人均寿命延长导致的总人口中年轻人口数量减少、年长人口数量增加而致使老年人口比例相应增长的一种社会现象。

关于人口老龄化的定义，早期的相关研究主要集中于年龄及人口数量方面。根据1956年联合国《人口老龄化及其社会经济后果》确定的划分标准，当一个国家或地区60

① 提供适度普惠的养老保险是老年人自我养老的基础，也是满足老年人基本需求的关键因素。这是针对全体老年人的制度设置，不在特殊关照范围之内。

岁及以上老年人口数量占总人口比例超过 10%，或当一个国家或地区 65 岁及以上老年人口数量占总人口比例超过 7%时，则意味着这个国家或地区进入老龄化[①]。多数关于老龄化的定义、解读等都基于该标准。我国的《人口学辞典》中对老龄化的定义为：人口数量中老年人数量比重日益提高的现象，已达到年老状态的人口中老年人比重继续提高的过程。世界卫生组织将“老龄化”作为人在生理、心理和社会结构方面的逐渐变化过程[②]。

将老龄化仅限于年龄和人口数量上的视角是有局限的，应与社会学、管理学等学科相结合，因此近期的研究开始从年龄、人口数量，以及与社会的关系等方面界定老龄化。有学者认为，应当从多元结构界定老龄化，即老龄化是具有数字结构内容和社会结构内容的老龄问题发展过程，这一过程达到一定数字规模和一定社会影响规模即达到老龄化，老龄化不仅是数字老龄化，而且是社会老龄化。社会老龄化是强调社会的相互影响，而不单单是老龄或仅仅是老龄本身的问题[③]。

随着经济的发展，人民生活水平及医疗水平提高，我国的人均期望寿命已经发生了很大的变化。第七次全国人口普查数据显示，我国居民人均预期寿命由 2017 年的 76.7 岁提高到 2018 年的 77 岁[④]。世界及我国的人均预期寿命都有了显著的提高，但是对老龄化的年龄方面的定义尚未改变。因此，要解决老龄化问题，首先要解决的是关于老龄的定义问题，其应随着经济社会的发展及人均期望寿命的变化而不断变化。同时，关于退休年龄的规定也应该开始变化。我国根据社会发展、平均寿命、人口结构等实施渐进式延迟法定退休年龄，逐步将男职工的法定退休年龄从原六十周岁延迟至六十三周岁，将女职工的法定退休年龄从原五十周岁、五十五周岁分别延迟至五十五周岁、五十八周岁，制定了合理有效的退休年龄。

人口老龄化不是单纯的年龄问题，而是在社会发展过程中，人口与社会互动、人口寿命、人口年龄结构不断变化的一个过程。新时代的养老是为老年人提供发展机会、挖掘发展潜力、发挥其价值，使老年人在物质、精神、社会功能上发挥最大作用的过程。随着经济的发展、科技的进步和生活水平的提高，人均预期寿命在不断提高。60 岁以上的老年人退休后仍然可以重新进入劳动力市场，为社会继续提供有效的劳动力供给。显然，目前对于人口老龄化的界定并不能很好地反映出老龄化的内涵，因此本书基于劳动力供给的视角提出人口老龄化的新定义，即人口老龄化是指生理年龄已经达到 65 岁且已经退出劳动力市场，不能提供有效的劳动力供给的人口占总人口的比重超过 7%时的社会人口状态。

二、我国人口老龄化的特点

总结我国人口发展的历史及结合基本国情，我国老龄化人口的发展状况具有以下四

---

① 参阅 https://wiki.mbalib.com/wiki/%E4%BA%BA%E5%8F%A3%E8%80%81%E9%BE%84%E5%8C%96。

② 转引自姜向群，丁志宏，2004. 对我国当前人口老龄化问题研究的概念和理论探析[J]. 人口学刊，（5）：10-13.

③ 任际，2017. 老龄化新趋势及应对：国际化与多元治理[J]. 辽宁大学学报（哲学社会科学版），45（6）：93-99.

④ 国家统计局，国务院第七次全国人口普查领导小组办公室，2021. 第七次全国人口普查公报（第五号）——人口年龄构成情况[EB/OL]. http://www.stats.gov.cn/xxgk/sjfb/zxfb2020/202105/t20210511_1817200.html[2021-05-11].

个特征。

第一，规模巨大，数量发展迅速。与1990年相比，2019年60岁及以上人口增长了近1.5亿人，第七次全国人口普查显示，我国60岁及以上老年人口数量达2.64亿人，占总人口的18.70%。预计到2039年我国的老年人口将达到4亿人。我国65岁及以上老龄人口从1953年7月的约2504万人增加到2005年11月的10 045万人，增长约3倍。第七次全国人口普查显示，我国65岁及以上老年人口数量达到19 064万人，占总人口的13.50%。世界银行2002年的统计数据显示，我国的老年人口数量是英国、美国、法国、日本、德国、澳大利亚六国之和，2017年的统计数据表明，截止到2017年底，中国65岁及以上老年人口数量为1.475亿人，2020年最新数据表明，这一数字进一步增加至1.688亿人，占全球老年人口总数量的23.34%，成为全球唯一一个老年人口数量超过1亿人的国家。总的来说，我国老年人口具有规模庞大、增长迅速等特点。具体来看，我国的人口老龄化的进程加快起始于20世纪70年代末，随后以每年约3.2%的速度递增。相对于发达国家经历这个过程花费了约45年时间，中国只用了27年，并将长时期处于快速递增的状态，是老龄化速度最快的国家之一[①]。

第二，老龄化人口中的高龄化速度过快。60～69岁被称为低龄老年人口，70～79岁被称为中龄老年人口，80岁以上被称为高龄老年人口。2000年，我国高龄人口约1201万人，至2020年已达到约3660万人，年平均增长率更高达约3.05%。根据预测，至2050年65岁及以上的老年人口将增加到约33 578万人，比2000年增加约2.81倍，高龄老人将达到约1亿人，比2000年增加约7.18倍[②]。高龄老人的增长速度远超过老年人口的增长速度。高龄老年人口大量出现，将导致带病生存和卧床不起的概率增高，多数高龄老年人生活不能自理，与低龄、中龄老年人相比，高龄老年人占有医疗资源较多，需要各方面关怀。

第三，人口老龄化地区发展不平衡。东部地区明显高于西部地区，由东向西呈现区域梯次的特征。上海于1979年进入老龄化社会，是我国最早进入人口老龄化的城市，宁夏于2012年进入老龄化社会，是我国最晚进入人口老龄化的城市。从区域的分布看，目前我国老龄化地区分为四类：第一类，辽宁，已属于高度老龄化地区；第二类，上海、重庆、黑龙江等属于中高度老龄化地区；第三类，湖南、山东、河北等属于中度老龄化地区；第四类，西藏、新疆等，正处于由成年型向老年型过渡的人口老龄化初始阶段[③]。

第四，老龄化状况长时间城乡倒置。从城乡分布看，我国的城市化加速，农村青壮年劳动力转移，大量的农村劳动力迁移到城市，农村的人口老龄化程度和速度高于城市，农村同样面临着老龄化等严重问题。有统计显示，2020年，城市老龄化水平低于农村7.99个百分点，农村老龄化人口达到约23.81%。根据我国人口发展的规律，预计到2040年，

---

① 项鑫，王乙，2021. 中国人口老龄化现状、特点、原因及对策[J]. 中国老年学杂志，41（18）：4149-4152.

② 国家统计局，国务院第七次全国人口普查领导小组办公室，2021. 第七次全国人口普查公报（第五号）——人口年龄构成情况[EB/OL]. http://www.stats.gov.cn/xxgk/sjfb/zxfb2020/202105/t20210511_1817200.html[2021-05-11].

③ 国家统计局，国务院第七次全国人口普查领导小组办公室，2021. 第七次全国人口普查公报（第五号）——人口年龄构成情况[EB/OL]. http://www.stats.gov.cn/xxgk/sjfb/zxfb2020/202105/t20210511_1817200.html[2021-05-11].

我国城乡倒置的老龄化人口分布状况将会发生改变，城镇水平将高于农村。

三、我国人口老龄化的发展阶段

我国人口老龄化发展主要分为六个阶段。

第一阶段是中华人民共和国成立初期至 1970 年，是人口无控制、高增长时期。中华人民共和国成立后，社会安定，经济发展，中国人口开始出现持续、高速增长。1949—1957 年，是中国人口的第一个高增长阶段。1949 年，中国人口出生率为 36‰，死亡率为 20‰，自然增长率为 16‰；到 1957 年，死亡率下降到了 10.8‰，而自然增长率上升为 23.2‰；总人口数由 5.42 亿人上涨至 6.47 亿人。1959—1961 年，中国由于三年困难时期，死亡率骤增，人口进入低增长阶段。1962—1970 年，死亡率逐渐回升，中国人口进入第二个高增长阶段。

第二阶段是 1971—1980 年，是人口有控制增长阶段。人口快速增长，政府和人民逐渐意识到社会、环境等方面的压力越来越大，开始有意识地通过计划控制人口增长。中国总人口从 1971 年的 8.52 亿人增长到 1980 年的 9.76 亿人，在这阶段，人口出生率和自然增长率迅速下降，人口基数庞大，全国总人口净增 1.35 亿人。

第三阶段是 1981—1990 年，是人口高增长阶段。此时，开始施行严格的计划生育政策，并且将该政策推到了中国战略发展高度。经过政府、人民的共同努力，计划生育取得巨大成就，中国的生育率开始持续下滑，到 1990 年，总人口增至 11.43 亿人，净增 1.43 亿人。

第四阶段是 1991—2014 年，是人口平稳增长阶段。计划生育政策不断完善，出生率得到有效控制，中国人口进入平稳增长阶段。随着大量劳动人口步入老年，中国在 2000 年进入老龄化社会。受到计划生育政策的影响，20 世纪 80—90 年代出生的大多是独生子女。

第五阶段是 2015—2020 年，全面放开二孩阶段。2015 年 10 月，党的十八届五中全会提出全面二孩政策，这是积极应对中国人口老龄化的一项重要举措。放开二孩政策标志着中国人口发展战略目标已经由人口总量控制，转向促进人口均衡发展，国家制定相关配套措施，鼓励适龄人群按国家政策生育，适当提高出生率。从二孩政策的实施效果看，2016 年出生人口 1826 万人，2017 年出生人口 1723 万人，二孩比重已经超过出生人口的 50%，生育水平低已经成为人口发展的新趋势。

第六阶段是 2021 年以来，实施三孩生育政策阶段。

人口增速减缓，我国即将进入人口负增长时代。第七次全国人口普查数据显示，2020 年全国人口与第六次全国人口普查时相比，年平均增长率为 0.53%，比 2000—2010 年的年平均增长率 0.57%下降了 0.04 个百分点，表明中国人口虽然保持增长，但正处于减速中。实际上这从近几十年人口自然增长率不断下降中已现端倪，我国人口自然增长率已经从 20 世纪 80 年代末期的 15‰一路下滑至 2019 年的 3.34‰，预示着总人口向负增长迈进的基本趋势①。

---

① 林宝，2021. 从七普数据看中国人口发展趋势[J]. 人民论坛，（15）：56-59.

人口负增长是我国人口发展的一个新阶段。陆杰华认为，人口负增长不仅会对社会经济、文化、科技、地缘政治等方面产生影响，还可能会对人口发展战略、国家安全与社会稳定、社会保障体系等造成冲击。由于生育率难以在短期内实现大幅度提升，所以人口负增长的惯性将长期持续①。

老龄化快速发展，我国即将进入中度老龄化社会，并将快速向重度老龄化社会和极度老龄化社会迈进。人口老龄化是我国人口发展的显著特征。第七次全国人口普查数据显示，我国 60 岁及以上人口为 264 018 766 人，占总人口的 18.70%，其中 65 岁及以上人口为 190 635 280 人，占总人口的 13.50%。人口老龄化速度明显加快，2020 年 60 岁及以上人口比重比 2010 年上升了 5.44 个百分点，65 岁及以上人口上升了 4.63 个百分点，与上个十年（2000—2010 年）相比，上升幅度分别提高了 2.51 个和 2.72 个百分点。截至 2021 年底，我国 65 岁及以上人口首次突破 2 亿人，占总人口的比重超过 14%，由 2000 年的轻度老龄化社会转为中度老龄化社会。根据预测，在总和生育率保持 1.3 的情况下，2033 年左右我国将进入重度老龄化社会（65 岁及以上人口比例大于 21%），2045 年以前将进入极度老龄化社会（65 岁及以上人口比例大于 28%）。人口老龄化将对中国经济社会发展产生深远的影响，给经济增长、社会治理、社会保障和社会服务等多方面带来严峻的挑战，尤其是会直接导致社会保障支出和养老服务需求快速增长，需要特别加以关注。

四、人口老龄化对我国发展的影响

随着我国经济的快速发展和 20 世纪 70 年代以来计划生育政策的有效实行，我国人口出现了与世界上其他国家同样的现象，即人们活得越来越久，但生的孩子越来越少。应当承认，只有在社会经济不断发展和不断进步的历史条件下，才有可能出现这种生育率水平和死亡率水平都持续下降的长期趋势，从这个意义上，我们可以说：人口老龄化是我国科技进步、经济社会发展的标志。但不容否认，老龄化，尤其是人口高龄化的日趋严重，也强烈冲击着我国原有的社会秩序和经济秩序，将对未来我国经济和社会的发展产生深刻而持久的影响。

（一）“未富先老”的矛盾越来越突出

世界发达国家是在基本实现现代化的条件下进入老龄社会的，而我国则是在尚未实现现代化、经济尚不发达的情况下提前进入老龄社会的，“未富先老”已成为中国发展的一大隐忧。由于老龄化大大超前于经济发展，且来势迅猛，超出了社会经济的承受能力，所以随着老龄化程度的不断加深，我国“未富先老”的矛盾越来越突出，解决老龄化问题的难度也越来越大。

（二）社会供养老年人的负担越来越重

2010 劳动年龄人口比例仍然处于增长状态，但从 2010 年到 2020 年劳动年龄人口比

① 陆杰华，2019. 人口负增长时代：特征、风险及其应对策略[J]. 社会发展研究，6（1）：21-32，242.

例出现下降[①]，自此之后，老年人口比重大幅提高。从不同阶层来分析，干部、管理者、企业主及专业技术人员在整个劳动年龄人口的比重变化不大，但是农民工在整个劳动年龄人口的比重变化却出现巨大的分化，农村未来可转移出来的劳动力将越来越少，“招工难”问题日益突出，随着适龄劳动力人口的减少，现有资源所受到的压力与日俱增，社会供养老年人的负担越发沉重。

（三）传统家庭养老模式越来越受冲击

家庭养老一直是我国养老的主导模式。孝敬父母、尊老敬老是中华民族传统美德，但在当今社会转型期，人们的价值观、道德观也在悄悄地发生变化，传统的道德约束力逐渐变小，再加上我国推行几十年的计划生育政策而产生的“4—2—1”（家庭成员为4个老人、2个独生子女、1个孩子）家庭，独生子女上有老下有小，又要忙于工作，使“重幼轻老”现象突出。传统家庭养老偏好与现实家庭养老功能弱化发生激烈冲突，老人晚年生活质量很大程度上取决于供养人的自身道德素质，这无疑加大了老人承担子女不赡养的风险。面对来势汹汹的老龄化浪潮和家庭规模日益小型化、核心化的趋势，中华民族几千年来的家庭养老模式已难以承载养老的负荷，受到强烈冲击。

（四）社会保障压力越来越大

随着我国老年人口越来越多，特别是高龄老人的增加和老年人口寿命的增长，政府面临养老金收入减少、支出增加的困境，并且老年人由于身体抵抗力下降、属于高患病率人群，国家每年需要支付的医疗保险费也在大幅度增加，社会保障压力越来越大。现行社会保障运行的基本原理是：在长期稳定的人口结构下，生产性劳动人口的退休养老费用将由下一代生产劳动者承担。而未来老年人口赡养率的大幅度上升，必然导致企业和个人的缴费负担越来越重，养老金缺口越来越大，尤其在老龄化的高峰期，政府很可能面临无力支付养老金的危险，从而影响社会保障机制的正常运行。

第三节　养老服务及其需求

在经济稳步发展、人民生活更加殷实的背景下，高度关注规模庞大的老年人口的物质文化需要，以高质量的养老服务满足其多层次、多样化的养老需求，是关乎我国老年人口幸福安康和亿万家庭和谐美满的“国之大者”，也是满足人民美好生活需要，让改革发展成果公平惠及全体人民的应有之义。

一、养老服务的相关概念

（一）养老服务

养老服务指的是为老年人提供必要的生活服务，满足其物质生活和精神生活的基本

① 乔晓春，2021. 从“七普”数据看中国人口发展、变化和现状[J]. 人口与发展，27（4）：74-88.

需求。凡是老年人的切实需求，都为养老服务的主要内容，包括生活照料服务、助浴服务、助餐服务、代办服务、医疗保健服务、医疗协助服务、健康咨询服务、康复服务、家政服务、紧急救助服务、安装维修家电服务、精神支持服务、心理疏导服务及其他服务等。

“养老”，原为古代一种礼制，意为“择取年老而贤能的人，按时供给酒食，并加以礼敬”，现多含有“赡养、扶养或养护老年人”之意。人步入老年之后，由于身体机能下降，身体素质大不如前。特别是进入高龄老年阶段后，老年人由于伤病而丧失劳动能力，生活自理能力、社会交往能力都急剧下降，这时如果经济保障能力不足，则老年人在生存、生活等方面就会产生较大困难，同时，其心理与精神压力也会随之产生，晚年生活质量就会受到严重影响。因此，他们非常需要来自家庭、社会、政府等多层面、多角度的关怀与帮扶。

人的社会性决定了人的社交需求和情感需求。人不仅仅需要得到生活上的经济支持，更需要通过与他人进行情感交流获得满足感、安全感、尊重感。养老服务需要从老年人的需求出发，通过提供多样化、个性化、精准化的服务，从物质与精神两方面改善与提升老年人生活条件和生活质量，让老年人可以安享晚年。在服务的过程中，服务管理人员应该不断接受新的理念、新的技术，创新服务模式，在为老年人创造美好生活条件的同时，鼓励和激发老年人对生活的热爱与对未来的憧憬，创造老年人参与社会事务、社会活动的机会，把“老有所养”“老有所为”“老有所得”“老有所乐”的目标追求贯穿在养老服务管理的全过程中，真正帮助老年人，使其晚年生活丰富多彩、幸福安宁，实现健康老龄化和积极老龄化。本书将养老服务定义为，为老年人提供服务，满足其物质生活与精神生活的所有过程。

随着时代的发展，养老服务理念也在不断变化。在倡导健康老龄化、积极老龄化、幸福老龄化的背景下，养老服务更加重视精神赡养，以维护老年人尊严为前提，更好地满足其养老需求为目标，通过改善养老服务中的环境设施，培养和提升养老护理人员的业务能力，完善标准化服务流程，为老年人提供环境优美、设备先进、技术娴熟的人文服务。

（二）养老服务体系

养老服务体系是一个完整的系统，服务对象涵盖所有老年人，并且能够为其提供精细化、多元化、差异化的服务需求。养老服务体系主要以满足老年人基本生活需求和提升老年人生活质量为目标，与经济和社会发展水平相适应，同时面向所有老年人提供基本的生活照料、护理康复、精神关爱、紧急救援，与社会参与的组织、人才、设施和技术要素形成网络，同时具有配套的服务标准、运行机制和监督制度。养老服务体系主要有：依据服务主要提供主体，分为家庭养老服务体系、社区养老服务体系和社会养老服务体系；依据老年人生活居住形式，分为居家养老服务体系和机构养老服务体系。下面主要介绍家庭养老服务体系、社区养老服务体系和社会养老服务体系。

1. 家庭养老服务体系

家庭养老服务体系是老年人在家就能享受的养老服务，服务的提供主体主要是老年人自身、配偶、子女及亲朋好友。优点是经济支出少、亲情氛围浓厚，老年人能够享受天伦之乐；缺点是在社会竞争压力加大、空巢老人数量增加、家庭结构小型化日趋严重的环境下，家庭养老服务功能逐渐弱化，单纯依靠家庭养老服务体系支持的养老服务难以满足老年人的需求。

2. 社区养老服务体系

社区养老服务体系是老年人通过社区提供的养老服务进行养老，一般以老年人居住附近的社区为依托。优点是能够享受社区提供的日常照料服务、上门服务及部分政府购买服务；缺点是对于失能老人、完全不能自理老人的照料存在不足。

3. 社会养老服务体系

社会养老服务体系是指由政府、社会对养老服务有支持意义的各种制度、政策、机构等方面所构成的系统，包括基本养老服务体系和非基本养老服务体系两项。基本养老服务体系是政府对生活特别困难的老年人提供最基本的保障性服务，重点是保障失能、半失能老年人和低收入老年人的基本服务需求。非基本养老服务体系是指由政府、社会对非营利性养老服务和市场性（营利性）养老服务有支持意义的各种制度、政策、机构等方面所构成的系统。提供者包括社会团体、个人、民营企业及外资企业。

二、养老服务政策的演变

养老问题一直是社会、政府、群众关心的重大问题，关系到我国经济社会发展的各个层面。我国养老服务政策发展进程主要分为三个阶段，分别是以福利为主的阶段、社会服务阶段和产业起步阶段。

第一个阶段是以福利为主的阶段（1949—1979 年）。在计划经济时代，我国的主要生产方式是国家统一分配，是一种救助性福利，即国家和社会为保障特定困难老年人群体基本生活需求而提供的经济援助和生活照料服务等。养老服务模式主要是家庭养老，所有福利资源的支配权和控制权都在国家手里。养老服务的主要对象是“三无”人员和“困难户”。其中“三无”人员指的是无劳动能力、无收入来源、无法定赡养人的人员，国家采取集中供养的方式，如建立儿童福利院、养老院等，但这部分救助主要针对的是城市居民。农村老年人的养老方式主要是依靠家庭的自我供养；对于农村孤寡老人、农村残障老人，提供“五保”供养，即保吃、保穿、保住、保医、保葬五个方面。但是，受经济水平影响，能够进入福利院、养老院的老年人数较少。

第二个阶段是社会服务阶段（1980—2010 年）。随着改革开放的到来，我国开始由计划经济向市场经济转变。在市场经济体制下，职工所在企业转轨后，职工失去单位福利变为“社会人”。由于竞争压力加大，依靠政府福利生活变为市场竞争，年轻人选择外出打工导致家庭结构小型化，空巢老人、独居老人数量增加，家庭养老模式难以满足老年人养老需求。1985 年，国家实行工资制度改革，以社区服务的形式开展养老保险改革试点。在城市开展社区服务工作，1993 年发布的《关于加快发展社区服务业的意见》首次提出“养老服务”这一概念，明确将养老服务项目纳入社区服务业的范畴，成为社区居家养老服务发展的政策起点。1997 年，“老龄产业”这一概念在首次举办的“老龄产业研讨会”上第一次被提出。“老龄产业”作为新兴产业，包括满足老年人多方面需求所涉及的第一、第二及第三产业。自此，我国养老服务业翻开了新的篇章。

2000 年 8 月发布的《中共中央 国务院关于加强老龄工作的决定》中提出，国家在充分利用现有设施的基础上，增加对养老设施建设的投入，通过新建和改、扩建的办法，办好示范性的养老设施，同时制定优惠政策，吸引社会力量投资兴办以社区为基础、不同档次的养老服务设施，注意以需求为导向发展护理型养老设施。2000 年，《关于加快实现社会福利社会化的意见》中强调逐步建立以居家养老为基础、社区服务为依托、机构养老为补充的养老服务体系。2008 年，《中共中央组织部、人力资源和社会保障部印发〈关于进一步加强新形势下离退休干部工作的意见〉的通知》中提出新形势下离退休干部的指导思想和原则，其中包括老有所养、老有所医、老有所为、老有所学、老有所教、老有所乐的发展目标。

第三个阶段是产业起步阶段（2011—2022 年）。2011 年，《社会养老服务体系建设规划（2011—2015 年）》正式实施，标志着我国养老服务产业化正式启动。2013 年，《国务院关于加快发展养老服务业的若干意见》正式提出了养老服务的总体要求及发展措施，该文件的出台对养老服务业发展起到了战略支撑作用。在探索养老服务模式上，2014 年，财政部、商务部公布的《关于开展以市场化方式发展养老服务产业的试点的通知》指出，选取部分省份试点，探索养老服务发展的长效机制。我国养老服务打造以居家为基础、社区与居家相结合的养老发展模式，探索平衡获取医养结合资源的道路，向着养老产业与其他行业融合、居家与社区养老模式融合、健康中国与健康老龄化融合的发展方向。由以上养老服务政策的演变可以看出，我国正在逐步探索并逐步完善养老服务业。

三、老年人的养老需求

健康与自主是人的基本需求，是人存在及参与社会活动的根基。作为一个独立的群体，老年人在许多方面迥异于其他群体，这便使其基本需求的实现具有一定的特殊性，面临着与其他群体不一样的障碍。

（一）老年人的特殊性与基本需求

就健康与自主的基本需求而言，其对所有人都是同等重要且必不可少的。然而，老年人作为一个独立的群体，具有一定的特殊性，而老年人的特殊性主要与其衰老的必然性相关。

1. 衰老与不健康

衰老本身不是疾病，但衰老使人变得虚弱，更容易生病。也就是说，老年人的健康比其他群体更易受到年龄增长的影响，而且随着时间的推移这种影响会越发明显。这种状况在其他生命周期中是不会遇到的，个体在儿童和青少年时期会随着时间的推移而逐渐强壮，生命力变得更加强大，在中年时期变得平稳，而在老年时期，健康水平逐渐下滑，到生命的最后阶段则是急转直下，直至死亡。由于衰老，个体终将趋于不健康，且能维持健康的时间长度无法预知，一旦不健康，不健康的程度和不健康的状态持续多久也无法确定，这些都是老年人面临的，并且无解的困境，也是探讨老年人基本需求的一个重要方面。

2. 衰老与不自主

一方面，衰老导致老年人在经济上的依赖。不容否认的事实是，老年人在身体、智能和操作能力上是逐渐减退的，在获取知识、技能从而获得工作机会的能力上弱于青年人和中年人，因此，市场基于知识、技能、体能而将老年人拒在大多数有酬劳动之外，这导致其经济独立能力大大下降，安全感降低，经济上对子女的依赖也随之而生。另一方面，伴随衰老而至的疾病不仅侵害老年人的健康，同时也会催生老年人的沮丧感、挫败感、无力感、无权感，使其出现心理疾病，因而丧失自主能力。

总之，老年人具有特殊性，有自己的特殊需求：一是健康状况的维持会随着时间的推移而越来越困难，老年人对健康生活的需求越来越大；二是健康状况不可逆地滑坡，直接影响到其自主需求不能得到满足；三是老年群体在健康和自主基本需求难以满足的情况下，心理健康面临挑战；四是社会对老年群体的刻板印象和歧视会恶化老年人的生活处境。

（二）老年人满足基本需求的障碍

1. 受损、障碍与残障的概念

在研究中，学者常常更多地关注身体疾病、心理疾病、认知剥夺和机会受限给个体造成的伤害，但伤害是基于受损而产生的一个概念，看不出其程度变化，因此无法精确地描述一系列的原因及其影响。例如，心脑血管疾病对老年人来说是造成其身体不健康乃至死亡的重要因素，相比较而言，风湿、关节炎之类的小疾病就不值得一提。但是，对于老年人的自主性而言，这类小疾病会严重影响老年人的自主行动能力，而行动不便直接影响了其生活方式的选择和充分参与社会的机会。因此，引入障碍、残障的概念非常重要。世界卫生组织对受损、障碍和残障进行了区分：受损是指器官病态或功能上的丧失，与一般常人的生理和健康状况有别；障碍是指由受损带来的行为能力上的弱化，如行动能力、阅读能力、语言能力、互动能力等的弱化；残障是指障碍严重到一定程度而影响到个体承担相应的社会角色。三者关系如图 1-2 所示。

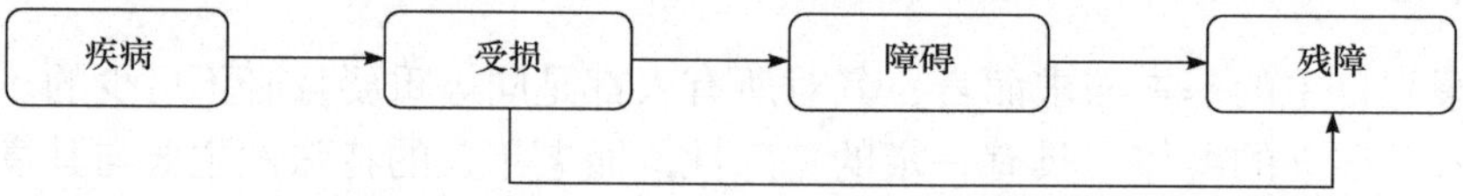

图 1-2　受损、障碍与残障的关系

受损是一个生物学上的概念，具有明确和公认的判断标准；残障是一个社会学上的概念，具有社会情境性，与社会角色的承担紧密联系在一起；障碍是介于受损和残障之间的中介概念，可用来测量老年人基本需求的满足程度。障碍主要有十个方面：看、听、沟通、理解能力、肢体移动、动作的灵敏度、肌肉伸展、触及、个人照顾和自我创造能力。当然，每方面都涉及程度的问题，从极其轻微到极其严重，可以分成不同的等级，当个体某个方面或某几个方面呈现出不同程度的障碍时，可以对其障碍等级进行划分，并由此采取相应的措施帮助其恢复功能。例如，一位老年人患有风湿和关节炎疾病，最近一次又因中风而行动不便，他的肢体移动功能受损，无法自己做清洁工作和做倒水等自我照顾的活动。此时便可以将他的障碍等级定级为 5 分[①]，障碍程度的划分可由医疗机构、照顾者、研究人员等共同做出。当然，这些障碍是否判定为残障，还有待专业人员依据具体情况进行甄别。

2. 健康方面的障碍

身体疾病会导致身体器官功能的受损，严重到一定程度就会形成障碍，再严重一些就会导致残障，甚至死亡。发达国家老年人患病以退行性疾病为主，如心脏病、恶性肿瘤、心脑血管疾病。发展中国家的老年人则以传染性疾病为主，如肠胃炎、流行性感冒和肺炎等，当然，心脏病、恶性肿瘤等也占据一定的比例，疾病分布比较分散，总体上以传染性疾病为主。发达国家和发展中国家老年疾病的多发率、致残率和致死率存在较大差异，主要原因是发展中国家的卫生水平和疾病预防能力较低，但随着经济水平的发展，两者的差异越发缩减。不管是退行性原因还是传染性原因，抑或是社会性原因（如精神病、事故、他杀、自杀），疾病都会造成个体器官的受损。老年人因为衰老而患退行性疾病的居多，而退行性疾病意味着身体机能的衰退、老化，各器官功能正常发挥存在障碍乃至丧失。对于老年人来说，退行性疾病对老年人群体的障碍与其他疾病对其他群体的障碍有所不同，因为老年人患退行性疾病的过程几乎是不可逆的。也就是说，老年人患退行性疾病而导致的障碍是难以恢复的，能加以努力的更多是延缓疾病从受损到障碍的过程、减轻障碍带来的不便、维持障碍存续的时间以防止其进一步滑向残障或死亡。

3. 自主方面的障碍

1）心理疾病的障碍

心理疾病对老年人参与社会活动的限制是显而易见的。这类疾病不仅削弱了老年人参与社交、文化、休闲活动的意愿和能力，还常常导致他们参与这些活动受到一定的限制。尤为突出的是，社会对精神疾病患者的接纳程度普遍较低，这进一步加剧了他们在融入社会时所面临的障碍。老年人因衰老而在智力、记忆力、性格等方面发生变化，抑郁症、精神分裂症、癫痫性精神障碍等是常见心理疾病，一旦患上这类疾病，老年人的自主性就会大打折扣。心理疾病的诊断标准主要是依靠个人对症状的陈述和社会对某种症状的经验判断，没有一套公认的标准，同时也面临着文化的差异，但各种心理疾病的症状给个体带来的障碍是一样的。例如，焦虑症都表现出无助、无力感，以及对未来的不确定性，焦虑症患者还会出现头晕、呼吸不畅、心跳加速的症状。

2）学习与认知能力的障碍

语言和从事有意义活动的互动能力是个体必备的生存技能，是基本需求中的重要内容。社会认为老年人的学习能力和认知能力衰退因而老年人应该退出劳动力市场、脱离社会，给年轻人腾出就业岗位，社会对老年人的刻板印象或歧视阻断了老年人进一步提升学习和认知能力的路径，这就进一步增加了老年人自主的障碍。学习与认知能力是个体参与社会、从事有价值和有意义活动的基础，个体在参与的过程中增进自己的能力，

---

① 假定最轻微赋分 1，最严重赋分 10；此处仅仅是示例。

赢得周围人的尊重，同时发展和增强自己的自尊。当老年人被剥夺提升能力的机会时，也就丧失了展示自身价值、参与活动影响他人的平台和渠道，因而难以获得更多的尊重，自身的自尊受损，而自尊和他人的尊敬正是自主的真正内涵。

3）参与机会受限的障碍

自主性主要体现的是个体能自愿地选择机会参与有意义的活动，如有酬的工作。劳动是所有社会活动中最重要的活动，无论是劳心还是劳力，都能赋予个体最有意义的社会角色，尤其是有酬劳动，直接影响到个体自主性的高低。工作更是自我价值的重要判断依据。工作对于个人的意义除了收入之外，更是身份认定、地位的指标，为个体提供了与家庭生活不一样的社会经验；失业对于一个人的伤害等于剥夺了其社会参与的机会。失业不单单是丧失了一份收入，同时对个体也有诸多负面的影响，如焦虑、自尊感降低、沮丧、挫折、无力、无助、精神紧张等。

此前，我国老年人参与社会的机会被剥夺的重要体现是强制性退休机制。社会对老年人歧视和刻板印象通过社会机制和社会结构的安排，“一刀切”地将老年人从生产领域挤出——这是老年人参与机会受限的最大障碍。随着生产角色的退出，老年人与社会进行有价值和有意义联系的主要通道被切断，许多角色被剥夺，自主的需求无法得到满足。

（三）老年人基本需求的具体内容

老年人在满足健康与自主的基本需求时必须面对其特殊性和相应的障碍，因而具有与其他群体不一样的具体内容。

在健康上，老年人的基本需求是：①尽量延长健康状态的时间（可以通过健康知识的学习、健康生活方式的选择、对老化过程的认识等来实现）。②获得恢复健康的机会（通过现有的医疗机构和医疗保障体系来治好疾病，恢复健康）。③在维持不健康状态时能得到适当的照料，保持应有的尊严（通过家庭、养老机构、护工、义工等获得充足的照料资源；通过国家的长期照护保险制度得到保障；通过社会工作者的专业方法保持自尊、自强、自主的精神状态）。④树立正确对待死亡的态度，减少对死亡的恐惧感，在生命的最后阶段获得心灵的平静和对生命历程的完满诠释，即通过社会工作者等专业人士的介入，帮助老人解释自己的一生（工作人员通过倾听与提问、共同创作自传等方式协助老年人整理和分享自己的生活经历，帮助老年人更好地理解和表达自己的生活经历，还能增进家庭成员之间的情感联系）；通过临终关怀的服务帮助老年人减少痛苦，抚慰心灵。

在自主上，老年人的基本需求是：①获得学习的机会和掌握参与社会的技能，包括表达自身权益的能力、维护权益的知识和能力、与他人互动的能力、老年角色的认知与扮演的能力、工作技能、学习老年过程和度过老年生活的知识、与社会保持同步进步的能力；②保持心理健康，包括正确地认知衰老和死亡，学会心理调节的技能，保持积极的心理状态，祛除无力感、无权感、幻灭感，能破除外界的消极影响，防止内化环境中的刻板印象或歧视，抵御因此而生的无力感和无权感；③获得参与社会的机会，包括生活方式选择的机会、劳动的机会、参与有意义的活动的机会、嵌入社会结构并达成自己目标的机会和途径、批判的能力和反省的能力、通过法律援助获得公正的机会。

（四）养老需求的分类

对需求的界定是探讨养老问题的核心，需求满足是评价养老服务质量的客观标准。细化需求的概念，对其进行分类，是评估居家养老服务的基础，也是居家养老服务开展的前置工作。

老年人的需求包括基本需求、特殊需求、群体偏好、个体偏好。基本需求包括健康和自主两个方面的内容，是所有需求的根本。特殊需求是指老年个体因自身的特殊性而产生的需求，如患腿部疾病的老年个体对轮椅的需求、视力不好的老年个体对眼镜的需求，即个体克服自身障碍达至健康和自主而产生的需求，只是这种需求不是像食物、水、住房等一样是所有老年个体都需要的中介需求，而是因人而异的需求。

特殊需求实质上是基本需求，本书单独列出讨论，有助于养老责任主体的分工和养老服务的精准输送。对于政府而言，提供兜底的、保证老年人生存的服务，且不可能大包大揽直接作为服务主体，而是购买社会组织的服务，在制定服务购买目录时既需要考虑基本中介需求（食物、水、住所、无伤害环境等），也要考虑特殊老年个体（残疾、病患、特殊家庭等）的基本需求。对需求的这种细分，有助于需求评估和对居家养老服务质量的衡量。

群体偏好指的是经历特定时期、特定事件的老年群体的集体偏好。例如，现阶段老年群体对“孝”的需求；大规模下岗潮时代的老年群体普遍缺乏社会养老保险，因而在经济上并不宽裕而导致的集体需求；因赶上严格计划生育时期而处于“4—2—1”家庭结构中的老年人的需求；失独老年人的需求；等等。群体偏好有的超出了基本需求的范畴，但又会妨碍老年人自主基本需求的实现，因此也是需要关注和考虑的。这就需要在政策的制定和实施过程中，全盘综合考虑，对细分群体予以充分的倾斜和关照。

个体偏好是指老年人对个性化目标的追求，如对登山、滑雪的需求，这对一些老年人来说压根儿就不在考虑的范围内；对自我价值实现的需求、奉献的需求；对某种商品或某些活动的需求；等等。个体的偏好是个体较高层次欲望的体现，会因时因地而改变，也会在满足这个偏好之后追逐下一个偏好，永远都不可能完全满足和停止追求满足——这是个体行动之源。

（五）养老需求的变化性与差异性

1. 养老需求的变化性

农耕时代的老年人面临健康基本需求无法满足的情况：受制于生产力水平低下，物资匮乏，医疗卫生条件差，营养、住房没有保障，整体上平均预期寿命低，老年人在“老”的状态持续时间短，健康没有保障。但农耕时代的老年人由于掌控了家中的生产资源，且自身的知识、经验具有极高的价值，在知识和经验的传承中起到关键的作用，因而具有较高的社会地位，具有自我实现的价值感，自主性强，自主的基本需求得以保证。工业社会的老年人受益于社会经济发展，住房、营养、卫生条件的改善惠及包括老年人的所有人群，老年人的健康基本需求整体上得以满足，但在知识和技能更新快、年龄增长和体力下降、就业歧视与偏见等因素的影响下，大部分老年人被动或主动地移出有酬劳动领域，老年人的价值感降低，无力感、无权感增强，自主能力减弱，自主的基本需求难以满足。

传统文化下的“多子多福”“人丁兴旺”“不孝有三，无后为大”等观念影响了老年人精神慰藉的需求。然而，社会变迁已使传统孝文化的经济基础不再，养儿防老观念在年轻人、中年人中已发生了根本的变化，但该观念在老年人中的变化情况不一，这就导致不同观念的老年人其精神慰藉的需求也是不一样的。

此外，经济水平提升，老年人的需求也会随之提升，因为只有这样，老年人才能共享社会发展的成果。因此，老年人的需求也会不断提高。

2. 养老需求的差异性

老年人的养老需求具有多样性，不同年龄的老年人需求各异。老年人可分为生存型、生活型、发展型三类。生存型老年人是指老年经济困难群体，温饱尚存在问题的老年人，他们迫切需要的是政府救助，外界提供无偿的资助来解决生存问题，满足其基本的健康需求。生活型老年人是指脱离贫困困境，解决了温饱问题，生活水平处于平均水平的老年人，这是老年群体中的大多数，这部分人群的需求是共享社会发展成果，获得更多的自主，提升生活质量及对生活的掌控感。这部分人群迫切需要的是整个社会养老事业的发展，有自主的空间和环境，有可及、便利、低偿的养老服务，以及需要政府提供普惠型养老服务，助力他们随着经济水平的发展而提升生活质量。发展型老年人是指比较富裕、不再为生存发愁，且高于一般生活水平的老年人。这部分老年人迫切需要的是能从市场上获得优质的养老服务，如生态养老、文化养老、智能养老，更强调自主、舒适，追求的是高品质的生活，针对这部分老年人，需要培育良好的养老服务市场，开发高品质的老年服务，更好地满足老年人的需求。

老年人需求的多样性根源于老年群体的差异性，在基本需求之外还有诸多个性化的需求。从心理学的角度来看，需求是个体行动的驱动力。欲望是无限的，个体的需求是欲望与现实制约的公约数，资源和环境的制约是客观的，但个体的欲望却是千差万别且不断变换的。也就是说，脱离基本需求的相对需求、个性化需求、偏好是无法达成社会共识的。因此，不确定的个性化需求的满足，难以通过政策制定和资源投入来实现，也不应作为社会锚定的目标。实际上，针对老年人个性化、多元化需求，我们有一个很好的机制加以解决，即市场机制。

（六）老年人需求满足的程度

从个体来看，养老资源的输入和老年人需求的满足与幸福程度之间的关系会呈现出一条逻辑斯谛曲线（图1-3），即随着养老投入的增加，老年人需求的满足迅速提升，但到一定程度之后，养老投入与老年人需求满足、生活质量、幸福感的产出将出现边际递减效应，但投入总会有产出，只是在效率上出现滞胀的情况。也就是说，在基本需求的满足上所做的投入，能迅速提升老年人的生活质量，但当老年人的基本需求满足之后，超出基本需求的个人偏好、相对需求的满足就需要投入更多的资源，才能有相应的产出。

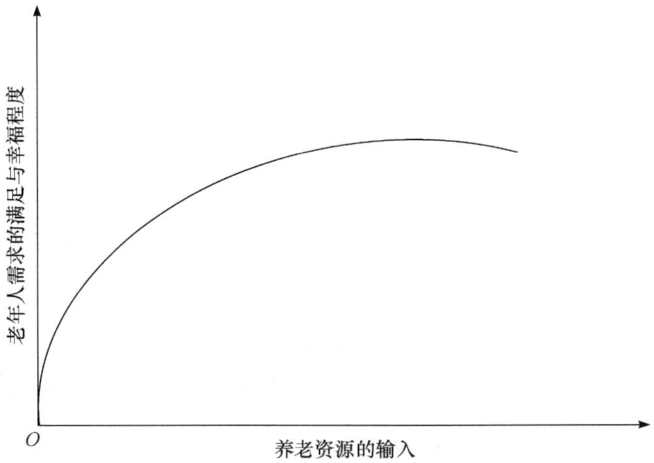

图 1-3 养老资源的输入和老年人需求的满足与幸福程度之间的关系

从社会总体来看，社会资源的配置需要考虑各个群体，以及整个社会的生存和发展，因此，资源是不可能无限投入到老年人需求满足的事业中去的，老年人需求的满足就存在投入与产出之间的一个最佳水平，会有一个投入与产出的临界点，这个临界点“多一分太多，少一分不足”，这就是需求满足到什么程度是最佳、最适的状况。以维生素摄取量与人体健康的关系为例：维生素的摄取对身体来说是必需的，但摄取量与身体健康之间并不是一个线性的关系，而是会有一个适量的临界点，超过这个临界点的摄取就是过量，反而对身体健康有害①。一个社会对养老基本需求满足的投入与之类似：投入过少，没达到临界点，会使老年人的基本需求无法得到满足，甚至可能出现人道灾难；而投入过多，超出临界点，则会影响代际关系，甚至是整个社会的生存和发展。例如，医生数量的增长在不发达国家对应着死亡率的下降和健康状况的提升，但在发达国家，医生数量的增长并不能预测死亡率的降低，因为发达国家在医疗照顾上的投入超过了最佳水平，并不能在基本的降低死亡率指标上有太大的贡献（但不能排除在其他层面会有更多的产出）。在住宅方面，一栋别墅和一个安全温暖、符合公共卫生标准的住所，对满足老年人住的需求是没有太大差异的。基于此，我们就比较容易理解：食物摄取过多会对老年人的健康带来伤害；而对老年人过多的关注和照顾，会使老年人内化社会的不正常期待和刻板印象，也同样会弱化老年人的自主。社会养老资源的输入与老年个体需求满足的产出之间的关系呈现为一条拱形的曲线（图 1-4），社会养老资源的输入难以进行实际测算，本书采用模拟数字来表示。

当然，以上针对老年人个体和社会整体的两个模型只是理论上的推导，因为在现实生活中很难明确这个最适原则。用最小单位的输入获得最大的产出，是一个理想的状态，但想要达到这个理想的状态很难，此外还要考虑需求之间的替代性和需求互补的关系，

① Warr P, 1987. Work, Unemployment, and Mental Health[M]. Oxford: Oxford University Press.

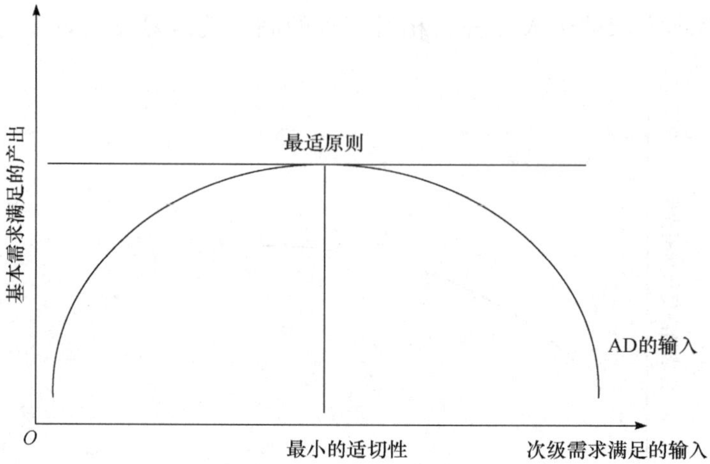

图 1-4 社会养老资源的输入与老年个体需求满足的产出之间的关系

这就导致我们很难界定一个统一的标准来实施。举一个替代性的例子，如对食物的需求并不是恒定的，与个体所处的状态和承担的工作密切相关，在一个温暖的环境或承担的工作量减少，都会降低个体对食物的摄取。举一个互补的例子，如给老年人提供进一步学习的机会，会促进老年人的健康，帮助老年人调节心理、避免心理障碍，提升老年人的幸福感。因此，针对老年人需求满足的输入有很多的种类和形式，它们之间又存在抵消、共振、协同等效应，使输入与产出之间变得更加复杂，因而难以给出一个标准的最佳平衡点的答案。在实践中就需要充分考虑老年人的自主性，社会工作者作为中介引导和帮助老年人，助人自助，帮助老年人获得需求。而社会则是在总的原则下提供机会、平台和制度，为老年人、社会工作者、社会、政府、家庭等各主体提供能充分互动的环境和氛围，从而通过无形的手将输入与产出达至最佳的平衡点。

第四节 养老服务管理的辨析

我国已经进入人口老龄化快速发展阶段，积极应对老龄化，加快发展养老服务事业与产业，不断满足老年人口持续增长的养老服务需求，是促进家庭发展、全面建成小康社会、践行以人民为中心的发展思想的重要而紧迫的任务。当前，我国以居家养老为基础、以社区养老为依托、以机构养老为支撑的社会养老服务体系已经初步建成，老年消费市场健康发展，老龄事业推进取得显著成就。但总体上看，还存在养老服务和产品供给不足、质量不高，市场发育不健全、不完善，城乡间、区域间发展不平衡等现象，养老服务管理亟待加强等问题。

一、养老服务管理的界定

（一）管理的定义

国内外著名的管理学家从不同研究角度，给出了不同的“管理”定义。

（1）美国的决策管理大师赫伯特·A. 西蒙（Herbert A. Simon）：管理就是决策①。

（2）管理过程学派创始人、法国学者亨利·法约尔（Henri Fayol）：管理就是实行计划、组织、指挥、协调和控制②。

（3）我国著名的管理学家周三多：管理是通过信息获取、决策、计划、组织、领导、控制和创新等职能的发挥来分配、协调包括人力资源在内的一切可以调用的资源，以实现单独的个人无法实现的目标③。

通过上述对管理定义的梳理不难看出以下几点。从强调结果视角来看，管理是由一个或多个人协调他人的活动，以便达到一个人单独活动而不能取得的成果。从强调领导艺术角度来看，管理是决策艺术，成效如何取决于领导的决策能力。从目标来看，管理有两个核心目标：一是对资源的整合，强调动态过程；二是实现目标，强调终极结果。前一个目标可以通过计划、组织、领导和控制来实现，注重管理的协调作用；后一个目标注重通过协调组织内部各个子系统来达成。两个要素从不同方向突出了管理的作用。因此，管理是在特定环境下，通过计划、组织、控制、激励和领导等活动，协调人力、物力、财力、资源等要素，最终实现组织目标的过程。

（二）养老服务管理的定义

我们可以将养老服务管理定义为：在积极应用现代科学技术理论、方法、技术的基础上，以养老服务为对象，对养老事业、产业进行计划、组织、领导、控制和创新，促进养老服务有序健康发展。

二、养老服务管理的基本内涵

养老服务管理包括主体管理、软件管理和硬件管理三个方面的关键管理。三者紧密联系、缺一不可，是保障老年人养老服务质量的有效抓手。

（一）主体管理

养老服务的主体主要包含养老服务的对象、养老服务的提供者及养老服务的管理人员，即符合条件的被护理对象、经过专业训练的养老护理人员、参与养老服务管理的工作团队、职业经营管理者等。主体管理要高度重视老年人的观感体验，以及在与老年人接触互动过程中所涉及的人性化要素，强调服务过程中的人员素质、专业技能培训及专业化经营管理。

（二）软件管理

养老服务软件是指用来解决服务技术标准评估问题、过程管控问题，以及成效反馈问题的手段。对养老服务来说，服务技术标准包括养老服务提供者的资质标准、照料护理服务流程的标准、养老服务行动规范和指导手册、养老照料护理服务的质量评估、养

① 赫伯特·A. 西蒙，2004. 管理行为[M]. 原书第4版. 詹正茂，译，北京：机械工业出版社.

② 转引自姜春华，2009. 物流企业管理[M]. 重庆：重庆大学出版社.

③ 周三多，2018. 管理学[M]. 北京：高等教育出版社.

老护理人员的经验传承与专业教育培训标准等，养老服务管理需要制定这些标准。过程管控包括对提供养老服务的过程，养老服务的提供方法、组织运营，养老护理员的教育培训以及老人对服务的反馈等的管理。成效反馈则指提供养老服务的结果，如是否完成了初始制定的养老服务目标及用户的满意度如何等。

（三）硬件管理

养老服务硬件一般包括养老服务设施、照料护理服务设备及用具，特别强调具备技术性、方便性、安全性的无障碍设计与应用。做好硬件管理，就是要对养老服务所需的硬件设施加以统筹管理，确保硬件健康环保、优质实用。我国养老服务设施的建设标准是建设部（今住房和城乡建设部）和民政部于 1999 年联合发布的强制性行业标准《老年人建筑设计规范》，该规范从 1999 年 10 月 1 日开始实施，对老年人建筑设计提出了明确的标准，并成为实践中养老服务设施的建设标准。

三、养老服务管理的基本特征

（一）专业性

养老机构是养老服务管理的主要载体，为老年人特别是失能失智的老年人提供专业服务是其主要特征。养老机构服务虽然面临的对象较为单一，但标准化、规范化程度高。养老机构的地位与作用使其需要具备严格的准入门槛，具有专业化的设备设施，具有实践经验丰富的服务团队，以及具有严格规范的服务流程和质量控制体系。只有专业化的养老机构，才能为老年人提供长期照护、康复护理、精神慰藉与临终关怀服务。

（二）持续性

养老服务管理需要具备一定的持续性。照顾老年人的生活起居是一个长期的过程，养老服务的对象从 60 岁就开始，老人 60 岁以后还有很长一个阶段的生活，所以照顾长者是一个长期的过程。养老服务管理也不是一两年的事情，有的甚至长达十几年或几十年，且机构收益也不是立竿见影的。这也说明养老服务管理具有长期性和持续性的特征，完善的养老服务管理体系应当为不同年龄阶段、不同健康状况、不同经济状况，以及不同意愿的老年人提供专业化、可持续的照料服务。

（三）实用性

养老服务需要提供一系列标准化的专业服务，如餐饮服务、医疗服务、护理服务、保洁服务、安保服务、交通服务及休闲娱乐服务等，主要是为了破解养老照料的社会性难题，减轻家庭、社会及政府的压力，为老年人提供舒适安心的养老环境，对其进行精神上的慰藉，提高其生活品质，保障其晚年生活幸福。因此，养老服务机构的管理工作要以实用性为基本标准，以老年人的切实需求为主要服务目标，在照护老人的同时，积极发掘和感知老年人在生活上与精神上的需求，积极探索新型管理方法，提升服务的精准性与实用性。

（四）完整性

从服务和产品的种类上看，现代养老服务有很多种，既包括私营企业或非营利机构提供的产品和服务，又包括政府公共部门提供的公共产品或公共服务，他们所提供的产品和服务种类多样化，以便老年人根据自身意愿、条件选择养老服务方式；从年龄层面上看，老年期时间跨度大，从60岁到百岁以上，因此养老服务需要涵盖低龄老年期（60～74岁）、老年期（75～89岁）和长寿期（90岁以上）的老人；从自理程度上看，养老服务的对象包括完全自理老人、半自理老人和失能老人。

（五）社会性

从产业角度来看，养老服务是一种面向社会的服务，养老机构承担着提供社会公共服务的使命，其服务对象是广义上的老年群体，其主旨是提高老年人晚年生活品质，为老年人谋求福利，因此不论是营利性还是非营利性养老机构，都具有社会福利性质，养老服务机构通过关怀、照顾老年人生活的方方面面，进而影响老年人整个家庭的幸福。由于其公共性、社会性的特点，其服务方式也具有一定的公益性特征，要确保社会中所有人不论贫富都能享有有保障的晚年生活。

四、养老服务管理目标与任务

（一）养老服务管理的目标

养老服务管理的目标可以分为社会效益目标和经济效益目标。

1. 社会效益目标

从政府职责来看，要给老年人提供公共资源和服务，并进行有效的资源配置和管理，满足老年人的多样化需求；要出台养老服务管理政策和法律法规，协调部门利益，寻求政策合力，使每位老年人都享有国家社会保障的平等权利。养老服务作为民生事业的重要内容之一，事关老年人群体的切身利益，也事关亿万家庭的福祉。

作为老年人社会福利事业的重要组成部分，养老服务机构应把不断完善居住条件、提升服务质量、让服务对象及其家人满意、为政府和社会分忧作为管理的最高目标。

2. 经济效益目标

从国家层面来看，养老服务业的经济效应正在逐渐凸显，我国是未来全球老龄产业市场极具潜力的国家。我国养老服务管理也势必将伴随政策发展环境的优化而逐步完善，在兼具社会效益和经济效益的同时，必将进入快速、良性的发展轨道。

对于民营养老服务机构来说，经济效益往往是其首要目标。对于公立养老机构来说，虽然盈利不是其最高目标，但在政府投入相对不足、相关优惠政策在落实上存在问题、服务对象收入来源有限及养老服务市场竞争激烈的背景下，公立养老机构要提供更好的服务，也需多措并举，重视经济效益的提高。

总之，养老服务管理应遵循“以人为本、安全第一、服务至上、依法管理”四个基本原则，实现社会效益和经济效益的双丰收。

（二）养老服务管理的任务

养老服务管理的任务可以按照不同的标准来划分。

1. 按管理的执行主体划分

养老服务管理的执行主体可分为政府及有关部门的养老服务管理、养老服务机构的管理。

政府负责国家或地方养老服务的整体规划、养老服务相关政策制定、养老服务的监督管理和养老服务保障体系建设等。政府及有关部门的管理对象主要为各类养老服务机构。政府对养老机构的管理，以指导和监督为主，多从宏观政策层面进行，如出台保护老年人权益的《中华人民共和国老年人权益保障法》（简称《老年人权益保障法》）、规范老年人福利的《老年人社会福利机构基本规范》、加强农村“五保”供养的《农村五保供养工作条例》、促进敬老院事业健康发展的《农村敬老院管理暂行办法》、界定养老护理员从业技能标准的《养老护理员国家职业标准（试行）》等政策法规。宏观层面的管理会涉及多个政府职能部门，如民政部门、卫健部门、人力资源和社会保障部门、消防部门、工商部门、税务部门等。按照我国当前各部门的职能分工，民政部门主要负责老年生活服务和养老服务体系建设；卫健部门主要负责老年健康服务；人力资源和社会保障部门主要负责养老保障服务。

2. 政府及有关部门的养老服务管理

养老服务机构管理的主要对象为机构的服务人员和行政工作人员，管理任务既包括直接对养老服务进行的管理，如制订养老服务计划、监控养老服务质量，也包括为保障服务顺利开展所进行的管理活动，如人力资源建设、财务管理等。养老服务机构对其内部的管理多以微观层面为主，根据机构内老年人的需求和特点，按照相关政策、法规，围绕人、财、物等具体事务开展。政府及有关部门的养老服务管理与养老服务机构的管理相辅相成，缺一不可。规范养老机构的服务、确保其高效运营、更好地促进养老服务业发展是二者共同的目标。

第二章　养老服务管理的基础理论

理论可以被定义为“一种对于实证发现进行明确解释的构建”，为人们如何去审视和分析研究中所观察到的现象提供一系列的视角。理论的用途是以一种系统的、累积的方式来构建知识和加强理解，以保证实证发现和已有知识的结合，同时指引人们在未来获取更多的知识。由此可见，理论在科学发展中具有相当的重要性。从目前来看，现有关于老年人的主要理论和观点更多的是从社会学或心理学的某一个角度或者方面阐述个体老龄化进程的。

第一节　老 年 理 论

老年理论主要从社会学的角度解释个体老龄化的历程、总结个体老龄化和适应老龄化的规律。现有的老年理论主要包括生物学理论和社会学理论。其中生物学理论主要是从遗传和生理的角度揭示人类个体发展和衰老的规律和机理；社会学理论则是从社会学角度揭示个体老龄化原因、解释个体老龄化过程、总结个体老龄化和适应老龄化的社会学规律。下面主要介绍十种社会学理论。

一、社会撤离理论

社会撤离理论也称脱离理论，该理论认为老年人应该脱离原有的工作环境，退出生产领域，进入一个与社会活动保持一定距离的新角色。这种安排对老年人来说是颐养天年，使其拥有更多的闲暇时间，于整个社会而言，老年人在人力资源上已经没有太大的竞争力，应腾出岗位，给年轻人提供平台和机会，实现正常的更替。衰老是在整个社会背景下进行的，老年人退出经济、社会和政治领域的活动之后，年轻人进行补缺，老年人退出积极的社会角色，接受被动的社会角色，可以给年轻人提供更多的空间和机会。因此，老年人与社会之间的脱离是符合社会发展的一种必要选择，同时对老年人来说也是有益的，摆脱积极角色之后，也就摆脱了社会对其生产能力和竞争能力的期待。

社会撤离理论的预设前提有四个：一是人的能力和对社会的贡献会随着年龄的增长而下降，老年人不具有竞争力；二是社会提供的就业机会是恒定的，需要实现新老替换；三是这种制度安排对老年人、年轻人，乃至整个社会都具有合理性，是工业社会正常运转的一种功能性安排；四是随着年纪的增大，人会降低与社会交往和参与社会活动的频率，转而更关注自己的内心和过平静的生活。

社会撤离理论具有较强的指导意义，是退休制度背后的支撑性理论，已经运行了较长的时间，并获得了大部分人的认可，成为大部分人人生规划中的一部分。然而，在这个变迁社会中，变化是永恒的，社会中出现的变化足以颠覆脱离理论背后的基本预设。

具体如下。

第一，从“老年人的能力会随着年龄的增长而下降、不具竞争力”来看，在以体力劳动为主的农业社会和工业社会初期是符合实际情况的，大部分国家将退休年龄设置在55～65周岁，具有一定的合理性，从生理特征和健康状况来看都是必要的；然而在后工业社会，体力劳动并不是工作的必备条件，个体可以从事更多不依赖于高强度体力劳动的工作，此时，限制个体能否继续从事工作的客观条件——体力，就不再是决定因素。在当前社会就已经初现端倪，越来越多的老年人从事零售、电子商务等非传统意义上的正式工作，退而不休；在某种意义上，老年人一生的经验和知识积淀在一些领域更有价值，如教育培训、医疗等领域，具有年轻人无法比拟的优势。而越来越多的老年人在“第三年龄”（60～85岁）表现得非常健康且有活力，与传统意义上的老年人有很大的区别。人的平均预期寿命普遍延长，发达国家大多达到80岁，身体状况和健康状况比以往好很多。也就是说，在老年人退出工作岗位之后还可以再生活20年以上，但能为社会做出贡献的时间也因人而异，有的可能会一直为社会奉献，直至生命结束。因此，如何开发老年人的潜能、充分利用老年人的人力资源、为老年人提供适当参与社会活动的机会成为世界各国面临的重大问题，关系到“老有所为”的实现。

第二，就业机会并不是恒定的，而是可以创造出来的，尤其是技术进步带来的变化，使就业机会的总量变得不确定，人工智能的兴起导致越来越多的传统工作消失，新的就业岗位被创造出来，而老年人从事相应的工作是否对年轻人就业造成挤占的威胁也就无法确定。

第三，基于第二点，在技术变迁和社会变迁的大背景下，年轻人和老年人这两代人之间的关系会不断被重塑，我们预设的紧张冲突、非此即彼的结果并不一定符合现实。如果技术进步促进了代际的互融互通，那么这一前提也会产生动摇，甚至有可能发生根本性的颠覆。

第四，老年群体内部存在很大的差异性，既有愿意主动退出积极社会角色的老年人，也有愿意一直保持较高活动水平的老年人。许多老年人的生活满意程度直接和社会参与度紧密联系在一起，积极与社会和他人交往，以及参与社会活动更有益于其身心健康。此外，不同文化背景下的老年人，其扮演的角色是不一样的。在一些文化传统中，老年人能为年轻人提供经验和指导，为家庭提供巨大的支持，这部分老年人所扮演的角色并不能套用到社会撤离理论中进行分析；而老年人退出积极的社会角色是否一定对社会有利，也是一个值得争议的话题，许多在文化、教育、科学、卫生等领域从业的人随着年龄的增长其经验也越来越丰富，继续在原来岗位上工作对社会而言也是一个有利的选择。

二、活动理论

活动理论的主张与社会撤离理论相反，该理论认为积极参与社会活动、与社会环境保持良好互动关系的老年人比活动水平低的老年人对生活更为满意，更有可能度过幸福的晚年生活。从理论上来说，老年人与社会保持积极的互动，在一定程度上能降低衰老、丧偶、退休、空巢等不利处境给老年人带来的负面影响，把自身与社会的距离缩小，老年人也可以将注意力和精力分配在社会活动和人际互动中，延缓大脑退化的进度，促进身心健康。该理论普遍为老年社会工作者所接受，认为给老年人提供参与社会活动和人际交往的条件，鼓励老年人参与合适水平的社会活动是老年人生活品质的保障。

当然，活动理论并非适用于所有的老年人，在实际情况中还需具体对待。一方面，每位老年人对适当水平的社会活动会有不同的理解和接受程度，部分老年人如活动理论所假定的那样，高程度参与社会活动能为他们带来高质量的生活品质，如果没有机会参与或低程度参与则会郁郁寡欢，呆坐家中，从而容易患老年抑郁症；还有部分老年人则会更倾向于内心的自我交流，对不再承担一些角色和职责感到轻松和愉悦，通过在家养花、写字等方式来获得对生活的满意。另一方面，活动理论忽视了老年人在经济水平、身体健康和生活方式方面的差异：外出旅行、积极参与多样的社会活动等需要相应的经济条件和健康状况作为基础；年轻时倾心抚养孩子，中年时又没有经济上的积累，晚年时可能还需抚养孙辈，如此一来，他们就没有积极参与活动的金钱、时间及精力，对这些老年人而言，轻松一些的生活更有吸引力，他们生活质量的提升与活动理论预设的路径可能并不一致。

三、延续理论

延续理论也称连续性理论。该理论认为每个人有不同的性格、生活方式和活动水平，这些因素在衰老的过程中起着重要的作用。老年人在衰老的过程中一般不会选择迥异的生活方式，也不大可能彻底地改变自己的性格，在活动水平上基本上也会延续中年时的情况——这种稳定性和延续性是保证老年人生活质量的重要因素，也是老年人生活幸福的保障。延续理论认为消极和内敛的人退休之后也会如此，而自信、活跃、积极的老年人也很少能在家呆坐，如果老年生活能与中年时代保持连续性，那么老年人对生活的满意度会更高。当然，这种延续性包括外部的延续性和内部的延续性，其中外部延续性是指对某些活动保持着持久的兴趣，即使条件不具备（比如说身体状况不容许再打羽毛球了），也能转移到相关的方面（如观看羽毛球赛事、为羽毛球协会做志愿服务等）；内部延续性是指性格特征的稳定性。

延续理论认为老年人的生活是中年时的翻版，老年生活能与中年时代保持连续一致使老人生活满意幸福，老年生活与中年时代生活不一致则导致沮丧和生活质量下降——这一假设在心理学中也能找到有力的支撑，即人的性格和人格特质会在一生中保持稳定和一致。然而，如果过分强调老人活动水平的延续性也会带来一些困扰，因为它无法解释社会环境、经济条件和身体状况等重大变化给老年生活带来的影响。例如，一些老年人由于身体状况恶化而无法参与某些活动，是否就意味着他就不可能调适好生活，再也无法获得幸福和快乐？一些老年人在中年时由于财力和家庭的限制无法建立较多的社会联系，是否就意味着他老年时无法主动获得令人满意的社会支持网络？延续理论忽视了老年人调整自己适应新情况的潜力，可能会妨碍老年人根据自身的意愿选择不同的生活方式。

四、社会角色理论

社会角色理论强调社会对老年人在互动和关系中的期待。角色是社会交往和互动中成套的行为期待，是人与人之间的一种稳定的相互关系。人的一生在不同阶段会扮演不同的角色，对老年人来说，能否从年轻和中年时的角色过渡到老年所扮演的角色，决定其晚年生活是否幸福。人在年轻时是父母、工作人员、配偶等，而到老年承担的角色就会转变为祖父母、退休人员、鳏夫、遗孀等，一些中年时所承担的角色也会随着时间的更替而失去，人在老年时也将会获得新的角色；角色扮演是否成功关系着一个人的自尊和自信，也维系着一个人的社会身份。社会角色理论认为，老年人从原有的角色中成功过渡到与年龄相匹配的角色时，其就能拥有幸福满足的生活，如果转化不成功，或无法建立相应的替代角色，老年人就会对自己的生活状态感到不满。

五、符号互动理论

符号互动理论是社会学中一个比较成熟的理论派别。关于符号互动的探讨源自早期美国学者詹姆斯（James）、库利（Cooley）关于“自我”的分析及“情景定义”，“情景定义”为后来的相关理论奠定了基础；戈夫曼（Goffman）的拟剧论乃至后来的现象学和常人方法论，将符号互动理论推向了一个新的高度。符号互动理论强调，个人“自我”概念的形成来自人与人之间、人与社会环境之间的互动，这种互动依靠个人赋予“符号”以意义来完成，依靠着“我看人看我”形成“镜中我”，个人对媒介和他人发出的符号进行意义解读，在此基础上形成一个外部世界如此认为的“自我”，然后对这个“自我”进行内化。

“污名化”的视角来自符号互动理论。如果整个社会文化对老年人是一种歧视态度的话，那么这个社会就会在不同的场合和环境下发出一系列的“符号”，如通过广播、电视、电影、广告等传媒方式，整个社会将老人描述成无用、无力、昏聩、偏执等形象，这些形象会形成一种符号，那么老年人就会将这些符号进行意义解读，然后内化，形成一种错误的自我认知，接受外界所贴的“标签”。

六、社会交换理论

在古典经济学中，社会交换理论得以蓬勃发展，后来人类学通过对原始部落的考察陆续提出了非经济领域关于交换理论的观点，而心理学和社会学领域也各自拓展了交换理论的解释范围，针对社会领域中的交换进行了深入的勾勒。社会交换理论认为社会互动是一个交换的过程，在这过程中，双方以各自拥有的资源来满足对方的需求，而一旦一方无法通过交换得到适度的满足，交换就会停止；而用来交换的资源不单单指物质财富上的交换，还包括尊重、能力、权力、成就、健康、美丽等；整个社会是以个人拥有的资源来确定其社会地位的。老年人拥有的社会资源比年轻人少，因而在社会交换过程中处于不利地位，更多屈从于依赖的角色。

社会交换理论揭示了老年人与年轻人互动中的弱势处境，尤其是考察家庭内部老年人的权力和影响力衰退的过程，也有助于理解传统社会和现代社会老年人在家庭中地位变迁的过程。

七、社会建构理论

社会心理学领域中关于“污名化”“刻板印象”等概念的提出，开拓了学者对群体压迫和歧视的研究，而角色理论、标签理论等对人类互动领域的描述和解释，让人们更为深刻地理解了什么是人类互动领域。社会建构理论综合了社会心理学中的成果，基于后现代主义哲学的视角对个人生活世界做出了独特的诠释。社会建构理论认为，一成不变的客观事实并不存在，每个人的日常生活都是建立在意义赋予的基础之上的，人们自己创建了现实，而这些现实又会随着时间而改变。年轻人会在特定的阶段将谋取生存资源、对家庭尽责作为生活世界的首要任务，而随着时间的推进，当进入晚年之后，老年人就会将做好伴侣排在靠前的位置来构建自己的现实世界，人们自己建构了自己的现实，认为老年人应该与社会保持一定距离、降低社会活动水平，那么他就会如此行动；反之，如果老年人认为应该在老年阶段完成更多以前没有完成的事情，那么他就会积极去行动。总之，社会建构论认为老年生活是个人对自己所处人生阶段看法的反映。

八、老年亚文化群理论

老年亚文化群理论最初由美国学者罗斯（Ross）提出，该理论旨在揭示老年群体的共同特征，而老年亚文化群是老年人重新融入社会的最好方式。按照罗斯的观点，只要同一领域成员之间的交往超出和其他领域成员的交往，就会形成一个亚文化群。老年人口群体正是符合这个特征的一种亚文化群体①。

老年亚文化群的形成有其主客观背景。在客观背景中，法定的退休制度是老年时期开始的最主要标志。老年公寓、老年服务设施和老年活动场所的兴建，加强了老年人之间的接触。老年人数量的迅速增加也是引起社会注意老年人问题并将老年人作为一个群体认识的主要原因。在主观背景方面，相同的背景（衰老、孤独等）、问题（物质、精神和照料需求）和利益发展了老年人之间的关系，使他们彼此之间的交往多于和社会其他成员的交往。主观的吸引和客观的推动，共同促进了老年亚文化群的形成。提倡老年亚文化群理论的人们认为，老年人通过在亚文化群中的成员身份来保持自我观念和社会身份；无论是老年人还是其他人，其行为都不能用一些综合的社会标准或规范来衡量，只有在群体成员期望背景下的行为才是得到认同的②。

由于构成老年亚文化群的主观和客观背景在很大程度上是非意志所能左右的，所以在该群体中重要的是身体健康和良好的活动能力，而职业、教育和经济特征不如中年时期那样重要。正是基于以上原因，在老年亚文化群中，老年人可以找到共同语言，较少感受到年龄歧视，容易认识自我，对社会的沟通和认同感也会增加。

在西方国家，有一些学者认为老年亚文化群与少数民族群体有相类似的问题，如经

① 转引自邬沧萍，姜向群，2015. 老年学概论[M]. 3 版. 北京：中国人民大学出版社.

② 杨自平，2014. 先秦儒学与老年学[J]. 深圳大学学报（人文社会科学版），31（6）：46-53.

济地位低、就业机会不平等。随着老年人数量和彼此之间交往的增加，老年人不再满足于现有的社会地位，一些老年组织开始兴起，构成了潜在的社会势力。

老年亚文化群理论指出了老年人活动和地位的一般特征，但该理论并不能应用于所有情况和所有老年人。在某些情况下，如论资排辈的环境中，老年人拥有较高的地位，也能掌握较多的资源（比如知识、关系网、经济控制权、潜在的权力等）；有的老年人的生活则仅局限在家庭中，很少与外人交往，成为老年亚文化群的观望者。

九、年龄分层理论

年龄分层理论由美国学者 M. W. 莱利（Riley）和 A. 福纳（Foner）提出，该理论以社会学创立的角色、地位、规范和社会化概念为基础，分析了年龄群体的地位，以及年龄在一个特定社会背景下的含义，形成了一个理解老年人社会地位的框架和包括整个人生的老龄化概念①。

年龄分层理论认为，年龄不是一种个人特征，而是一个带有普遍性的标准，是现代社会各方面的一个动态成分。人们经常将社会标以年龄层次，如“青年”“中年”“老年”等。当人们的年龄从一个层次转移到另一个层次时，社会赋予人们的角色与责任会发生相应的变化，这种角色与年龄之间特征可以成为年龄参数（如劳动角色规定为 15～59 周岁）或者年龄的社会参数（如男性公民法定结婚年龄为 22 周岁，女性公民法定结婚年龄为 20 周岁）。角色与年龄之间的关系是一种相关关系，而不是函数关系。达到某一年龄层的人，并不意味着必须担任某种社会角色，同样担任某种社会角色并不意味着必须达到某一年龄层。就社会一般原则而言，社会角色与年龄层之间还是有某些联系的，但是就个体情况而言，其间的差异性是主要的。

年龄分层理论有四个主要要素，体现了生理人与社会人之间的关系。第一个要素是有一个由不同人组成的群体，这个群体可以按照年龄或其他发展标准划分为若干个年龄层，又称为同期群。年龄、经历和观念是构成同期群的三个主要特征：处于同期群的人处于生命过程的同一阶段，拥有共同的历史和社会背景，具有相同的或者近似的价值观或看法，这三个特征被称为同期群中心。第二个要素是各年龄层的能力及其贡献和影响。不同的年龄层具有不同的能力，也就有不同的社会责任。经济发展、技术水平、文化观念及健康状况，都会对年龄层的能力及其贡献产生影响。老龄化过程实际上就是从一个年龄层向另一个年龄层的运动，也就是能力与贡献变化的过程。第三个要素是年龄层的社会形式。它是通过社会作用表现出来的。年龄可以直接起作用，如妇女受孕的生理限制、成年人必须年满 18 周岁等；年龄也可以间接起作用，如担任某一行政职务的年龄条件等。不同年龄层的人与其应承担的社会作用之间的关系是灵活的，具有一定的社会发展意义，也表现出社会发展对年龄层的需求。第四个要素是与年龄层有关的期望。它包含在人们对各年龄层人群所扮演角色的反应方式中，如年轻人活泼浪漫、老年人沉稳持重，都是社会对相关年龄的正常期望。

年龄分层理论认为，同一代人在跨越特定的年龄界定时，即被视为进入了一个预

---

① 转引自邬沧萍，姜向群，2015. 老年学概论[M]. 3 版. 北京：中国人民大学出版社.

定的、逐级递进且伴随相应期望与回报的年龄系统。该理论承认一个阶层的成员和另一个阶层的成员不仅在生命周期上是不一样的，而且在所经历史时期上也是不同的。生命历程和历史因素可以解释不同队列人群在行为、思维及社会贡献上存在的差异。例如，20世纪50年代和90年代退休的人群相比，后者会有如下特点：更有可能通过司法手段和政治组织来抗议年龄歧视；更为积极地看待退休和休闲生活；更有可能为衰老和死亡做准备，提前采取积极措施。

年龄分层理论存在两个内在干预因素：一是群体流动。促使年龄层次形成的各种因素中最主要的是出生率、死亡率和迁移率。人们从出生之时起，犹如踏上自动扶梯，有人在中途不断离去，留下的人逐渐减少，直至全部死亡。二是老龄化因素。在同一社会，同期群体的老龄化模式也存在不同。群体流动和老龄化因素直接作用于同期群体的规模和能力水平，导致同期群体中个体变化，出现众多特殊事例。

此外，年龄分层理论有两个外在干预因素：一是分配因素。它是指各种年龄的人分配和再分配合适角色的过程。随着社会经济发展，社会对角色数量的需求和分配角色的标准会发生变化。二是社会化因素。社会化贯穿于整个人生过程，是保证个人从一个年龄层次顺利过渡到下一个层次的手段。

年龄分层理论通过对要素及其过程的分析，揭示了老龄化过程差异的秘密。该理论认为不同的同期群体在生命历程中面临的环境存在诸多差异，因此他们的老龄化形式也会有所不同。在内外因素的干预下，同期群体内部存在的能力差异、角色差异和期望差异，构成了处于社会不同层次成员在老龄化的过程中的层次差异。但是该理论也存在不足之处，如过分狭隘地依据日历年龄或生命阶段来评价年龄，而不考虑生理、心理及社会的能力水平等因素。此外，年龄分层理论对个体老龄化的特征、因素分析较为薄弱，对影响老龄化过程的一系列外因过程未详加论述。

十、相互作用理论

相互作用理论主要探讨环境、个体及其相互作用对老龄化的影响。该理论包括象征性相互作用理论、标志理论和社会损害综合征等①。

象征性相互作用理论认为，在老龄化的过程中，环境、个体及个体与环境结合等因素的相互作用具有重要意义。例如，尊老敬老的社会环境与积极参与的态度所构成的社会氛围有利于提高晚年生活质量，延缓机体老龄化；反之，则不利于提高老年人对社会的适应能力。据此，有的学者设计了社会环境模式，并提出了该模式的三个关键要素：一是对起源于特定环境的规范期望的重视；二是对个人交往作用能力的重视；三是对特定环境下的能力与期望之间主观评价的一致性的重视。上述三个要素的和谐程度将决定老年人的幸福感和老龄化水平。象征性相互作用理论强调考虑脱离特定背景后，各项社会活动对当事人会意味着什么，同样的活动，在一些环境下可能会得到人们的重视，但在另外一些环境下，可能会被忽略。象征性相互作用理论同时指出，个人所拥有的资源（健康、社会经济状况、社会支持）及解释这些资源的环境规范会积极或消极地影响对生

① 邬沧萍，姜向群，2015. 老年学概论[M]. 3版. 北京：中国人民大学出版社.

活的满意程度；个人和社会有能力找到替代品。因此，衰老过程中出现的精神不振或者从社会活动中退出的现象并不是不可避免的，是个人在环境相互作用的条件下，一种可能会出现的后果。

从象征性相互作用理论衍生出来的标志理论认为，人们在与社会环境里的他人进行交往的过程中形成自我观念。标志理论认为，我们是根据他人如何评判自己来看待自己与他人的交往的。一旦其他人将我们放入一个类别，他们就会根据这些类别来与我们交往，结果是我们的自我观念和行为在变化。例如，当老年人忘记自己的车停在哪里时，亲友很可能会认为他出现了阿尔茨海默病症状；而当年轻人忘记车停在哪里时，人们则会认为他太忙、精力不集中。

人们的自我认识源于交往模式，而交往模式的基本原则是，以最小的代价从相互联系中得到最大的报酬。只有当交往收益大于支出时，交往活动才会继续。交往模式实质上是以个体拥有的资源为基础的。中年人占有较多的资源，构成交往过程中的施予者角色，因而社会联系较广；老年人资源减少，成为交往过程中的接受者角色，社会联系就相应减弱。交往的模式变化会直接影响到自我概念的形成。一旦社会把老年人归入不同的范围，老年人便会依据这些划分做出相应的反应。在崇尚年轻和技术的社会中，年迈和无用或许是对老年人的基本评价，老年人则将自己置于“顺从”的角色，以此获得社会的容纳和支持。

社会损害综合征从标志理论派生而来。社会损害综合征是指已有心理问题的个人所产生的消极反馈。生活在充满对老龄化偏见的环境中，老年人对外界的依赖，被认为是衰老、无能和过时。为了进行交往，老年人往往不知不觉地屈从于社会暗示而接受社会赋予的消极特性标志，从而更深地陷于依赖状态，使独立自主的能力逐渐衰退，并进而固化成为对自我无能的认知。上述循环一旦开始，便会强化无能意识，从而引起更多的问题。在盛行高生产率价值观念的社会中，老年期的社会损害综合征是一种普遍的现象。针对社会损害综合征，社会重建理论认为，通过向老年人提供机会，让他们生活在不受社会总价值观念影响和结构适当的环境中，增加其自信心和独立意识，可以干预这个恶性循环，中断进行性的损害。虽然重建环境并非易事，但是相互作用理论为我们指出了一个方向，使我们能够从更加广阔的角度审视老年人问题。

第二节　需求理论

关于需求的理论解释有多种，不同学科从不同视角进行了阐释，涉及哲学、经济学、心理学、社会学等多个学科。

一、马克思主义需求理论

马克思和恩格斯关于人类需求的论述集中体现在“两种生产”上，即物质资料的生产和人自身的生产。马克思和恩格斯在《德意志意识形态》中对人类的基本物质需求进行了描述：“人们为了能够‘创造历史’，必须能够生活，但是为了生活，首先就需要吃、喝、住、穿，以及其他一些东西。因此第一个历史活动就是生产满足这些需要的资料，即生产物质生活本身。”在人自身的生产上，马克思和恩格斯认为是指直接物质需要后派生的需要：“第二个事实是，已经得到满足的第一个需要本身、满足需要的活动和已经获得的为满足需要而用的工具又引起新的需要，而这种新的需要的产生是第一个历史活动”；“一开始就进入历史发展过程的第三种关系是：每日都在重新生产自己生命的人们开始生产另外一些人，即繁殖”[①]。人类第一位的需要是生存，第二位的需要是繁衍，满足人类这两种需要的生产则分别是物质的生产和人的生产，其中物质生产是根本，决定着人的生产。

马克思主义经典作品中对人的需求的形式和层次进行了论证，但主要集中在被统治阶级维持基本生存的需求水平上，没有针对广大人民群众基本需求满足之后需求层次提升及其影响进行分析[②]。

二、经济学中的微观需求理论

在经济学中，有效需求、潜在需求、需求这几个概念是严格区分的。有效需求是指市场上有支付能力的总和；潜在需求是指有购买欲望而无支付能力的需求；需求则是更宽泛意义上的需要，不仅包含潜在需求和有效需求，也包含未被服务对象意识到的需要。

个体需求的满足离不开市场，因此，探讨养老问题也离不开市场需求理论的分析。经济学中的需求是指消费者在某一特定时期内，在某一价格水平上愿意而且能够购买的商品量。需求是购买欲望和支付能力的统一[③]。经济学中的需求概念将心理上的欲望与市场上的真实实现行为区分开来。心理学上的需求理论探讨的是人心理上的需要，是人行为的内驱力，经济学中的需求概念则只关注真正发生了的购买行为及以此来满足人物质方面的需求。

影响需求的因素有消费者偏好、商品自身的价格、消费者收入、替代商品的价格、互补商品的价格、消费者预期的商品价格、消费者预期的收入[④]。从社会因素来考察，社会财富分配的平等程度、人口数量和结构都直接或间接影响消费需求。社会财富分配不平等会导致需求减少，人口数量增多会使需求增加，人口结构的变动会影响需求的结构，如一个老龄化加速的社会会增加对医疗、康复、护理、保健用品等的需求。

市场是满足老年人需求的一个重要平台。老年人的个性化、差异化需求的满足，不可能由政府和社会组织包揽，而是必须将自身作为市场参与的主体，结合自己的经济实力进行选择和满足，政府在老年服务市场的建立过程中主要起到引导、规范、监管等作用。在市场上，需求和供给之间存在失衡时，市场会及时调整，这种调整是基于买方和卖方对信息充分了解之后的选择。买方充分了解产品和服务的信息，在自己需求的基础上进行选择或替代性选择，卖方则尽可能地了解买方的需求，采取两种方式迎合买方的

---

① 马克思，恩格斯，1995. 马克思恩格斯选集（第一卷）[M]. 中共中央马克思恩格斯列宁斯大林著作编译局，编译. 北京：人民出版社.

② 赵胜文，张富国，2015. 马斯洛需求理论对历史唯物主义的拓展[J]. 北方论丛，（3）：123-128.

③ 梁小民，1995. 西方经济学教程（修订版）[M]. 北京：中国统计出版社.

④ 万春，2010. 西方经济学的微观需求理论体系及相关政策启示[J]. 经济问题探索，（2）：144-150.

需求：一是提供新的产品或服务；二是尽可能地让原有的产品或服务为买方所了解，如加大广告的投入。

总的来说，经济学中的微观需求理论强调个体偏好及选择，而需求就是众多个体偏好的集合。进一步推导可以得出结论：老年市场的发达程度反映了老年人需求的满足程度，是老年人是否幸福的一个重要尺度。同时，经济学中的微观需求理论强调个人自主，认为个体具有私有财产权，具有足够的消费理性，具有足够的自主决定权——这些理念对老年人的自主具有促进作用。当然，经济学中的微观需求理论在一定程度上强调了个体的理性以及欲望的自主和自由表达，然而，这些观点也引发了一些质疑和讨论。在资本的裹挟下，个人欲望往往是被市场操控的，广告的刺激就是对个体欲望刺激的例子，个人并不是那么理性，欲望的唤起往往不是自发的，而是受广告等影响。每个个体理性表达自己需求的前提也不是很牢靠，个体需求的表达会受限于自己的文化、思维和外部环境，尤其是老年人，文化程度低、表达能力弱的情况比年轻人群体和中年人群体更普遍存在，个体的需求其实是被压抑的。

三、马斯洛需要层次理论

从生物学的角度来看，吃、喝、睡、性等是基本的需要，是人的内在驱动力。针对内在驱动力的探讨，人本主义学者马斯洛（Maslow）的需要层次理论通过一个金字塔形的需求模型来解释人的需求。

人本主义承认人的价值和尊严，把人看作万物的尺度。人本主义哲学范畴对人的需求的探讨主要包括人的自由和自为、烦恼、孤独、痛苦、个体与群体的关系等，分析人在不同阶段的需求及其变化。马斯洛于 20 世纪 50 年代从人本主义伦理学和心理学的角度对人的需求进行了经典总结。

马斯洛在《动机与人格》一书中提出，人的基本需要分为生存需要、安全需要、情感需要、自尊需要、自我实现需要五种，具有递进关系。这五种需要依次构成了人类需要的五个层次，呈阶梯分布，人只有在满足了低层次的需要之后才会产生高层次的需要，占优势的需要支配着人的意识和行为，高层次需要出现后，低层次需要依然存在，但对人的意识和行为的影响减弱①。人的需求是一个整体，人不断地满足自己的欲望，一个欲望满足后往往又会生出新的欲望，而欲望产生的驱动力则驱使人采取行动满足需要，这会贯穿人的一生。

“自我实现”是马斯洛需要层次理论中的核心概念。这个概念最早由人本主义心理学奠基人戈尔德斯坦（Goldstein）提出，是指人潜能发挥的一种内驱力，是人的本性中的一种创造性倾向，是人的主要动机和生活最高目标的表现形式。马斯洛认为个体存在的目的和生命的意义皆是为了自我实现。自我实现是人的内在本性和潜能得到充分的挖掘和发挥，是人性的完美状态，是人最高程度的发展状态。人的自我实现关键在于改善自我意识，使人认识到自我的内在潜能和价值。自我实现的人具有一些共同的特征，即对现实具有洞察力；拥有良好的人际关系网络，接纳自我、他人和自然；日常生活中以问

---

① 亚伯拉罕·马斯洛，2012. 动机与人格[M]. 3 版. 许金声，等译. 北京：中国人民大学出版社.

题为中心；拥有超然的独立性（离群索居的需要）和自主性（对文化与环境的独立性、意志、积极的行动者）；具有丰富的感情和良好的体验；等等①。

自我实现的需要是人最高层次的需要，是实现个人理想、发挥个人潜能、实现自我价值的一种自我肯定性需要。在追求这个层次需要的过程中，个人努力释放潜力，使自己成为自己所期望的人。这种需要可分为两类：一是对于实力、成就、适当、优势、自信、独立和自由等的欲望；二是对于名誉或威信（来自他人对自己尊敬或敬重）的欲望。值得强调的是，马斯洛认为自我实现不是一种静止的、始终不变的状态，而是一个不断发展的过程。也就是说，自我实现是人永远都在追求的需要②。

马斯洛需要层次理论得到了广泛的认同和应用，当然也受到了一定的批评。一是需求满足的阶梯性，认为只有当低层次需求满足之后才会产生高层次的需要，无法解释在物质匮乏状态下矢志不渝地追求理想信念之类的现实特例，如登山爱好者忍饥挨饿，仅仅为了达到登顶的愿望，这就与马斯洛描述的这种时间序列式的动机不相符。事实上，人在针对自己需求的选择时，并不一定是按照一定的排列来进行的，而是基于组合式的考虑，各层次之间的需求会在个体面临的现实中出现冲突，个体把各个阶段的需求综合在一起来进行判断和决策。二是自我实现作为一种理想状态，过于理想化，比较笼统，难以测量。三是把需求与动机、驱动力混为一谈。保持健康是人的需求，需要个人适当运动、少喝酒，但人的驱动力会驱使酗酒者多买酒、多喝酒，从而危及健康，这就出现了需求和驱动力之间的矛盾。驱动力不会让个体避免受到伤害，饮酒、吸毒等使人上瘾并损害个体健康的行为是由驱动力带动的，并不是个体需要的，纵容和沉溺驱动力的某些行为，给个体带来快感的同时也伤害到身体，但身体本身并不需要这些无益的行为。生物性是人的根本属性，身体需要受制于基因，但人同时具有想象力、理性、较强的沟通能力、合作能力、认知能力和推理能力等，使人与其他动物截然不同。因此，人同时具有生物属性和社会属性，单纯考虑基因决定，忽略社会属性或脱离生物属性只谈人的理性，都会产生盲点。人在进化过程中学会了很多东西，可以超越自己能力去做决定，能超越本身需求，做出与本能、驱动力运作方向不一致的决定，如延迟满足、强迫自己牺牲享受去追求道德情操、追求自我实现，克服恐惧和贪婪。通过转移注意力、寻找替代物或互补的社会事实来满足某些需求，如老年人对子女“孝顺”的追求就是一种包含情感转移的满足途径，而不单单是基于物质上对基本需求的满足。

四、奥尔德弗 ERG 理论

奥尔德弗（Alderfer）于 1969 年提出了与马斯洛需要层次理论相关但又有所不同的 ERG（existence、relatedness、growth）理论。在奥尔德弗 ERG 理论中，人的需要分为三类：①生存需要，包括人机体存在所需的基本条件及实现这些要素的手段；②关系需要，即发展人际关系的需要，个体在与人接触、交往和沟通中得到满足；③成长需要，即自我发展和自我完善的需要，个体通过发挥自身潜能得以实现。这三个层次的需要包

① 转引自叶浩生，2004. 西方心理学理论与流派[M]. 广州：广东高等教育出版社.

② 亚伯拉罕·马斯洛，2012. 动机与人格[M]. 3 版. 许金声，等译. 北京：中国人民大学出版社.

括马斯洛需要层次理论中的各要素，所不同的是，奥尔德弗 ERG 理论认为这三种类型的需要之间并没有层次顺序，个体在某种需要满足之后可能去追求更高层次的需要，也可能停留在原来的类型中继续强化；在个体追求较高需要遇到挫折时可能会坚持，也可能退而求其次；某种需要得到满足之后其强烈程度不一定会减弱，也可能会进一步加强①。

奥尔德弗 ERG 理论简化了需求的层次，增强了理论的包容性和解释力，使其更符合现实，在某种程度上对马斯洛需要层次理论进行了修正和完善。

第三节　相关管理理论

一、社会嵌入理论

社会嵌入理论是 20 世纪后期美国社会学家格兰诺维特（Granovetter）提出的，该理论为以后的社会养老研究提供了很大帮助。社会嵌入理论认为，社会各个成员都是紧密联系的，不可能脱离社会结构和社会关系而独立存在。每个人都需要嵌入一定社会结构和网络中去寻求各种资源的支持，而这种资源都是人类的需求，包括信息、情感、服务等方面。社会嵌入理论表达了社会关系网络和结构的重要作用，但并不过分夸大社会化的作用，社会化应该是适度的，应避免因过度社会化引发其他问题。人们在一定的社会条件基础上进行生产生活实践，但不能全盘听从社会条件的安排，应该适度地追求社会规则约束之外的目标。

关于老年人社会化问题，学界有着不同的看法。有学者认为老年人生活经历丰富，而且考虑到他们的生理心理状况，就无须再社会化②。但实际却相反，因为人在步入老年阶段后，其社会地位和家庭角色都发生了改变，这就需要老年人继续社会化。这种转变表现在家庭、经济和劳动力等方面，老年人不再是家庭的决策者，也不再是家庭的经济收入来源主体，不再像以前一样每天工作忙碌。这些转变给老年人精神上带来了冲击，容易使他们产生空虚感。社会养老为解决老年人角色转变带来的不适应提供了可能，让老年人继续社会化。这样老年人不只是服务的需求者，还是社会的参与者，从而缓解角色转变给他们带来的不适。

二、福利多元主义

社会福利涵盖多方面，不仅包括传统意义上的福利，还包括旨在提高人们生活品质的新生事物，其中社区服务就属于社会福利的范畴。随着社会福利思想的发展和成熟，社区发展也在不断地做出调整，以适应新的福利需求。最为典型的福利思想就是时下影响较广的福利多元主义，它强调两个方面：一是福利供给的多元化，即福利服务应由多个部门共同负担，包括营利的、非营利的、政府性质的、民办性质的；二是强调福利服

① Alderfer C P, 1969. An empirical test of a new theory of human needs[J]. Organizational Behavior and Human Performance, 4(2): 142-175.

② 杨菊华，2021. 空间理论视角下老年流动人口的社会适应[J]. 社会学研究，36（3）：180-203，229-230.

务的质量和效率，通过规范组织管理，实现服务的最优化。福利多元主义秉承分权及参与两个观念。分权观念中的权是指福利服务支配权等，分权就是将权力从上级政府向下级政府转移、公共部门向私人部门转移。例如，福利服务供给方有自主设计服务内容的权利，它们可以根据自身的实际情况设计福利服务内容。有什么样的权利就有什么样的责任，权利责任对等，也就意味着福利服务的提供责任也将分到私有市场，参与就是指福利从供给、输送到消费全过程，参与的主体是福利服务的各个关系方，包括供给方和需求方。

与发达国家相比，我国的福利制度发展比较晚，且处在不成熟阶段。改革开放前我国的社会保险模式仍以“单位办福利”为主导。然而，随着社会的变革，这种以“单位办福利”行政化的模式所带来的问题开始凸显，如单位办高福利带来的财政压力、经济体制转变导致大量单位制职工失业等。近年来，随着人口老龄化的加剧和社会经济的发展，我国在养老服务领域逐步引入了福利多元主义理论。这一理论强调政府、市场、社区和家庭共同参与养老服务供给，以实现资源的最优配置和服务的多元化。经过不断的改革完善，我国社会保险模式已由“单位办福利”转变为国家、企业、个人多方共同分担责任的模式。在福利制度的改革进程中，我国的社区福利服务发展长期未能引起重视，致使社区福利工作得不到落实，社区福利服务发展缓慢。然而，社区福利服务的发展前景是显而易见的，社区福利服务将有利于资源整合，调动更广泛的力量参与到福利服务中来。

三、社区管理理论

社区管理是指社区为实现管理目标在公共事务和公益事业方面的自我管理，这个管理目标就是维持正常的生活秩序，促进社区和谐以及满足居民的物质文化需求。社区管理理论在我国起步较晚，随着市场经济制度的建立，社区改革的思想认识不断提高，社会文化行为方式不断变化，社区管理理论应运而生。社区管理理论主张将管理权力下放到基层，实现居民自我管理，让更多群众参与到政治生活中，旨在提高社区管理质量，适应各领域改革的新形势，包括社会主义市场经济的深化改革、新型社区结构的建立、管理体制的不断创新等。

四、社区照顾理论

关于社区照顾的定义，学界有不同的表述。英国政府颁布的《社区照顾白皮书》对社区照顾所下的定义是：“社区照顾是指提供适当程度的干预和支持，以使人们能获得最大的自主性，且掌握自己的生活。”为给老年人提供服务的老年人家庭成员提供喘息照顾和日间照顾，通过团体之家和临时收容所，来扩大照顾范围，直至提供居家照顾[①]。香港《社联导报》编委会提出社区照顾是为社会上需依赖别人的群体提供照顾及支援，如老人、弱能人士、精神病患者等；亦包括动员非正式照顾社群，如家庭及志愿团体等，为有需要者提供照顾；共同目标就是尽量让需要依赖他人的群体可以在社区或他们原来

① 转引自祁峰，2010. 英国的社区照顾及启示[J]. 西北人口，31（6）：20-24，28.

的环境下维持独立的生活①。

20 世纪 60 年代早期英国兴起“反院舍化”和“去机构化”潮流，社区照顾作为一种运动开始推行。大型养老机构程序化的专业正规照顾和科层制的管理造成了老年人与社会隔绝和正常的、人性化的生活环境的城市社区居家养老服务质量研究缺失，既不利于提高老年人养老生活的质量，又加重了政府的财政负担。英国社会引入社区照顾一方面是为了改变机构照顾的负面形象；另一方面也是政府试图减轻负担、鼓励社会福利服务私有化的一个选择，以达到重建社区良好人际关系、开发社区资源、强化社区照顾能力的目的。

早川和男指出，“在宅福利”（即居家养老）是指老龄人在普通的街道中过普通的生活，在居住习惯了的住宅和街道中持续住下去②。黄耀荣认为，“在地老化”指居住者在原居环境、情境终老一生而不迁移，高龄的居住者在此仍然可以拥有熟悉之人、事、物而愉悦自在地生活。社区照顾提倡把老年人留在所居住的社区内接受照顾，以种种正规的社会服务及非正规支持系统为他们提供照顾服务。社区照顾的目标是尽量维持有需要人士在社区或其自然生活环境内的独立生活，直至他们必须接受住院照顾。换言之，社区照顾的目标是通过提供合适的支援，让照顾对象可以维持在社区内过着其最高程度的独立自主的生活③。

巴利（Bayley）将社区照顾分为社区内照顾和由社区照顾，这是目前被普遍认同的社区照顾的两层含义。社区内照顾，即不让被照顾者离开他所熟悉的社区，而是由受助人在家接受政府、社会、家人等社区内专业、非专业的服务人员所提供的综合性照顾，是一系列支援性服务；由社区照顾，即动员家人、朋友、邻居及社区内的志愿人员提供照顾，运用社区支持体系开展对老年人的服务。社区照顾能够使被照顾者像正常人那样在已熟悉的社区环境里生活，而不再产生被抛弃感。社区内照顾其实包括由政府、社团，甚至市场所提供的服务，而由社区照顾（即由亲友网络所提供的照顾）本身就是在社区之内的照顾。

根据社区照顾理论，社区居家养老既是一种利用社会有限资源解决养老问题的办法，又是一种充分反映老年人养老需求的社会化养老模式。因此，社区居家养老与社区照顾也必然是一种适应我国现阶段社会经济发展水平的社会化养老方式。

五、社会支持理论

社会支持理论发端于 20 世纪 60 年代。20 世纪 70 年代以来，社会支持理论作为一种独特的理论和方法，被广泛运用于社会学研究的各个领域。社会支持可以描述成一个人借着正式或非正式的、个人或团体的接触，来获得安慰、协助和信息。因此，社会支持不仅仅是一种单向的关怀或帮助，它在多数情形下还是一种社会交换，是人与人之间

---

① 转引自史柏年，2003. 社区照顾模式及其在中国的应用[C]//王思斌. 转型期的中国社会工作——中国社会工作教育协会 2001 年会议论文集. 上海：华东理工大学出版社.

② 早川和男， 2005. 居住福利论：居住环境在社会福利和人类幸福中的意义[M]. 李桓，译. 北京：中国建筑工业出版社：66.

③ 转引自周春发，付予光，2008. 居家养老：住房与社区照顾的联结[J]. 城市问题，（1）：68-72.

的一种社会互动关系。从广义而言，社会支持既涉及家庭内外的供养与维系，也涉及各种正式与非正式的支持与帮助。社会支持网络具有以下三种功能：一是预防功能，即社会网络所提供的支持，使当事人维持愉快及积极的心境，促使当事人对可能引致困扰的因素做出温和或积极的反应；二是适应功能，即具有缓冲生活压力与挫折之作用，可增强个人的自尊与自信，以加强处理问题及应变能力；三是治疗功能，即将之应用于服务处置过程中，借现有的或形成新的支持网络来发挥前两者的功能。

目前，已有大量的研究将社会支持、社会网络或支持体系等概念用于有关老年人的研究。老年人的社会支持系统可分为正式的支持体系和非正式的支持体系。正式的支持体系包括专业人员、正式的团体组织或机构、政府单位；非正式的支持体系则包括家庭成员、亲友、邻居等。在老年学研究中，研究者通常从个人对社会支持的主观感受、社会支持的类别及社会支持所造成的影响三个角度来界定社会支持的概念。

六、新公共管理理论

新公共管理理论通常指20世纪70年代以来，在英国、美国、新西兰、澳大利亚等国家出现的一种新的理论思潮和实践模式。新公共管理理论是指包括重塑政府和新管理主义在内的系列思想和实践活动。虽然各个国家新公共管理改革的起因各不相同，但其取向却有共同之处，即以追求经济、效率与效益为目标，采用商业管理的理论、方法与技术，引入市场机制，来提高公共管理水平与公共服务质量，进而重构政府形象。

学界对于新公共管理的认识并不完全相同，但各派学者对一些基本原理和理念的理解却是相似的，就新公共管理理论在以下三个方面的归纳是比较一致的。

第一，政府职能重新定位，由“划桨”转为“掌舵”。新公共管理理论主张政府在公共行政中应该制定政策而不是执行政策，政府应该把管理和具体操作分开，政府的角色应是“掌舵”而不是“划桨”。传统政府做事低效的一个重要原因就是忙于“划桨”而忘了“掌舵”，做了许多做不了、做不好、舍本求末的事情。至于“掌舵”的主要途径，新公共管理理论认为要用公共政策指导公共产品生产的竞争，以提高公共产品生产的效率和质量，最大限度地满足社会公众的需要，奉行以顾客为导向、顾客至上的全新价值理念。新公共管理理论认为政府是负责任的“企业家”，而公民是享受公共服务的“顾客”，这是公共管理理念向市场法则的现实复归。作为“企业家”的政府并非以营利为目的，而是要把经济资源从生产效率低的地方转移到效率较高的地方，通过“顾客”需求的驱动促使政府提供多样化和高质量的公共服务。对公共服务的评价，应通过“顾客”的参与和介入，保证公共服务的提供符合顾客的偏好，并产出高效的公共服务。

第二，新公共管理理论强调公众的重要性和作用，政府以“顾客”需求为导向，尊重“顾客”意愿，坚持服务取向。新公共管理理论关注政府项目实施的有效性，表现出一种目标导向的趋势，行政权力及行政行为从属和服务于“顾客”满意度这一中心，政府以提供全面优质的公共产品、公平公正的公共服务为其第一要务。

第三，引入市场竞争机制，追求效率。关于引入市场机制，新公共管理理论主张政府管理应广泛引入市场竞争机制，用市场机制来改造政府或用企业家精神重塑政府，在公共物品和服务的提供上采用市场的方法或准市场的办法，让更多的私营部门参与公共服务的提供，从而提高服务供给的质量和效率，同时注重并在公共机构及政府组织中确立节约成本和提高效益的激励机制。关于追求效率，新公共管理理论提出了三种途径：一是实施明确的绩效目标控制。新公共管理理论主张放松严格的行政规制，实行严明的绩效目标控制，即确定组织、个人的具体目标，并根据绩效目标对他们的完成情况进行测量和评估。二是重视结果。传统的官僚主义政府只注重投入，对结果和收益毫不关心，新公共管理理论根据交易成本理论，重视管理活动的产出和结果，关注公共部门直接提供服务的效率和质量，主张对外界情况的变化，以及不同的利益需求做出主动、灵活、低成本、富有成效的反应。三是采用私营部门成功的管理手段。新公共管理理论强调政府广泛采用私营部门成功的管理手段和经验，如重视人力资源管理、强调成本-效率分析、全面质量管理、强调降低成本、提高效率等，促进公私部门在管理理论与方法上的融合。

总之，新公共管理理论已经显示出这样的趋势，即建立起一种以公共利益为中心的管理体制，力图从根本上解决管理行政公平与效率不可兼得的矛盾。新公共管理理论代表着一种全新的公共管理改革方向，推动着公共管理效率的提高。

在新公共管理理论风靡欧美之时，其主要的理论基础、市场化原则，以及价值理念等也遭到了同辈学者的尖锐批评。在新公共管理理论运动中，英美等国家也出现了社会不公平加剧、公共利益流失，以及公共责任危机等负面效应。在对新公共管理理论批判与反思的基础上，新公共服务理论应运而生，它提倡政府向服务本质的回归，在理论上实现了很多超越和创新，其集大成之作是美国著名学者珍妮特 · V. 登哈特和罗伯特 · B. 登哈特合著的《新公共服务：服务，而不是掌舵》。

通过对当今世界各国开展的“新公共管理”运动的理性的反思和批判，珍妮特 ·V. 登哈特和罗伯特 · B. 登哈特系统地阐述了新公共服务理论，具体如下①。

政府的职能是服务，而非“掌舵”。珍妮特 · V. 登哈特和罗伯特 · B. 登哈特认为，公共管理者的重要作用不在于对社会的控制或驾驭，而在于帮助公民表达和实现他们的共同利益。他们认为，当前许多行政官员都更加关注“掌舵”，即“他们更加关注成为一个更倾向于日益私有化的新政府的企业家”，而政府的工作重点应该是服务。公共利益是目标而非副产品。公共利益不是公民个人利益的叠加或集合，而是管理者和公民共同的利益和责任，它是目标而不是副产品。建立社会远景目标的过程并不能只委托给民选的政治领袖或被任命的公共行政官员，公共行政官员必须致力于建立集体的、共享的公共利益观念，要创造共享利益和共同责任，政府的作用将更多地体现在致力于为公众营造一个无拘无束、真诚的对话环境，使公民能够清楚地表达共同的利益及价值观念，使公共利益居于主导地位。为公民服务，而不是政府“掌舵”。

新公共服务理论对于人的重视胜于对生产率的重视。新公共服务理论强调通过人进行管理，公共组织及其所参与的网络要在尊重所有人的基础上，通过合作和分享领导权来运作。如果要求公务员具有责任心、奉献精神和公民意识，那么公共管理机构的管理者首先要善待这些公务员。公民权和公共服务比企业家精神更重要。企业家注重的是最

① 珍妮特 · V. 登哈特，罗伯特 · B. 登哈特，2010. 新公共服务：服务，而不是掌舵[M]. 丁煌，译. 北京：中国人民大学出版社.

大限度地提高生产率和增加企业利润，而公共行政官员绝对不能采取这样的行为和思维方式，他们不是公共机构的所有者，政府的所有者是公民。公共行政官员有责任通过担当公共资源的管理员、公共组织的监督者、公民权利和民主对话的促进者、社区参与的催化剂，以及基层领导等角色来为公民服务。因而，公共行政官员必须将其解决和治理公共问题的角色定位为负责任的参与者。

值得注意的是，新公共服务理论是对新公共管理理论的批判继承，它对新公共管理理论并不是简单的否定，而更多的是一种理性的反思和建设性的批判。新公共服务理论承认新公共管理理论在世界范围内的广泛影响，对新公共管理理论为改进政府绩效所做的巨大努力也给予了积极评价。然而，新公共服务理论还不能说是新公共管理理论的替代，它除了提醒人们要注意社会公共价值的诉求外，还没有形成完善的、操作可行的具体方案。新公共服务理论提出并强调公共管理归根到底是服务的性质，提出政府的首要作用是帮助公民明确表述并实现他们的公共利益，而不是试图去控制或驾驭社会，即服务而非“掌舵”。

第三章　养老服务质量

养老是重要的民生工作，全面提升老人的幸福感、安全感、获得感事关每个人、每个家庭。我国是老年人口最多的国家，面对日益增长的多元化的养老服务需求，探索出一条既适合我国国情又能最大化地满足人们养老需求的道路，需要各方形成合力。随着科学技术和生产力的发展，人们对于质量的要求越来越高，高质量的产品与服务应运而生，并成为养老服务发展研究中的一个关键要素。养老服务的质量能否提升关乎老人能否安全养老、幸福养老，直接决定了老人的生活质量，甚至影响他们的生命财产安全。因此，质量管理是养老服务管理的中心环节。

第一节　养老服务质量及其建设

随着科学技术的发展，人们对于产品质量的要求也越来越高。养老服务事关老人福祉，事关社会的和谐稳定。养老服务的质量决定了老人的幸福感、安全感和获得感，以及他们的晚年生活质量。

一、相关概念

（一）生活质量

什么是“生活质量”？从语义学上，我们可以将它分解为“生活”和“质量”两个部分，即“生活的质量”。所谓“生活”，据《辞海》的诠释，基本含义中有一条是“生存”的意思，而“质量”则是指产品或工作的优劣程度[①]。这样，我们似乎可以将“生活质量”理解为人类生存的状况或条件的优劣程度。从字义上对某一术语进行诠释有时会不得要领，甚至使人误入歧途。因此，上述理解不免有牵强附会之嫌。不过，这一理解又似乎是其本义，而且确实有许多人同意这一理解[②]。《经济与管理大辞典·续编》中指出，“生活质量”是一个侧重反映人们生活必需品以外的生活条件享受的概念[③]。这一定义和语义学上得出的认识相一致之处在于，它把生活质量和生活条件联系起来；不同的是，它有一个限定，即“生活必需品以外”的生活条件，而不是所有生活条件。在这一定义中，生活条件之后还有一个补语，即“享受”。强调“享受”是否意味着“生活必需品以外”的不属于享受的生活条件不归于生活质量范畴之内？如果是，那么属于享受的生活条件又是什么呢？在这一定义中，这个问题没有得到回答，或者说这一定义仍然

---

① 夏征农，1999. 辞海[M]. 上海：上海辞书出版社.

② 转引自冯立天，1992. 中国人口生活质量研究[M]. 北京：北京经济学院出版社.

③ 马洪，孙尚清，1989. 经济与管理大辞典·续编[M]. 北京：中国发展出版社.

是抽象的概括。

邬沧萍提出生活质量在我国至少包括物质生活、精神文化生活、生命质量、自身素质、享有的权益和权利（人权、自由、机会等）、生活环境（包括社会环境和自然环境，或称生存条件）[①]。以上六个方面关乎人的生活质量。其中物质生活是生存和发展的物质基础，精神文化生活是生存和发展的精神支柱、思想境界和需求层次，生命质量是生存和发展的自然基础。前三方面是生活质量的前提或必要条件，后三方面可以说是生活质量的充分条件。

在人类社会发展理念转变和福利思想内容演变的背景下，特别是受到“社会指标”运动的影响，生活质量概念得到广泛认可。生活质量可以理解为人们的存在质量，是在特定社会中人们各种需要得到满足的程度与水平，集中表现为人们所享有的生存与发展方面的福利状况。生活质量反映特定社会中人们各种需要得到满足的程度与水平，不仅强调人们所享有生存与发展的客观条件与资源，也强调民众所体验到的幸福感[②]。

（二）老年人生活质量

对于老年人生活质量的定义，目前没有统一的标准，但大多数学者都是围绕老年人的物质需求、精神需求、心理健康、身体健康状况方面进行相关的论述。中国老年学学会老年医学委员会流行病学专家对老年人生活质量研究中存在的概念模糊问题进行了讨论，将老年人生活质量的概念暂定义为：60 岁及以上老年人群对自己身体、精神、家庭和社会生活美满的程度和对老年生活的全面评价[③]。叶南客和唐仲勋认为，老年人生活质量的内涵应主要包含老年人物质、精神生活的状态特征，老年人的价值实现和幸福感，老年人的生活条件和环境质量[④]。孙鹃娟对老年人生活质量的定义为：一定社会条件下，老年人在物质生活、精神文化、生活健康状况等方面的充分程度和老年人自身对这些方面的需求满足程度所做的评价[⑤]。

（三）养老服务质量

随着经济的发展，养老服务质量问题逐渐凸显。但对于养老服务质量的定义，目前没有统一的界定，不同学者有不同界定。

李娟认为可以从服务过程、入住老年人健康状况、入住满意度和生活质量等几方面来反映养老服务质量[⑥]。张泽滈等认为养老服务质量是符合老年人需要的养老服务供给水平与优劣程度，一是适应养老服务需要的养老服务供给结构；二是满足客观技术特征的养老服务设施、人员、环境、管理水平；三是老年人及其亲属，乃至整个社会对老年人

① 邬沧萍，2002. 提高对老年人生活质量的科学认识[J]. 人口研究，（5）：1-5.

② 邢占军，王从，2021. 生活质量视角下的文化养老研究与政策思考[J]. 理论学刊，（6）：140-146.

③ 转引自袁鸿江，曾尔亢，2002. 老年医学[M]. 北京：人民卫生出版社.

④ 叶南客，唐仲勋，1989. 老年人生活质量初探[J]. 人口研究，（6）：31-37.

⑤ 孙鹃娟，2007. 中国老年人生活质量研究[M]. 北京：知识产权出版社.

⑥ 李娟，2011. 城市养老机构服务质量及其影响因素调查研究[J]. 社会工作（学术版），（11）：66，85-87.

获得服务的主观满意度[①]。

养老服务质量的特性决定了养老服务的质量管理需要在普遍质量管理系统基础之上创建具体的质量管理系统。养老服务的无形性、主观性和互动性决定了其质量管理需要范式的转变，必须采用符合其性质的方式进行。从国际特别是欧盟国家的实践经验来看，社会服务领域没有统一的、强制性的标准，但目前社会部门确实需要有统一的、可参照的质量框架和质量管理方法[②]。

二、养老服务质量建设的新要求、新部署、新期待[③]

（一）养老服务质量建设的新要求

养老服务质量建设的新要求有：推动养老事业和养老产业协同发展，健全基本养老服务体系，大力发展普惠型养老服务，支持家庭承担养老功能，构建居家社区机构相协调、医养康养相结合的养老服务体系；完善社区居家养老服务网络，推进公共设施适老化改造，推动专业机构服务向社区延伸，整合利用存量资源发展社会嵌入式养老；强化对失能、部分失能、特困老年人的兜底保障，积极发展农村互助幸福院等互助性养老；深化公办养老机构改革，提升服务能力和水平，完善公建民营管理机制，支持培训疗养资源转型发展养老，加强对护理型民办养老机构的政策扶持，开展普惠养老城企联动专项行动；完善老年健康服务，深入推进医养康养结合；加大养老护理型人才培养力度，扩大养老机构护理型床位供给，满足高龄失能失智老年人护理服务需求；提升老年人福利水平，完善经济困难高龄失能老年人补贴制度和特殊困难失能留守老年人探访关爱制度；健全养老服务综合监管制度，构建养老、孝老、敬老的社会环境，强化老年人权益保障。综合考虑人均预期寿命提高、人口老龄化趋势加快、受教育年限增加、劳动力结构变化等因素，按照小步调整、弹性实施、分类推进、统筹兼顾等原则，逐步延迟法定退休年龄，促进人力资源充分利用；发展银发经济，开发适老化技术和产品，培育智慧养老等新业态。

（二）养老服务质量建设的新部署

我国一直高度重视养老服务业的发展和养老服务质量建设问题。2017 年 9 月，中共中央、国务院印发了《关于开展质量提升行动的指导意见》，提出要推动服务业提质增效，提高生活性服务业品质；完善以居家为基础、以社区为依托、以机构为补充、医养相结合的多层次、智能化养老服务体系。这是党中央、国务院首次出台针对质量工作的纲领性文件。党的十八大以来，习近平在第三十二次中央政治局集体学习、中央全面深化改革领导小组第二十八次会议、中央全面深化改革领导小组第三十次会议和中央财经领导小组第十四次会议上，先后四次对老龄工作和养老服务工作作出重要部署。

---

① 张泽滈，肖瑶，雷佳，2018. 将养老服务推向高质量发展阶段——“养老服务质量理论与实践论坛”观点综述[J]. 西安交通大学学报（社会科学版），38（4）：84-88.

② 李兵，庞涛，2018. 国家养老服务质量框架：定义、原理和标准[J]. 社科纵横，33（2）：97-104.

③ 李玉玲，2020. 我国养老服务质量建设的难点及治理研究[J]. 兰州学刊，（2）：192-199.

2016 年底，国务院办公厅印发了《关于全面放开养老服务市场提升养老服务质量的若干意见》，对养老服务质量建设作出新的部署。2017 年，为落实习近平在中央经济工作会议关于“开展质量提升行动”的部署要求和中央财经领导小组第十四次会议关于提高养老院服务质量的重要讲话精神，民政部等六部门决定在全国启动实施为期四年的全国养老院服务质量建设专项行动，以着力解决影响养老院服务质量的突出问题。2018 年，国务院政府工作报告在强化民生兜底保障中，明确提出要提高养老院服务质量，并将其纳入了 2018 年国务院大督查范围。

（三）养老服务质量建设的新期待

第七次全国人口普查数据显示，我国 60 岁及以上人口为 264 018 766 人，占总人口的 18.70%，其中 65 岁及以上人口为 190 635 280 人，占总人口的 13.50%①。随着全面建成小康社会进程的逐步推进，老年群体的养老服务期待也在发生变化。一方面，养老服务在助力老年群体生活照料、医疗支持、康复训练等方面发挥的作用越来越明显；另一方面，老年群体追求美好生活的意愿和想法越来越强烈，也进一步激发多方面、多样化、多层次的养老服务需求。积极、科学应对人口老龄化，为老年人提供更高品质的养老服务已成为养老服务质量建设的重点。做好养老服务质量建设工作，既要适应这些新变化，也要有前瞻性地研究这些变化和趋势，在服务理念、服务内容、服务形式、服务水平等方面不断改进创新，为老年群体提供满足基本需求、符合时代要求、具有针对性和实效性的养老服务。

三、养老服务质量建设面临的主要困难②

（一）供给侧与需求侧不平衡

近年来，我国养老服务业快速发展，服务体系逐步完善，服务市场逐步放开，产业规模不断扩大。但同时，受“未富先老”的社会现象“养儿防老”的传统观念、养老服务体系的定位规划、养老服务重点指标的目标考核，以及尚待健全的市场机制等多种因素的影响，养老服务仍面临供需矛盾十分突出的情况，供给结构不尽合理的问题，主要表现在：一是服务内容的不匹配。相对于机构养老，居家和社区养老服务资源不足。我国老年人有着强烈的社区居家养老意愿，但居家和社区养老服务发展缓慢，服务项目层级较低，多偏重保障和低层次家政服务，针对高龄、失能等老年人的居家社区照护服务短缺，提供专业化有效服务的能力不足，即大多数养老服务设施能够提供生活照料、一般性护理服务，但较少能提供医疗服务、康复服务、失智照护、临终关怀等专业性服务。很多养老机构所提供的服务不是老年人想要的，老年人需要的服务往往未被提供。相对于城市养老服务，农村养老服务资源整体短缺，有些农村供养机构的服务质量存在明显短板（个别机构未取得食品经营许可证、养老护理员未经培训合格后上岗、没有无障碍

---

① 国家统计局，国务院第七次全国人口普查领导小组办公室，2021. 第七次全国人口普查公报（第五号）——人口年龄构成情况[EB/OL]. http://www.stats.gov.cn/xxgk/sjfb/zxfb2020/202105/t20210511_1817200.html[2021-05-11].

② 李玉玲，2020. 我国养老服务质量建设的难点及治理研究[J]. 兰州学刊，（2）：192-199.

设施等），“可供居、难供养”的状态比较普遍，不具备接收失能、半失能老年人的条件，兜底保障能力和服务质量亟待提升。究其原因，主要是“撒胡椒面”式的项目建设思路导致一些公办养老机构或设施“多处建”，并且一次性投入后，没有后续资金保障，陷入无人过问的窘境。二是服务对象的不精准。在机构养老服务方面，存在健康老年人占据床位资源与失能失智老年人无法入住的矛盾、城区养老机构普遍存在“一床难求”与郊区床位多数空置的矛盾、养老机构服务对象的市场化定位与最需要长期照料护理服务的老年人支付能力不足之间的矛盾等。

（二）监管体制与养老服务发展不均衡

当前，我国养老服务监管制度、标准缺失，事中事后综合监管机制尚未建立。从监管力量来看，绝大多数区县民政部门只有1～2名专兼职养老服务工作人员，监管力量不足。从营利性和非营利性的视角看，“有围墙”的养老机构在民政部门依法取得设立许可证后，营利性的在工商部门登记，非营利性的在民政部门登记（目前养老机构设立许可已取消）；而“无围墙”的养老机构则无须办理设立许可证，非营利性的在民政部门登记，营利性的在工商部门登记，目前，民政部门对此类“无围墙”的养老服务设施实施监管存在无法可依的问题。从民政系统内外的视角看，在民政系统内担负监管养老服务职能的就有两个部门，即负责行政许可的养老服务部门和负责登记的社会组织管理部门；在民政系统外，涉及养老服务监管的有关政府部门和机构，有消防、卫生、市场监管、金融等多家，协调监管难度较大。从“国标”和“地标”的视角看，无论是国家标准还是地方标准，都严重滞后于养老服务市场化、产业化和标准化的发展需要。而且有的标准和规范还存在琐碎化、形式化的倾向，标准虽然出台了，但是标准的宣传、贯彻和执行做得还不够。随着国务院取消养老机构设立许可决定的贯彻实施，事中事后监管任务将更为繁重，亟须完善监管体系，强化监管力量。

（三）养老服务从业人员专业素质不足

2017年全国养老院服务质量建设专项行动查找出的亟待研究解决的问题之一是：养老服务队伍整体素质不高且不稳定，有41%的养老护理员未经系统专业培训①。从养老服务管理人员来看，不少从事养老服务的经营管理者缺乏对养老的认知了解，既不熟悉养老服务行业的法律法规，也不清楚养老服务行业的管理策略、风险控制，在很大程度上影响了养老服务质量的提升。从养老服务人员（护理员）来看，“三低一高”现象较普遍：学历偏低、收入偏低、社会地位偏低，而年龄偏高（从业人员多是四五十岁）。由于劳动时间长、劳动强度大、工资待遇低、发展空间小、风险高、职称晋级受限多等原因，很多人员只是把养老服务当作临时性工作，一线养老护理人员流失严重。再加上养老护理员资格证的取消，也降低了护理服务从业门槛，势必造成护理服务从业人员整体专业化水平进一步下降。

---

① 李玉玲，2020. 我国养老服务质量建设的难点及治理研究[J]. 兰州学刊，（2）：192-199.

（四）医养结合尚没有完全融合

医养结合是我国为了满足老年人医护服务需求而整合社会资源产生的一种新型养老模式。但目前，医养结合型的床位供需缺口很大，而且医养结合服务模式在实践中仍存在一些问题：一是管理机构的"部门化"以及现有政策的"碎片化"的问题。目前医养结合主要由三家部门来统筹管理（养老服务归属民政部门、医疗服务归属卫健部门、医疗保险归属医疗保障部门），多部门管理者之间因工作相对独立而缺乏足够的沟通，使各部门对种种扶持政策的认识、调整和落实较难协调一致，导致各项服务资源融合不够，服务之间缺乏有效衔接，难以实现政策协同。二是医养工作的重"医疗"与健康理念的不适应。医养结合的最终目的是老年人的健康养老，《关于推进医疗卫生与养老服务相结合的指导意见》要求"把保障老年人基本健康养老需求放在首位"，但目前"以健康为中心"的医养结合理念尚未形成，医养结合过于注重医院等形式的实体机构，或者过于注重医疗服务，而忽略医养康护的综合施策和健康管理。

四、养老服务质量建设的治理之策①

（一）深化供给侧结构性改革，增加养老服务有效供给

深化养老服务供给侧结构性改革，应以居家养老服务为导向，以长期照料、护理康复和社区日间照料为重点，分类完善不同养老机构的功能，优先解决需求最迫切的失能、半失能和高龄老年群体的医养结合问题，统筹兼顾大多数居家老年人对改善和提高养老服务条件的需求。

1. 养老服务设施布局规划方面

推动各地结合实际养老需求，研究制定养老服务设施布局规划，完善设施建设用地规划指标，加强规划引导，优化设施布局，实现养老服务设施在街道（乡镇）、城乡社区的有效覆盖和合理布局。

2. 基本养老服务提供方面

政府要发挥主导作用，重点解决好特困、空巢、经济困难、高龄、失能老年人的基本养老服务存在的问题，同时提供面向全体老年人获取基本养老服务（与老年人日常生活和健康护理直接相关的信息咨询等服务）的途径。

3. 非基本养老服务提供方面

政府面向市场，通过深化"放管服"改革实施取消许可，降低门槛，并围绕土地、融资、人才等关键性"障碍"，疏通社会资本进入的"堵点"，消除体制机制障碍，对社会力量投资养老服务业采用"扶上马、送一程"政策，完善需求决定市场、市场决定价格的资源配置引导机制，使政府和市场、社会力量共同唱好"大合唱"，催生更多养老服务新产业、新业态、新模式。

4. 医养融合方面

医疗护理是老年人最迫切的服务需求，要加快促进医养融合发展。医疗部门要发

① 李玉玲，2020. 我国养老服务质量建设的难点及治理研究[J]. 兰州学刊，（2）：192-199.

挥“医”的支撑作用，畅通渠道，为老年人提供医疗巡诊、健康管理、保健咨询等一系列的医疗护理保障服务。民政部门要抓好“养”的重点，依托养老资源，动员社会力量参与，为诊疗后的老年人提供康复护理、生活照料、临终关怀等服务。以老年人需求变化为核心，推动医院、护理院、养老机构、社区和家庭等多种类型“医养结合”服务场所建立多层次、可流动的服务体系，形成互联、互通的服务网络，形成从“养”到“医”、由“医”转“养”双向互通和转介的服务序列，保持照料的无缝隙性和连续性。

（二）建立健全养老服务基础保障和扶持发展的养老服务制度体系

1. 完善基础保障政策制度

（1）资金保障方面：推动全面健全经济困难老年人护理补贴制度，提高补贴标准，切实解决经济困难失能老年人缺钱养老的问题；根据经济社会发展水平稳步提升社会养老保险金，对低保人员城乡基本养老保险个人缴纳部分给予财政补贴；推动建立长期护理保险制度，形成相关保险和福利及救助相衔接的长期照护保障制度。

（2）服务保障方面：推动建立以长期照护为核心的基本养老服务制度，确保所有老年人失能时都能以不同方式获得基本的长期照护服务。

2. 强化扶持发展的政策制度

（1）进一步完善和落实养老服务在土地、税收、人才、金融等方面的扶持激励政策措施。深化养老服务“放管服”改革，逐步调整公办与民营、营利和非营利养老服务机构不公平的市场竞争关系，营造公平有序、良性竞争的市场环境。

（2）大力发展社区居家养老服务，既要落实子女赡养老人的义务，也要逐步完善家庭养老支持政策（比如鼓励子女与父母就近居住或共同生活、带薪休假、经济支持、喘息照顾、适老化改造等政策），发挥家庭的基础性作用，巩固家庭赡养和扶养功能，形成居家养老的生活环境和无障碍环境。

（3）进一步推广嵌入式社区养老模式，给予社区养老服务场所支持政策（如将政府链接辖区内闲置校舍、宾馆、企业厂房、医疗设施、商业服务设施等可利用的场地资源改造成养老机构或社区微机构，支持有运营能力的组织或企业运营）。

（4）加大农村敬老院改造升级力度，加强对农村互助幸福院的建设与规范管理，推动形成以区域养老服务中心为枢纽，与农村基本公共服务、特困供养救助制度相衔接，与农村互助幸福院等设施互动的农村基本养老服务体系。

（三）建立健全养老服务培养、使用和激励等人力资源支撑体系

养老服务队伍素质的高低，直接决定着养老服务的质量和水平。养老服务水平的提升，既需要通过发展智能化养老弥补服务人手的不足，更需要做好人才的教育、培训、使用和激励等工作，壮大专业养老服务队伍。

1. 推行学历教育

从国家层面扶持开发养老服务专业课程，进一步明确设置标准、培养目标和内容，加快开发不同层级相关课程体系；推动养老服务本科教育和研究生教育的发展，为养老

机构和职业院校等输送业务骨干和高层次教学科研人员。加大养老服务相关专业教材建设支持力度；鼓励和扶持职业院校增设老年服务与管理、社会工作、健康管理、康复治疗技术、康复辅助器具应用与服务等养老服务相关专业。

2. 加强培训和引导

从国家层面建立部、省、市、县服务机构等分级分类培训机制，将老年医学、康复、护理人才作为急需紧缺人才纳入卫生计生人员培训规划，加快培养养老服务专业人才，提升养老服务队伍能力水平；研究恢复养老护理员职业资格制度，以资格培训、任职培训、岗中培训等为抓手，有计划地开展养老服务理论知识、实操技能培训以及评估标准培训，实现护理人员、管理人员及评估人员等持证上岗；大力引入社会工作者进入养老服务领域，推动养老机构和养老服务设施开发公益性岗位，加快培育志愿者队伍，努力形成专业人员引领兼职和志愿者的联动工作机制，不断提升养老服务标准化、规范化、科学化水平。

3. 建立激励机制

推动建立科学、合理、统一的养老服务行业薪酬体系，按照以岗定薪、以绩定奖、按劳取酬的原则，实现薪酬机制的合理化；推动建立入职养老服务行业就业补贴、岗位补贴以及护理员特殊岗位津贴制度，稳步提高从业人员待遇，激励更多专业人才从事养老服务工作；建立有效的精神激励机制，以民政系统评选“最美基层民政人”等为抓手，大力宣传养老服务管理人员和护理人员等从业人员的先进事迹，不断增强其工作的成就感，提高养老服务工作者的社会地位。

（四）建立健全以事中事后监管为重点的养老服务综合监管机制

1. 完善监管制度

当前，养老机构设立许可已被取消，新修正的《老年人权益保障法》也已获审议通过。建议国家层面出台养老服务条例和修订“养老机构管理办法”，从法治层面进一步做好养老服务的规范、监督及其管理工作，促进养老服务业健康发展。

2. 加快推进养老服务管理和服务的标准化建设

推动《养老机构等级评定与划分》《养老机构服务质量基本规范》等国家标准的贯彻实施，进一步规范养老机构建设，引导养老机构提供优质服务。在标准制定中，注重增加服务要素在养老服务标准建设中的比重，提升养老机构管理存量和服务水平。在现有标准建设的基础上，应进一步推行强制性国家标准，用标准倒逼质量提升。

3. 健全监管机制

因养老服务不同职能分属不同部门，应推动建立多部门各司其职、分工协作、行业组织充分发挥作用的养老服务质量综合监管体制。根据国务院机构改革方案要求，民政部已新建专职从事养老服务工作的业务司局，建议加快制定出台加强养老服务综合监管政策措施，明确事中事后监管的部门职责分工与机制，严控安全风险。加强养老服务行业自律和信用建设，建立覆盖从业人员和服务对象的养老服务行业信用体系，建立黑名单和行业禁入退出制度，形成多部门、跨地区的联合奖惩机制。

第二节 养老服务质量的标准

随着科学技术和生产力的发展，当下我国的人口老龄化程度逐渐加深。老年人口对于养老服务的需求越来越多样化，对养老服务的质量要求越来越高，国家也提出要推进养老服务的高质量发展。因此，高质量的产品与服务应运而生。养老服务质量事关老年人的晚年生活过得幸福与否，决定了老年人的幸福感、安全感和获得感。因此，建立养老服务标准成为首要任务。

一、养老服务质量标准的相关概念

（一）标准的定义

在《现代汉语词典》（第7版）中对“标准”有以下两种解释：一是名词，即衡量事物的准则，如“技术标准”“实践是检验真理的唯一标准”；二是形容词，即本身合于准则，可供同类事物比较核对的，如“标准音”“标准时”“她的发音很标准”①。

国际标准化组织（International Organization for Standardization，ISO）和国际电工委员会（International Electrotechnical Commission，IEC）对“标准”的定义是，为了在一定范围内获得最佳秩序，经协商一致制定并由公认机构批准，为各种活动或其结果提供规则、指南或特性，供共同使用和重复使用的文件。

我国国家标准《标准化工作指南 第1部分：标准化和相关活动的通用术语》修改采用了ISO/IEC的定义，将“标准”定义为：通过标准化活动，按照规定的程序经协商一致制定，为各种活动或其结果提供规则、指南或特性，供共同使用和重复使用的文件。该定义包括以下几层含义：一是标准是标准化活动的结果，以科学、技术、经验的综合成果为基础。二是标准是按照规定的程序制定的。规定的程序指制定标准的机构颁布的标准制定程序，如国际标准、区域标准、国家标准等都有相应的标准制定程序。三是标准的制定需协商一致，即普遍同意，有关重要利益相关方对于实质性问题没有反对意见，同时考虑了有关各方的观点并且协调了所有争议。四是标准制定的目的是为各种活动或其结果提供规则、指南或特性供“共同使用”或“重复使用”。

（二）标准化

《标准化工作指南 第1部分：标准化和相关活动的通用术语》将“标准化”定义为：为了在既定范围内获得最佳秩序，促进共同效益，对现实问题或潜在问题确立共同使用和重复使用的条款以及编制、发布和应用文件的活动。

上述定义包括以下几方面的含义：一是标准化工作有既定范围，具体包括国际标准化、区域标准化、国家标准化、行业标准化、地方标准化、团体标准化和企业标准化。二是标准化是一项为获得最佳秩序、促进共同效益的有目的的活动，标准化的主要效益

① 中国社会科学院语言研究所词典编辑室，2016. 现代汉语词典[M]. 7版. 北京：商务印书馆.

在于为了达到产品、过程或服务的预期目的改进它们的适用性，促进贸易、交流及技术合作等。三是标准化既可以针对已发生的现实问题，也可以针对潜在的问题。标准化的过程就是解决问题的过程，对潜在问题进行标准化体现了标准化活动的前瞻性。四是标准化是一个循环上升的过程，包括标准编制、发布、实施、修订等一系列内部与外部的过程。五是标准化活动确定的条款应形成标准化文件，包括标准和规范、规程等标准化文件。

（三）养老服务标准化

养老服务标准化可定义为：通过对养老服务标准的制定和实施，以及对标准化原则和方法的运用，来达到养老服务质量目标化、服务方法规范化、服务过程程序化，从而使老年人获得优质养老服务的过程。养老服务标准化建设是养老服务业发展的内在要求，也是建设社会养老服务体系的重要技术支撑。养老服务标准化建设主要包括以下内容：一是贯彻、执行国家和地方有关养老服务标准化的法律、法规、方针政策；二是建立和实施养老服务标准体系；三是实施国家标准、行业标准和地方标准，制定和实施企业标准；四是加强标准的宣贯工作，并对标准实施进行监督检查；五是积极采用国际标准和国外先进标准。

二、我国养老服务标准化建设现状

截至2020年底，与养老机构服务有关的国家标准有4项，分别为《养老机构基本规范》《养老机构服务质量基本规范》《养老机构等级划分与评定》《养老机构服务安全基本规范》。行业标准有10项，分别为《老年人社会福利机构基本规范》《养老机构安全管理》《老年人能力评估》《养老服务常用图形符号及标志》《养老机构顾客满意度测评》《养老机构预防压疮服务规范》《养老机构服务标准体系建设指南》《养老机构老年人健康档案管理规范》《养老机构社会工作服务规范》《养老机构生活照料服务规范》①。2021年12月30日，民政部发布《养老机构老年人跌倒预防基本规范》《养老机构膳食服务基本规范》《养老机构洗涤服务规范》《养老机构老年人营养状况评价和监测服务规范》《养老机构服务礼仪规范》《养老机构岗位设置及人员配备规范》《养老机构接待服务基本规范》《养老机构康复辅助器具基本配置》8项行业标准。目的是推动养老机构服务安全基本规范强制性国家标准有效实施，织密筑牢养老服务安全底线。

养老服务业的快速发展对服务质量与管理水平提出了迫切的要求，建立质量标准和管理规范成为养老服务质量管理的首要任务。2017年8月，为解决养老服务标准缺失、滞后及交叉重复等问题，推进全国养老服务标准化工作，民政部、国家标准化管理委员会共同组织制定了《养老机构服务标准体系建设指南》，提出构建科学合理的养老服务标准体系，要求各级有关部门以规范服务行为、提高服务质量、提升行业管理水平、保障老年人权益为导向，立足养老服务业需求，准确把握标准要素之间的内

① 转引自张燕坤，2021. 养老机构标准化与服务质量管理探索[J]. 中国标准化，（20）：47-51.

在联系，遵循标准化工作规律，构建养老服务标准的总体框架，推进养老服务质量的提升。

2019 年 11 月，中共中央、国务院印发《国家积极应对人口老龄化中长期规划》，为中国特色养老服务制度体系画定了“路线图”：到 2022 年，我国积极应对人口老龄化的制度框架初步建立；到 2035 年，积极应对人口老龄化的制度安排更加科学有效；到 21 世纪中叶，与社会主义现代化强国相适应的应对人口老龄化制度安排成熟完备。

据统计，截至 2020 年底，我国已发布了 12 项与养老机构服务有关的国家标准、行业标准，正在研制 37 项标准[①]。先后发布了《养老机构服务质量基本规范》《养老机构等级划分与评定》《养老机构服务安全基本规范》等国家标准。其中，《养老机构服务安全基本规范》明确了养老机构服务安全红线，《养老机构服务质量基本规范》明确了保障养老服务质量的基准线，《养老机构等级划分与评定》明确了提升服务质量的等级线，4 项养老机构国家标准相互支撑、各有定位，有利于加快建立全国统一的服务质量标准和评价体系[②]。

三、我国养老服务标准的发展演变

作为实现养老服务科学发展的重要途径，养老服务标准化建设工作受到了党中央、国务院的高度重视，并得以不断推进[③]。

（一）国家层面标准化建设

养老机构标准化建设始于 20 世纪末，具体可以追溯至 1999 年出台的《老年人建筑设计规范》，其对养老机构的基地环境、建筑设计以及建筑设备与室内设施进行了设定。2001—2002 年，国家相关部门先后出台了《老年人社会福利机构基本规范》《养老护理员国家职业技能标准》，以此为基础，形成了民政部门养老事业中的“两规范一标准”。2006 年 2 月，国务院《关于加快发展家庭服务业的意见》明确指出，要组织或促进制定建筑设施、卫生条件、质量标准、服务规范等养老服务行业标准，开展服务质量评估和服务行为监督，促进养老服务业向规范化、标准化发展。2009 年，民政部在全国范围内开展了“两规范一标准”落实情况的专项检查。2011 年 12 月发布的《社会养老服务体系建设规划（2011—2015 年）》将养老服务标准作为社会养老服务体系的重要组成部分，提出“丰富服务内容，健全服务标准”，“大力推动养老服务业标准化”。2012 年，国家标准化管理委员会、国家发展和改革委员会等 27 个部门联合印发了《社会管理和公共服务标准化工作“十二五”行动纲要》，同年，民政部发布了《养老机构安全管理》和《养老机构基本规范》。2013 年，《国务院关于加快养老服务业发展的若干意见》明确指出“行业标准科学规范”的目标和“健全市场规范和行业标准，确保养老服务和产品

① 徐风，2020. 服务业标准化不断满足人民群众美好生活需要[N]. 中国质量报，2020-01-17（3）.

② 转引自苟明，2020. 标准化让“老有所养”更有质量[J]. 中国质量监管，（8）：20-23.

③ 王成，周玉萍，2021. 国内养老机构标准化建设：边界、实践与展望[J]. 西南石油大学学报（社会科学版），23（3）：9-17.

质量”的任务[①]。2014 年初，民政部联合五部门出台《关于加强养老服务标准化工作的指导意见》，提出“行业标准和市场规范是推进养老服务工作的重要基石”。2015 年，国务院办公厅印发了《国家标准化体系建设发展规划（2016—2020 年）》，以改进社会治理方式、优化公共资源配置和提高民生保障水平为着力点，养老服务标准化制定是社会领域标准化的重点内容。“十三五”期间，老龄事业领域标准化建设持续推进。《“十三五”国家老龄事业发展和养老体系建设规划》明确提出加快建立全国统一的服务质量标准和评价体系，要求“养老事业发展和养老体系建设的法治化、信息化、标准化、规范化程度明显提高”。该规划发布之后，《全国民政标准化“十三五”发展规划》《养老机构服务质量基本规范》《养老机构服务标准体系建设指南》《养老机构等级划分与评定》相继出台，养老机构标准化建设进入了加速发展时期。2017 年 8 月，《养老机构服务标准体系建设指南》得以制定并发布，进一步指出要“加快建立全国统一的养老院服务质量标准和评价体系”。2018 年批准发布《养老机构等级划分与评定》，2019 年 12 月 27 日批准发布的《养老机构服务安全基本规范》是养老服务业的第一个强制性国家标准，规定了养老机构服务安全的基本要求、安全风险评估、服务防护、管理要求等内容，画出了养老机构服务的安全红线，养老机构必须遵照执行。养老服务业标准化建设工作正日益受到广泛关注和重视。

（二）地方层面

近些年，地方养老机构标准化建设也在不断推进之中。山东省在养老机构标准化建设过程中较有代表性，早在 2009 年，山东省民政厅、山东省市场监督管理局就联合立项了 5 个社区居家养老服务标准。截止到 2017 年底，山东省已经形成了基础通用标准、居家养老标准、社区养老标准、机构养老标准、支撑保障标准和老年人用品标准“六位一体”的养老机构标准化建设体系，总共涵盖 30 个二级子标准。2018 年底，山东省民政厅、山东省市场监督管理局联合印发了《关于加快养老服务标准化建设推动养老服务高质量发展的意见》，进一步推动了山东省标准实施、监督和评价机制。而在其他省份中，养老机构标准化建设也加快了步伐。以山西为例，2016 年，太原市政府明确提出要积极开展“标准化+养老服务”试点建设，同年市民政局联合其他 4 个部门开启了全市养老标准体系建设行动。2016—2017 年，山西省共发布养老机构各类标准 14 项。2020 年 11 月，颁布《山西省养老服务标准体系》，由此标志着山西省养老机构标准建设进入省级全面统筹阶段。

（三）总体特征

1. 养老服务标准制修订工作稳步开展

我国在养老服务领域的标准研制始于民政领域开展的标准化体系研究与实践。2011 年，民政部加大了养老服务标准制修订工作的力度，采用彩票公益金专项资助的方式，

① 转引自王文，2015. 养老机构标准化管理体系的建设及应用研究——以颐和养老豪廷公寓为例[D]. 广东：广州中医药大学.

委托全国社会福利服务技术标准化委员会、中国社会福利协会行业标准化委员会和中国标准化研究院进行合作，推动养老服务标准化建设。截至 2017 年底，我国在养老服务业领域已发布国家标准 5 项、正在制定国家标准 2 项，已发布行业标准 6 项、正在制定行业标准 16 项①。

2. 一批养老服务业基础核心标准发布实施

2011 年，民政部组织编制，经住房和城乡建设部、国家发展和改革委员会批准的《社区老年人日间照料中心建设标准》《老年养护院建设标准》两项养老服务业建筑标准发布实施，明确了社区老年人日间照料中心和老年养护院的建设要求，为养老服务设施建设提供了基本依据。

2012 年 3 月，行业标准《养老机构安全管理》发布，这是我国首次以标准化的形式从养老机构的安全管理体系建设、设施设备安全、食品安全、消防安全、突发事件应急管理及安全教育与培训等方面对安全管理进行统一规范和要求。2012 年底，推荐性国家标准《养老机构基本规范》发布，并于 2013 年 5 月实施。2013 年 8 月，推荐性行业标准《老年人能力评估》发布，于 2013 年 10 月 1 日起实施。

此外，很多省（自治区、直辖市）也在充分调研本地实际情况的基础上，颁布实施了一批养老服务业的规范性文件建设工作。

3. 养老服务标准化技术组织逐步健全

2009 年，全国社会福利服务标准化技术委员会成立，主要负责全国社会福利领域的标准化建设工作、全国社会福利标准化配置等基础项目研究，推动了养老服务业标准化建设工作的开展。从 2013 年开始，全国社会福利服务标准化技术委员会与全国社会福利服务标准化技术委员会中国社会福利协会合作在专业化培训中积极开展标准的培训与宣传贯彻工作，仅《养老机构安全管理》就累计被宣传贯彻 7 次，累计培训人数达 2100 人次②。

此外，住房和城乡建设部、全国服务标准化技术委员会、全国残疾人康复和专用设备标准化技术委员会也在一定程度上参与了养老服务标准化的建设、修订与归口管理工作，共同推动了我国养老服务业的标准化发展。

4. 养老服务标准化实施力度增大

随着我国养老服务业标准化建设工作的逐步开展，国家及地方关于养老服务标准化的实施力度不断加大。在国家层面，各地区先后开展了养老服务业领域内的国家级服务业标准试点建设。在地方层面，很多省（自治区、直辖市）启动了养老服务业标准化建设工作，开展了丰富多彩的活动。例如，北京市率先开展养老机构星级评定及养老服务业地方标准修订工作；黑龙江省在全省范围开展养老机构等级达标活动；天津市和上海市大力推进养老服务标准化建设；江苏省加强养老服务设施设备建设，规范行业服务标准；浙江省宁波市在推进城市居家养老服务规范化、标准化的基础上，积极开展城乡一

---

① 转引自魏嫚，陈鸿韬，刘淼，2018. 社区居家养老服务标准体系文献综述及启示[J]. 标准科学，（10）：95-99.

② 转引自陈延，刘效壮，张秀娟，2016. 养老机构标准化建设策略探析——以宁波为例[C]. 中国标准化协会. 第十三届中国标准化论坛论文集. 济南：中国标准化协会：22-330.

体居家养老服务试点工作。

四、养老服务质量标准化建设的意义

（一）从私人领域转向公共领域的必然要求

养老服务从家庭转移到了社会，成为一项独立的社会性活动，对此的衡量、判断，需要一个客观的、独立的、相对科学的标准，这也是制定养老服务标准的最基本的原因。在我国，长期以来养老服务大多由子女等家庭成员在家庭内部完成，是私人领域的事务。做得好不好，是父母和子女之间的私事，衡量的标准是亲情，较为随意。不需要也没有必要制定统一的标准。到了现代社会，在少子老龄化、家庭小型化背景下，家庭成员特别是子女因职业原因，时间、精力受限，无力承担照护职责。第七次全国人口普查数据显示，平均每个家庭户的人口为2.62人，比第六次全国人口普查时的平均3.10人减少了0.48人[①]。在这种情况下，养老服务开始分工，转向家庭外部，由社会力量开始承担，从而成为一项公共领域的活动。制定独立于双方的客观性标准，以保护服务对象以及参与各方的合法权益，就显得十分必要。

（二）养老服务发展的必然要求

我国社会性的养老服务发端于农村“五保”和城镇“三无”对象集中供养工作。城市社会福利院、农村敬老院是承担供养服务的主体，供养的经费主要由财政和村集体经济负担，农村税费改革后，“五保”对象的供养经费也改由财政供给。这些机构在性质上属于国家事业单位或农村集体福利事业单位。在这种统包统揽的体制下，社会福利院、敬老院如何服务这些城镇“三无”和农村“五保”老人，服务质量如何，主要靠内部管理，以及上级民政部门、乡镇街道政府的监管。20世纪80年代后，伴随企业改革，社会福利院开始向退休工人开放。此后，随着人口老龄化程度加深，社会养老服务的压力不断加大。政府有关部门着力推进了社会福利，社会化推动社会福利院、敬老院开门办院，越来越多的社会老人进入这些机构监督其管理机构，评价服务质量的要求随之产生。另外，需求激发的更多供给，使越来越多的社会力量进入养老服务领域，越来越多的民办养老机构开始涌现，规范引导民办养老机构，通过制定一套标准，给民办养老机构树立一个标杆，成为政府和社会各方共同的重要议题。

（三）提高养老服务质量的必然要求

标准化的最优化效果是规范、有序、合理、有效。理论上讲，养老服务一产生就有质量的要求，但客观上，我国社会的养老服务发展时间不长，人们对养老服务的本质特点、具体内涵、发展规律，还不完全清楚，因此一开始还谈不上质量问题。2010年，党的十七届五中全会提出要优先发展社会养老服务后，我国的养老服务业才真正开始发展

---

① 国家统计局，国务院第七次全国人口普查领导小组办公室，2021. 第七次全国人口普查公报（第五号）——人口年龄构成情况[EB/OL]. http://www.stats.gov.cn/xxgk/sjfb/zxfb2020/202105/t20210511_1817200.html[2021-05-11].

起来。2010 年，全国平均千名老人仅拥有养老机构床位数 17 张[①]。民政部公布的数据显示，截至 2020 年底，全国共有养老机构床位 483.1 万张，较 2019 年增长 12.6%[②]。根据国家统计局发布的《中华人民共和国 2020 年国民经济和社会发展统计公报》，2020 年我国每千人拥有养老床位 33.0 张[③]。“量的突破，意味着质的要求。质的要求，需要有评价的尺度”，这是标准化外在的客观需要，也是宏观性的要求。

从微观角度看，标准化管理是养老服务机构、企业走向现代化的必然要求。标准既是管理的重要组成部分，又是管理的技术基础，也是稳定、提高养老服务产品质量的重要保证。养老服务既有服务所具有的无形性、不可分割性、易消失性、变异性等共同特点，又具有服务人所产生的特殊性，如护理员和老人双方都容易受到情绪、身体状况、提供者的时间及其地点、服务方式等因素的影响，因而无法确保每次服务都达到同一服务水平。但有标准，至少可以确保基本的品质。另外，在机构不断发展、新员工大批进入时，如果没有对服务进行标准化处理，培训没有标准文本，新员工就难以及时提升素质，不能迅速达到机构、企业已经达到的服务水准。由此，养老服务机构、企业都把标准制定、标准执行作为一件重要的任务列入议事日程。在这过程中，有效利用信息技术，尽可能地将好的服务通过规范流程、文字记录下来，进行固定，可以实现养老服务业的技术进步，提供比较好的服务品质。

（四）标准化是政府履行监管职责的必然要求

养老服务是政府为社会公众提供的公共服务项目，是特殊的社会福利服务产品。养老服务所具有的多样性、个性化特点，使养老服务难有统一的准则，养老服务市场产生漏洞。因此，加强监督管理成为政府的基本责任。这种监督管理，应该有相对独立的参照依据即标准。标准规定着各类设施与设备要求、管理要求、人员配备要求、服务的基本要求、服务的评价与改进等，包括安全、质量、环保等方面的标准的制定和执行，使养老服务机构知道应为服务对象提供什么服务、如何提供服务、服务到什么程度，同时也为入住机构的老年人提供维护自己合法权益的依据。可以说，标准为政府监督管理提供了基本尺度，有利于保护老年人和养老机构双方的利益，从而成为衡量养老服务机构服务质量的关键环节。正如 2014 年民政部等五部门出台的《关于加强养老服务标准化工作的指导意见》中所指出的：“行业标准和市场规范是推进养老服务工作的重要基石，是更好地提供为老服务、加强行业管理的准则和依据。”

---

① 佚名，2012. 中国平均千名老人仅拥有养老机构 17 张床位[EB/OL]. http://www.stats.gov.cn/xxgk/sjfb/zxfb2020/202105/t20210511_1817200.html[2012-07-27].

② 佚名，2021. 中国养老院行业市场现状 养老床位空置率高达 50%[EB/OL]. http://www.stats.gov.cn/xxgk/sjfb/zxfb2020/202105/t20210511_1817200.html[2021-07-27].

③ 国家统计局，2021. 中华人民共和国 2020 年国民经济和社会发展统计公报[EB/OL]. http://www.stats.gov.cn/xxgk/sjfb/zxfb2020/202105/t20210511_1817200.html[2021-02-28].

第三节　养老服务质量评估

养老服务质量评估不仅可以帮助养老服务管理者方便、准确地分析、测量、控制、评价其服务质量状况，而且可以有效推进和保障养老服务质量的提高。养老服务质量评估由相互联系、相互制约、相互作用的评估要素构成，包括评估目标、评估对象、评估主体、评估标准、评估作用，具有整体性、系统性、协调性的特征。

一、养老服务质量评估体系

政策在鼓励发展养老服务事业的同时，国家层面需建立和完善科学、系统的养老服务质量评估体系。

（一）评估目标

养老服务质量评估的目标是建立科学合理、运转高效的长效评估机制，实现养老服务质量评估的科学化、常态化和专业化，继而提高养老服务的水平和质量。

（二）评估对象

养老服务质量的评估对象可以分为养老机构、服务项目和服务成效三个方面，对服务工作的整个过程和整体成效的评估也必须围绕这三个方面展开。

1. 养老机构

养老机构是养老服务的主要承担者。作为提供养老服务的专业机构，必须接受各方对其服务质量的评估。这类评估主要针对养老机构的机构素质、能力和养老服务质量等方面。

2. 服务项目

服务项目是提供养老服务的最主要形式和载体，所以也是评估的最主要对象。通常养老服务是由养老机构的服务者直接提供或通过其组织提供的。

（1）综合评估：服务项目评估既包括对服务对象的需求评估、方案评估、过程评估和效果评估，也包括对项目服务团队的评估。在项目服务团队评估中，包括对基础设施、服务队伍、管理制度的整体评估。

（2）单项评估：养老机构的服务队伍也可作为独立的评估对象。对养老机构服务者的评估包括资质和服务两个方面。养老机构服务队伍的评估是对其服务方法、过程及效果的评估。

3. 服务成效

服务成效评估是评估的主要目的。养老机构服务质量评估体系可以从服务提供、活动开展、设施建设等方面提高老人的生活质量，使老人真正体会到养老机构的优势。

（三）评估主体

在养老服务领域中，评估的主体有养老机构、养老机构设立许可机关或管理机关及第三方评估等。

1. 养老机构

养老机构应该作为服务质量评估自我监督和审查的主体，积极开展质量评估工作。

（1）服务对象需求评估：养老机构对服务对象的需求评估，包括服务之前的评估和服务过程中需求变化导致的进一步评估两种。

（2）服务方案评估：在初步提出可供选择的服务方案之后，要对它们进行比较和评价，以选出适宜者。

（3）服务过程评估：养老机构服务者应了解和把握服务的进度，发现问题时要及时处理。

（4）结果评估：养老机构服务者对服务结果进行评估和总结，用于结束工作和总结经验。

2. 养老机构设立许可机关或管理机关

政府是养老机构的资助者和支持者，同时又代表社会和服务对象的公共利益，所以政府有关部门有权对养老机构的运行及服务状况进行监督、检查和评估。

3. 第三方评估

所谓第三方，是指与政府及服务机构没有利益关系，相对独立的一方，可以是行业中有资质的专业调查、研究和评估机构，也可以是专门组成的专家组，他们对养老机构服务质量的评估称为第三方评估。第三方评估因为要从老年群体的需求和感观出发，判断养老机构服务水准的高低，因此其评价结果往往更容易得到老年人的信任。

（四）评估标准

1. 客户服务质量评估标准

客户服务质量评估标准是衡量服务质量的一种有效方法，又称 RATER 指数。RATER 分别代表信赖度（reliability）、专业度（assurance）、有形度（tangibles）、同理度（empathy）、反应度（responsiveness），即代表影响客户满意度评价的五大要素。

（1）信赖度，是指一个企业是否能够始终如一地履行自己对客户做出的承诺，当这个企业真正做到这一点的时候，就会拥有良好的口碑，赢得客户的信赖。

（2）专业度，是指企业的服务人员所具备的专业知识、技能和职业素质，包括提供优质服务的能力、对客户的礼貌和尊敬及与客户有效沟通的技巧。

（3）有形度，是指有形的服务设施、环境、服务人员的仪表以及对客户的帮助和关怀的有形表现。服务本身是一种无形的产品，但是整洁的环境、为客户提供的专用座椅等，都能使服务这一无形产品变得有形。

（4）同理度，是指服务人员能够随时设身处地为客户着想，真正地理解客户的处境，了解客户的需求。

（5）反应度，是指服务人员对于客户的需求给予及时反应并能迅速提供服务的愿望和能力。当服务出现问题时，马上回应、迅速解决能够给服务质量带来积极的影响，客户需要的是服务人员积极主动的服务态度。

2. 养老机构服务质量评估标准

服务质量评估指标体系由保障服务的设施设备和环境、工作基本要求、标准体系要求、标准实施与持续改进要求、服务评价和绩效评估等指标构成。其中，硬件是服务质量的首要保障，服务是核心，绩效评估则是老人及其家属的满意程度和经济社会效益的反映。各类指标及其子指标见表 3-1。

表 3-1　养老机构服务质量评估表

一级评审指标	二级评审指标	三级评审指标
设备设施和环境	总体设计，居室，厨房及餐厅，卫生及洗浴，医疗及康复，文化娱乐，公共区域，安全及环境	机构选址的交通急救便利性，建筑层数，室内通风采光，紧急呼叫设施配置，厨房及餐厅设施，洗衣卫浴设施，防滑安全设施，医疗设施，文化娱乐设施，公共区域设计，特种设备，安全标志，公共场所消毒灭菌等
工作基本要求	机构管理，人员管理，工作管理，信息管理	领导机构，工作职责，人员配置，人员资质，管理办法，监督检查制度，标准信息库，措施建议记录等
标准体系要求	总体要求，体系规范性，体系完整性，体系协调性，体系有效性，基础标准子体系，保障标准子体系，服务提供标准子体系	与实际相符，体系合规，构成合理，可操作性强，体系完整
标准实施与持续改进要求	宣传贯彻标准，实施准备，实施情况，实施检查，自我评价，持续改进	宣传贯彻活动，岗位人员掌握，执行检查，服务行为规范，标准实施率，评价记录，建议落实等
服务评价	个人生活照料，老年护理，心理支持，安全保护，环境卫生，休闲娱乐，协助医疗护理，医疗保健，居住生活照料，膳食，洗衣，物业管理维修，陪同就医，咨询，通信，送餐，教育，购物，委托，交通安全	操作规范，服务须知，记录保留，效果评估等，其中，老年护理细化为个案管理、护理计划和评估、落实措施率、基础护理合格率、护士技术操作合格率、严重护理缺陷为零、养老护理员工作定期检查与培训、效果评估等
绩效评估	顾客满意度，经济效益，社会效益，品牌效应，标准化创新	顾客满意度，经济效益，社会效益，品牌效应，标准化创新等

（五）评估作用

养老服务质量评估对促进养老服务机构发展、提升养老服务质量有积极的推动作用，具体表现如下。

1. 促进我国养老行业服务发展

评估是一项贯穿养老服务全程的活动，科学的评估会积极地促进养老机构服务的发展，进而在总体上增进服务效果。

2. 完善养老机构质量管理体系

养老服务质量评估可以促进养老机构质量管理体系的完善。

3. 帮助养老服务机构持续成长

通过养老服务质量评估可以发掘服务过程中存在的问题，这些对服务提供者具有重要的参考意义。

二、养老服务质量评估方法

（一）评估原则

1. 客观公正性原则

客观公正性就是指在养老服务质量评估中要尊重客观规律，不带主观随意性，讲求科学性。首先，评估者要避免各种先入为主的观念，克服主观随意性和片面性，应根据实事求是的原则，不受自身或外部因素的影响。其次，评估者要能够深入调查研究，全面系统地掌握可靠的信息资料，这是质量评估取得成效的基本保证。

2. 系统性原则

在养老服务质量评估的过程中，考虑任何问题都要有系统观念。用系统观念对服务质量进行评估，即要求评估者从养老服务内部要素之间的内在联系、内部要素与外部条件的广泛联系入手，进行全面、动态的分析论证，判断服务质量的高低。系统性原则要求评估者克服问题分析的单一性与片面性，在全面系统动态的分析论证过程中全面性地对养老服务质量进行评审和估测。

3. 规范性原则

评估方法是养老服务质量评估的核心部分，评估方法的规范性是指评估工作中所采用的定性或定量的方法符合客观实际，能体现事物的内在联系。使用规范性的方法是做好质量评估的重要前提，如果评估者忽略了规范性方法，而是使用自认为可行的方法，就脱离了公认的标准，也就无法判断其结论的适当性。

4. 统一性原则

统一性原则是指在养老服务质量评估过程中所使用的相关参数、指标的标准化，也是衡量服务质量统一的标准和尺度。对于同一项服务，用不同指标进行评价，其结果大不相同。指标的统一性不仅在养老服务质量的评估中起标准尺度作用，而且是服务比较选择的依据，标准不一，服务就没有可比性。

5. 客观性原则

养老服务质量评估既包括服务过程中的评估，也包括服务结束后的评估。前者是为了有效开展服务而进行的评估，包括对服务对象需求的评估，对服务方案的评估及选择，以及对服务过程的评估；后者是对已开展的服务所进行的评估，是对服务结果、效果和影响的评估。无论哪一种评估，只有客观合理地评估结果，并且对结果进行总结归纳，才能更好地指导养老服务的继续开展。

（二）评估方法

评估方法是养老服务质量评估的核心部分，评估方法要考虑到评估的全面性。在对老人服务项目进行评估时，评估方法应该考虑到老人的个人特征，如果接受服务的老人出于某种原因排斥或抗拒某种评估方式，则无法准确掌握老人的真实想法、感受和意见，从而影响评估的有效性。要制定符合评估对象特质的评估方法。养老服务质量评估要选择能保证评估科学性和有效性的方法。养老服务质量评估一般采用问卷调查法和访谈法。

1. 问卷调查法

有时需要通过对服务对象或机构的问卷调查来了解服务的效果。问卷调查在养老机构服务质量评估中得到了广泛应用，在选择问卷调查法对养老服务质量进行评估时，应注意以下两点。

1）选择合适的问卷类型

问卷调查一般可通过自填式问卷或结构式访问的方式进行，系统、直接地从某个社会群体的样本处搜集资料，并通过对资料的统计分析认识社会现象及其规律的社会研究方法。问题的形式主要有开放式和封闭式两种。开放式问题，就是不为回答者提供具体答案，回答者自由回答；封闭式问题，就是在提出问题的同时还给出若干个选项，要求回答者根据自己的情况进行选择。在以问卷调查为手段的养老服务质量评估过程中，应结合评估目的选取适用的问卷类型。

2）问卷设计的原则

科学合理的问卷设计能够保障问卷的科学性及合理性。问卷设计必须满足研究的需要，尽量从被调查者的角度出发，这样才能发挥其应有的效用。

2. 访谈法

访谈法又称晤谈，是指调查者依据调查提纲与调查对象直接交谈、搜集信息的方法。整个访谈过程是调查者与被调查者相互影响、相互作用的过程，较观察法、问卷调查法能获得更多有价值、更深层次的信息。

1）访谈类型

根据访谈对象的数量，可以分为集体访谈法和个别访谈法；根据层次，可以分为常规访谈法和深度访谈法；根据媒介，可以分为当面访谈法和电话访谈法；根据访谈进程，可以分为结构性访谈法和非结构性访谈法。

2）访谈步骤

访谈的一般步骤包括设计访谈提纲；恰当地进行提问；准确捕捉信息，及时搜集有关资料；适当地做出回应；及时做好访谈记录，一般还要录音或录像。访谈之前，必须做好充分的准备工作，包括确定访谈对象、选拔并培训访谈员、工具准备等。同时，访谈计划的编制、问题设计、过程实施、结果整理与分析都要按科学的原则进行。

3）访谈注意事项

访谈过程中调查者与被调查者之间建立的信任与合作关系、调查者的素质和访谈技巧等都是影响访谈质量的关键因素，所以在实施访谈时，需要注意以下几点：①访谈进行时，调查者要保持中立的态度，不要把自己的意见暗示给被调查者，否则会影响资料的真实性；②调查者要把握访谈的方向和主题焦点，防止谈话偏离调查主题，从而避免影响效率；③使用的语言要简明扼要；④根据被调查者的特点，灵活掌握问题的提法和语气。

此外，不管是问卷调查法还是访谈法，其编制的问项及题项都应具备以下几个特征：①明确性，即评估问题应该与评估目的、焦点或者相关服务理论紧密关联，通过对问题反馈的整理，可以得到一些有价值的结论；②可行性，评估问题设置得再有意义，如果被调查者无法回答，那也是缺乏价值的，无法指导评估研究；③清晰性，即评估问题的陈述应清晰明了，不会引起歧义。

（三）评估流程

一般而言，养老服务质量评估的流程遵循社会服务项目评估的一般步骤，即开始准备阶段、实施阶段、总结与应用阶段。

1. 开始准备阶段

在养老服务质量评估的开始准备阶段，要明确评估方、评估目的、评估内容，以及评估方法等一系列问题。此阶段最重要的是制订一份科学可行的评估计划。

1）接受委托和明确评估目的

养老服务质量评估的提出一般源自委托方的评估需要，其中委托方包括养老服务或项目的监管者和执行者等多类主体，委托方的需求表现不同，其评估目的也可能会不同，评估方需要与评估委托者共同明确评估目的；在接受评估委托后，评估方应明确此次评估的目的，从而确定评估内容和选定评估方法。通常来说，评估目的大致分为两种：一是改进服务或项目；二是总结判断服务。

2）明确评估问题

在接受委托和明确评估目的后，评估者应在初步了解评估项目情况的基础上，与评估委托方或项目方讨论确定评估焦点，提出清晰的评估问题。一般的养老服务质量评估应该关注以下五个焦点：①评估服务对象需求——养老服务的基本理念之一就是通过回应服务对象的需求。②评估服务项目的理论与设计——对养老服务项目或服务所依据的理论进行评估，判断其是否有效，可以用于指导服务项目的设计，并产生预期的效果。③评估服务项目过程——评估养老服务项目的执行是否按照预先设计的进行，以便于过程或流程控制。④评估服务项目结果——评估养老服务项目是否具有影响，一般指项目所服务的对象在行为、态度和认知等方面是否发生了预期的改变。⑤评估服务项目的效率——对养老服务项目的投入—产出比进行评估，以判断项目是否善用资源，是否通过有限投入获得最大产出。明确评估焦点后，评估者应结合被评估项目的实际情况，与被评估方共同讨论研究，提出清晰的评估问题，这一点对养老服务质量评估尤为重要。

3）制订科学性和操作性兼具的评估计划

具体包括：①评估方法——养老服务质量评估可以采用定性和定量的研究方法；②评估设计——评估设计涉及评估的细节，如制作评估时间进度表、确定经费预算、分配人力资源等，缺一不可。评估者在制订评估计划时还应该考虑如何协调和组织人力、物力和财力，以在规定的时间内完成评估。

2. 实施阶段

评估者在实施阶段的任务是执行前一阶段制订的评估计划。

实施阶段需要评估者深入现场，与各方进行沟通互动，通过观察、访谈等方法搜集有关资料，并对此加以分析和组织。因此，是否顺利进入现场决定了评估工作能否顺利、有效地进行。

成功进入现场后，评估者应该依照评估目的着手搜集相关资料。在此过程中，需要注意三个问题：一是明确所需资料内容；二是选取资料搜集对象；三是明确资料搜集方法。

3. 总结与应用阶段

评估者在完成评估资料的搜集和分析工作后，就可以进入评估的总结和应用阶段。在该阶段中，评估者需要对经过分析的资料进行组织，形成评估报告，并对评估报告加以运用。

1）撰写评估报告

评估的一个成果是形成书面评估报告。依据评估目的，评估报告在完成后会提交给评估委托方或者养老机构自身，甚至有时还会以适当形式予以公开。

通常来说，一份完整的评估报告应包括以下内容。

（1）标题：一般包含被评估项目名称以及评估的焦点。

（2）摘要：一般简要陈述评估目的和问题，介绍评估方法，总结评估发现，以及得出结论并提出对策建议。

（3）目录。

（4）导言：一般介绍评估的背景以及目的，陈述评估问题。一些评估报告的导言还会简要介绍整篇评估报告的结构。

（5）评估方法：介绍评估采用的研究策略以及具体方法。

（6）评估发现：详细陈述评估的发现。

（7）评估图片：可以把相关图片附在报告中，使评估更具有说服力。

（8）结论与对策建议：对评估发现进行总结，并据此提出相关对策建议。

（9）参考文献：罗列评估中所参考的各个文献的名称。

（10）附录：一些评估报告还可以将评估中涉及的重要文献、评估工具等内容作为报告的附录。

以上格式及内容仅作参考用，在实际操作的过程中，因评估情况而定，也可根据评估者所需进行相应的调节。

2）评估结果应用

养老服务质量评估结果的应用具体如下：一是根据评估结果中的建议改进养老服务质量，提升老人的养老质量及生活质量；二是根据评估结果决定服务或项目的存废及发展方向，优化资源的使用。

评估者可与评估委托方或项目方共同讨论评估结果和对策建议，在达成共识的基础上依据评估建议改善相应的养老服务，该项工作不一定非要在评估结束或评估报告完成之后进行，也可以在评估实施过程中与被评估方进行沟通，以评促改、边评边改。

第四章　发达国家养老服务管理及对我国的启示

第一节　美国养老服务管理及其启示

美国于20世纪40年代初步入老龄化社会，但是由于医疗体系完善，所以有40%的老人通常会选择医疗或者护理服务，甚至有一部分老人会选择在医院或护理院来度过余生。美国进入人口老龄化时间足够长，已经建立了完善的社会保障体系和医疗体系，并且美国有96%的人口有退休养老保险，这意味着美国的老年人将会有更稳定的保障[①]。

一、美国养老服务管理政策演变

（一）美国人口老龄化概况

美国老龄化的步伐相对较缓，1944年就已经步入老龄化社会，经过了70年才进入深度老龄化社会，2018年美国65岁及以上人口比例是15.81%。在步入老龄化社会的70多年中，美国人口寿命有了显著提高，1950年人口平均预期寿命是68岁，到2017年则达到78.54岁[②]。据联合国的人口预测，到2050年，美国65岁及以上人口总数将占总人口数的21.6%[③]。美国是世界上最发达的国家之一，各种福利制度比较完善，其在养老服务市场化、产业化方面不断探索，社会服务高度自治，形成了比较完善的社会养老服务体系。

（二）美国人口老龄化特点

1. 进入老年社会时间较长

受到人口出生率、死亡率的下降及人口平均预期寿命的延长等因素影响，美国于20世纪40年代步入老年国家行列，至今已80余年，比我国早50多年，比日本早30多年。

2. 人口老龄化水平地区差异显著

美国人口老龄化较高的地区主要集中于中部地区，北方人口老龄化程度高于南方，西海岸人口老龄化程度高于东海岸。导致人口老龄化区域演变的直接原因在于“迁移性老龄化”，即老龄人口趋向于环境更舒适的地区。另据美国2010年人口普查数据，美国人口在西部和南部地区呈现较快增长趋势，人口重心继续偏向西南部。

---

① 朱明亮，2020. 人口老龄化、人力资本和经济增长——中美日韩的对比[D]. 北京：中央财经大学.

② 朱明亮，2020. 人口老龄化、人力资本和经济增长——中美日韩的对比[D]. 北京：中央财经大学.

③ 胡永远，2003. 人力资本与经济增长：一个实证分析[J]. 经济科学，（1）：54-60.

3. 人口老龄化发展速度较慢

美国人口老龄化进程属于渐进式的，在发达国家中属于中等水平，在主要发达国家65岁及以上人口比重变化中，1960年以来，美国人口老龄化发展进程较为缓和。这一现象一般认为与两个因素相关：一方面，美国实施积极引进外来移民政策，吸收了大量外来移民，尤其是大量青壮年劳动力有效地弥补了本国老年人的生产亏空，对缓解人口老龄化压力起到了重要作用；另一方面，美国具有较高的总和生育率，从20世纪70年代以后基本维持在生育更替水平上下[①]。

（三）美国养老服务管理法律法规

对于美国养老服务管理相关的法律法规，通过文献梳理，可以分为以下几个阶段。

1. 20世纪30—70年代

20世纪30年代的经济危机促使美国意识到社会保障制度对人民安定、社会稳定的作用。为了解决老年人的养老问题，1935年颁布以老年社会保障为主要内容的《社会保障法案》，明确规定对老年、失业、伤残、死亡和遗属提供最低限度的保障津贴。1961年，“白宫老年人会议”发表《老年公民宪章》，明确老年人基于实际需要而享受养老特权是老年人九大权利之一。1965年颁布《美国老年人法案》将“公民退休后应有适当收入以维持其生活水平”列为老年人应享受的十大权利之一。1966年，美国国会通过《医疗照顾保险法案》，明确老年人看病住院基本免费，对于无资格领取社会保险的贫困者，根据“医疗补助”项目，由联邦政府出资，协助各州给这些需要帮助的贫困者救济性的医疗补助，为低收入的老年人、残疾人及其家属提供医疗补助费用以保护老年人的生活免受通货膨胀的影响。1974年，美国政府通过《补充保障收入法案》，明确规定保险费的支付按物价变动自行调整，同时规定65岁及以上的贫困老年人收入和财产达不到一定水平时，可以申请“补充保障收入”的援助，使其能维持基本的生活水平。

2. 20世纪70—80年代

20世纪70年代以后，美国社会服务领域进程加快，私营机构与政府间“购买服务合同”发展养老服务业的模式产生，即政府将公共服务通过订立合同的方式委托给民间营利或非营利机构，由其提供服务，政府提供部分或全部资金，保留制定政策的权力，对所要购买的服务做出限定，如服务对象的范围和资格条件，服务的质量、数量和目标以及评估方法等；私营机构则负责提供配套资金，在政府的政策范围内制定提供服务的具体计划和方法，并组织人力和物力实施计划。该模式经过实践，在促进政府缩小规模、提升政府干预能力和促进各主体更好地承担社会责任等方面取得了良好的进展。

3. 20世纪80年代以后

由于美国《社会福利法案》将一些社会服务全部纳入地方政府管辖，联邦政府给予地方政府的拨款减少，各养老院为争取资金援助竞争激烈，小型养老服务机构因缺乏地

① 王红漫，杨磊，金俊开，等，2021. 积极生育支持背景下家庭生育支持政策与生育率的历史转变——基于中国、日本、韩国、俄罗斯、美国和德国的比较分析[J]. 卫生软科学，（12）：17-22，27.

方政府资助转而寻求私人资金，“居家援助式”老年人公寓出现。

为保障老年人合法权益，美国政府相继出台了一系列关于老年人的法律，如自 1965 年起先后颁布的《老年人法》《老年人志愿工作方案》《老年人营养方案》《多目标老年人中心方案》《老年人社区服务就业法》《老年人个人健康教育和培训方案》等法律。此外，还规定与老年人生活密切相关的社会福利项目，如《食品券法案》《住房补助》等，这些法律法规构建了比较规范和完善的包含支持性服务、营养服务、预防性健康服务、全国支持家庭照料者项目、保护老年人权益、为土著民族的老年人提供服务，共六大类内容的社会养老服务体系。从法律上明确了老年救助、住宅、安养机构、医疗、再就业等养老服务的内容，为老年人构建了一张社会安全网，使老年人在经济收入、保健、医疗、居住、就业、学习等各个方面都能得到保障，这个安全网有政府提供的老年年金和安全补助。安全补助是对没有获得老年年金的老年人给予的一种救济，凡是不能获得老年年金且年满 65 周岁的老年人，如果其资产所得及个人收入符合领取安全补助的标准，都可以获得补助金。此外，对既不能领取老年年金又未申请安全补助的老年人，在经过财产状况和收入调查确定生活困难后，向当局申请公共救济，对需要医疗救助的老年人提供公共救助，政府和民间组织为老年人设计并兴建住宅，以低廉的价格甚至免费供给老年人居住。

（四）《美国老年人法案》出台的历程及其启示[①]

1.《美国老年人法案》出台历程

美国许多法律涉及老年人，如《社会保障法》《禁止年龄歧视法》《住房与社区服务法》等。在一系列的法律法规中，1965 年颁布的《美国老年人法案》具有划时代的意义，它的诞生标志着美国的老龄问题从养老保障和司法维权的范畴中超越出来，迈向一个更广阔的发展空间，形成了现代意义上的老龄工作。

1962 年，有人向议会提出成立独立的、永久性老龄委员会。经过漫长的争论，终于在三年后的 1965 年 7 月 14 日，美国出台了第一部较为全面、影响深远，且明确了老龄工作组织及其职责和经费使用的法律——《美国老年人法案》。其中第六章第十六条对老龄工作的宗旨、机构设置、机构职能、社区计划、养老服务、经费使用、研究发展、培训计划等方面均做了较为明确和详细的规定，为美国近几十年的老龄工作提供了有力的法律依据和切实可行的行动计划，并开阔了老龄工作的视野。

1967 年，在《美国老年人法案》实施的两年后，美国老龄署开始研究老龄领域从业人员的需求，同年《禁止年龄歧视法》签订并生效。1969 年，修订后的《美国老年人法案》规定将一些实施效果较好的项目作为典型加以推广，并实施了“培养祖父母志愿者项目”。1972 年，《美国老年人法案》又设了专门的基金用于支持“国家老年人营养项目”。

1973 年《美国老年人法案》又增添了为地方老年人提供服务的相关条款，成立区域老龄机构，并授予区域老龄机构权力，建立多功能老年人服务中心，负责组织附近社区

① 尹文辉，2009. 美国涉老政策及法律法规——《美国老年法》的诞生和发展[J]. 中国社会工作，（32）：52-55.

老年人活动，同时为 55 岁以上低收入人群提供社区服务工作的就业机会，该项目由劳动部主管。这标志着一个由联邦到社区的全方位老龄工作网络的形成。

1974 年，《社会保障法》的修改也给予了各州老龄机构为老年人提供社会服务的权力，包括保障性服务、家政服务、交通服务、日间照料服务、就业培训和信息发布服务、营养改善和健康支持等。《美国老年人法案》又将老年人交通方面的成功试点纳入其中，加以推广。

1975 年，《美国老年人法案》相关内容向印第安人部落推广，为印第安人提供交通、家庭照料、法律援助、房屋翻新等服务成为其主要内容。

1977 年，在农业部提供新农产品的支持下，再次修改和完善了《美国老年人法案》中的老年人营养项目。

1978 年，《美国老年人法案》将地区老龄机构的行政和社会服务项目如老年人营养项目、多功能老年活动中心服务等进行了整合。同时该法案还要求各州建立长期照料“检察官制度”，负责监督所有的养老院的服务质量。

1981 年，《美国老年人法案》再次修改并强调为老年人提供支持性服务帮助他们在社区中实现自理和独立。检察官制度从养老院等长期照料机构向日间照料中心扩展。

1984 年，《美国老年人法案》重申了州老龄机构和地区老龄机构在协调社区服务方面的作用，并加强了对国家规定重点服务项目经费使用的责任制度。

1987 年，《统筹预算调整法》要求养老机构对护理人员培训、监督和资格认证方面进行改革，并对有精神疾病的老年人每年进行检查。《护理院改革法》规定入住养老院的老年人“在需要保护和宣传服务时，能直接并快速地与养老机构检察官取得联系”。《美国老年人法案》还授权了六项新型服务，包括支持性服务，营养服务，预防性健康服务，防止虐待、忽视和剥削老年人，理疗救助等服务，针对特殊需求和低收入老年人的服务，强调了对低收入老年人的服务。同时还规定各州检察官有权进入各种养老机构，获取老年人病例，指导地方巡视员开展项目，检察官制度具有充分的法律效力。

1992 年，《美国老年人法案》修改后，提高了对老年人照料者、国际项目、老年人权益方面的关注；增加了对脆弱老年人权益保护的内容；加强了长期照料巡视员制度、老年人权益、法律援助；等等。此次修改再次凸显了检察官制度在维权、规范和控制护理质量以及宣传方面的重要性。

1995 年，《美国老年人法案》及《社会保障法》中的重大项目如医疗保险、医疗救助、培养祖父母志愿者迎来 30 周年纪念。

2000 年，《美国老年人法案》再次修改，建立了新的国家家庭照料者支持项目，明确对照料者的支持。

2006 年，《美国老年人法案》再次修订，强调了在老年人长期照料计划中应让老年人获取充分的消费者信息，基于证据的干预项目，自我主导的社区服务以及机构化给老年人带来的风险等。

2016 年，美国总统奥巴马签署了《美国老年人法案》修订案，要求不断丰富社区居家养老服务的内容，加大对养老服务的监督，让老年人享受高质量的健康生活。

2.《美国老年人法案》的启示

纵观《美国老年人法案》的产生和发展，我们可以看出，美国作为一个法治较为成熟的国家，在制定《美国老年人法案》方面确实具有许多独到之处，现简单归纳如下。

1）战略目标明确

《美国老年人法案》既宏观地研究了人口老龄化对经济社会的影响和对策，更以人为本，充分立足于老年人的现实需要。老龄化和老年人结合，避免了老龄工作的形式化和空洞化。

2）设立了法定机构，明确了机构职能

《美国老年人法案》以法律的形式明确规定了美国老龄署机构设置、职责权限、经费使用原则、署长的任命任期等问题，使老龄工作这一新兴事业与其他传统事业一样，具有很强的规范性。

3）充分体现了开拓创新的精神

老龄问题作为一门交叉学科，很容易与其他领域产生重叠，没有开拓创新，老龄部门很容易与社会保障等实权部门争抢地盘，最后“费力不讨好”。《美国老年人法案》难能可贵的一点就是，它能超越社会保障等传统领域，通过创新手段，不断拓展新的事业发展空间。从它的屡次修订和完善过程中我们会发现，不断有新的思想和新的内容加入其中，其中许多政策法规都来源于一些试点项目。这些试点通过规范和推广逐渐走向法治化的道路，变成立法。《美国老年人法案》是美国最具开拓创新精神的法律之一。

4）顺应并领导了国际化的趋势

美国作为关注老龄问题比较早的国家，在这一领域具有很强的话语权。在全球老龄化不断发展的背景下，美国老龄部门加强了国际交流，并将国际交流写入了《美国老年人法案》中，既推动了本国的老龄工作，又促进了世界其他国家的老龄工作。

二、美国养老服务管理体系及运行机制[①]

（一）美国养老服务管理体系

1965年，美国总统约翰逊签署了一个具有里程碑意义的立法——《美国老年人法案》，该法案的颁布，标志着美国卫生健康行政体系和服务网络体系逐渐形成。

美国国家层面的养老服务管理机构是卫生及公共服务部，区域层面的管理机构是56个州老龄机构。中央（联邦）部门和州机构负责社会服务、初级护理和中级护理，而655个地方老龄机构负责初级护理。

在美国的养老服务行政网络中，美国公共及卫生服务部下设老龄署，其后和卫生及公共服务部下的社区生活署合并，成为社区生活署的一个部门并把更多的权力授予州政府，执行州计划的责任也因此落在区域性老龄机构，由这些机构对当地服务提供者进行计划、协调和宣传，并向老年人直接提供养老服务，如信息咨询和帮助服务。

① 谷甜甜，李德智，徐萍，2019. 国外养老服务管理体制对比及启示——以典型福利国家为例[J]. 经济体制改革，（5）：149-157.

在美国的养老服务网络中，与卫生及公共服务部相关联邦层面的行政机构有老龄署、医疗保险和医疗补助服务中心、儿童及家庭署，这三个机构交叉负责养老服务相关项目，如负责社区居家长期照护服务。之后，这些养老服务项目下达到56个州机构和655个地区机构，使服务计划能够从制定到执行快速落实。

（二）美国养老服务管理运行机制

1. 居家养老服务管理

美国的居家养老主要依托其医疗保险制度，利用医疗保险支撑居家养老发展。美国医疗保险体系主要包括医疗保险和医疗补助两部分。医疗保险是面向年满65岁及以上老年人或未满65岁的残疾、失能等特殊群体的全国统一医保制度。医疗补助是联邦政府主办、州政府实行管理，覆盖65岁及以上残疾人、有幼儿的家庭以及收入在贫困线以下老年人的医疗服务救助制度。各州政府有权根据本州收入水平自主确定医疗补助的标准和覆盖面，联邦政府只负责提供部分经费。

2. 养老机构服务管理

在美国，养老服务并不完全是单一市场经济，而是将国家和个人解决问题的方式混在一起。在整个养老服务中，政府不是养老机构运营和提供长期照料服务的主体，而是以间接的方式对社会养老机构进行管理。美国政府对社会养老服务机构管理方式主要有以下两种。

一是通过医疗保险和医疗补助项目的实施进行监督管理。政府给老年人的医疗保险和医疗补助可以支付老年人在养老机构入住的部分开销，这笔费用由政府发放到养老机构。养老机构想要得到政府的钱，就必须符合政府的各项规定，并且在每年的质量评估中达标。政府主管部门每年对养老机构进行审查，符合审核标准、质量评估达标的养老机构才有可能得到政府的医疗保险和医疗补助。

二是通过检察官监督养老机构。从1972年开始，美国就将检察官项目作为示范项目，用以监督各养老机构的服务质量。检察官是护理院、寄宿照料之家、辅助生活机构以及类似养老机构入住老年人的保护人。一般来说，如果老年人对入住的养老机构服务质量不满意，先在养老机构内部设法寻求解决。如果仍然不能满意，则到检察官那里申诉。在美国各地的几百个社区，都有检察官在为维护老年人的权益而工作。

美国还为老年人设有专门的老年人福利养老院、老年人活动中心和老年人日间托护中心。养老院提供膳宿、文娱、医疗，并为死亡者办理善后事宜。入住养老院的老年人基本上依靠老年年金支付维持生活，对一些收入低下的老年人，政府以公共救助的方式收养。各州设有供给中心，为生病或独居老年人送食上门。一些低收入的家庭和老年人可以得到由政府提供的食品券。

三、美国养老服务管理对我国的启示

（一）完善养老服务管理体制的法律依据

在养老服务管理体制构建方面，美国形成了较为完善的养老服务法律依据，在养老服务的传递和养老服务监督等方面做了比较细致的规定，通过法律形式支持养老服务业发展。我国进入老龄化社会以来也制定了一系列的法律法规和相关政策，但多是解决老年服务问题的方针、原则和对策，在对养老相关行政管理机构规范上缺乏系统的法律法规和政策文件。应该建立以保障老年人福利为主要内容的“老年人保健法”“老年人服务监督法”等涉及老年人具体服务的法律法规，建立严格的服务机构监管机制，引导养老服务业迈向法治、规范和制度化的轨道。

（二）明确不同层级政府部门的职责定位

美国中央（联邦）部门、区域部门和地方部门在社会服务、初级护理和中级护理的责任划分上各有侧重，通常中级护理和初级护理由中央或者区域部门负责，社会服务则下放到地方进行管理，由地方为其提供良好的社会发展环境。在我国，政府是保障基本养老的主导力量，中央和地方的政府部门不仅负担基本的初级和中级护理，还负担着非基本的社会养老服务，导致政府职能定位模糊、资源调配不均和服务内容单一等问题。因此应明确不同层级养老服务部门的职责定位，由中央层面对初级护理和中级护理进行托底，地方政府通过建立平等的市场竞争氛围引导多元参与，实现社会服务多方供给的格局。同时，政府主管部门要切实履行好对养老服务的监管职能，通过中央和区域层面政策制定和战略规划，地方层面负责合理配置养老服务资源，实现整个养老服务产业本土化管理。

（三）加快养老服务的纵向整合

美国养老服务在以国家、地区为基础的纵向整合上进行了有益的探索。目前，我国国家层面与养老服务相关的主管部门主要有民政部下设的养老服务司和国家卫生健康委员会（简称国家卫健委）下设的老龄健康司，养老服务司负责老年福利工作的开展及相关政策制定，而老龄健康司负责老年健康服务相关政策制定和健康服务体系的完善。区域和地方层面主管社会福利机构的部门是县级以上地方民政部门，同时，各地卫生健康委员会负责老年健康工作。尽管经过新一轮机构改革，在国家层面对养老服务管理机构进行了划归，但地方层面上养老服务管理仍有所差别，一种是民政部门联合卫生健康委员会对养老服务统一进行管理；另一种是二者分别对养老服务进行管理。两种模式使我国的健康和社会化服务也相对分离。因此，在纵向整合上，应当克服行政组织、政策、资金等要素的原有限制，将健康和社会化服务整合在以国家卫健委为中心的行政系统下，赋予老龄健康司统一调配资源的权力，由地方层面的照护管理者对需要服务的老年人进行评估、分类和协调，以期提升养老服务的行政效率，逐步促进养老服务的纵向整合。

第二节　英国养老服务管理及其启示

英国是较早进入老龄化社会的发达国家之一，也是世界上最早建立老年社会保障体系的国家之一。1930 年英国 65 周岁及以上的老年人口占总人口比例达到 7.2%，是继法国（1865年）和瑞典（1890年）之后第三个宣告进入老龄化的国家。截至2016年，英国65周岁及以上和85周岁及以上的老年人口分别为1180万人和160万人，分别占总人口的18.3%和2.4%；据预测，到2040年，英国65周岁及以上的老年人将增长到总人口的24.2%，85周岁及以上高龄老年人数将翻一番增加到340万人①。面对严重的人口老龄化状况，以及家庭养老功能的日益衰退，英国政府采取了许多对策，大力发展养老服务业，以解决日益突出的老年人问题。

一、英国养老服务管理政策演变②

英国是世界上第一个工业化国家，也是最早建立福利国家制度的国家。英国的福利制度最早可以追溯到17世纪的工业革命初期颁布的《伊丽莎白济贫法》（The Elizabeth Poor Law，也称《旧济贫法》，1601年），该法案为老年人提供专门的救助服务。对于英国养老服务政策可以从以下几个阶段论述。

（一）20世纪初至20世纪40年代

20世纪初，英国政府开始解决社会养老问题，出台了与老年人退休金相关的一系列政策和法规。1908年通过《养老金法案》（The Old-Age Pensions Act）；1911年，英国政府颁布《全民保障法》（National Insurance Act），规定国民医疗卫生服务的保险费由被保险人、雇主与政府三方共同分摊，但保障对象仅限于受雇者和部分低收入者，是强制投保的社会保险，这是后来建立的全民医保的雏形。1942年，著名的《贝弗里奇报告》宣告面世，为福利制度的建立提供了完备的理论基础。报告的主要目标是要为全体公民未来的老年生活建立一个最低的生存保障。1946年《国民健康服务法》（National Health Service Act）的颁布确立了英国全民免费医疗保障制度。

（二）20世纪50—60年代

1948年英国通过《国民救助法》（National Assistance Act），要求地方政府给老年人、残疾人和无家可归的人提供住房和其他一些服务。几年后为了更有利于老年人，英国政府将国民救助改为补助待遇，变原来的短期待遇为长期待遇。1965年《国民保障法》（National Insurance Act）通过，建立了一系列全面的社会保障制度，为国民提供全面基本保障。《国民保障法》《国民健康服务法》《国民救助法》的实施，使英国拥有最完备的老年人社会保障法律体系，成为英国福利国家制度的重要组成部分。这一时期的福利制度在一定程度上改变了国家的职能和政府的运作方式。

（三）20世纪70年代

1970年，英国通过《地方政府社会服务法案》（Local Authority Social Services Act），建立了统一的个人社会服务制度。由社会工作者和辅助员工为老年人、残疾人、精神疾

① 柴化敏，2018. 英国养老服务体系：经验和发展[J]. 社会政策研究，（3）：79-96.

② 柴化敏，2018. 英国养老服务体系：经验和发展[J]. 社会政策研究，（3）：79-96.

病患者以及有特殊需求（如残疾）孩子的家庭和其他弱势群体提供生活照护和支持。根据法律规定，地方当局要成立独立部门——社会服务部（Social Services Department，SSD），负责当地养老服务计划、实施和安排，评估每位老年人的养老服务需求。SSD在机构设置上基本由四部分构成，即福利服务机构（包括老年公寓日间照护机构）、社会工作专业服务组、培训研究机构和行政机构。它们还与其他组织机构如国民医疗服务（National Health Service，NHS）体系、民间和私立机构及教育服务机构、检察部门、警察机构等进行合作。SSD 服务质量和绩效考核由社会关怀检查委员会（Commission for Social Care Inspection，CSCI）行使，并向政府和公众公布结果。

（四）20 世纪 80—90 年代

自 20 世纪 80 年代开始，英国打破纯粹由国家支撑养老福利的思想，强化了市场的主导作用，强化政策引导，积极鼓励非政府营利组织发展社区养老服务，20 世纪 90 年代初期，颁布了《NHS 与社区护理法案》（NHS and Community Care Act），该法案是自 1948 年 NHS 实施以来对 NHS 医疗体制进行的第一次重大改革。第一次在中央政府提供的医院医疗服务和地方政府提供的养老服务之间架起一座桥梁，同时对老人养老服务推行社区照护服务。1997 年 12 月，工党政府建立一个特别委员会专门研究老年人短期和长期照顾的问题，为需要长期照顾的老年人提供一种可持续的资金制度，使他们在自己家里或其他地方得到应得的照顾，另外，工党政府还加强管理，提高养老服务质量。1999 年 2 月，政府实施了新的国民照顾战略，在养老服务体制改革的过程中，地方政府将负起更大的责任，政府就养老服务发布五年规划，在社会服务体系中推出新的评估体制，设置服务监督员，每年对养老服务事业的运行状况实施监督。

（五）21 世纪之后

自 1948 年全民医保体系建立至 1998 年，医疗卫生服务与社会服务分属卫生部和地区政府两个不同的部门管理（除了北爱尔兰，自 1973 年以来一直采取医疗和社会服务统一提供的形式）。同时，NHS 内部的服务又涉及全科服务、社区卫生服务、精神卫生服务、医院急诊服务等多个体系和服务机构，服务体系在多个机构之间割裂且呈碎片化，服务提供者众多且缺乏沟通，导致出现服务衔接困难、重复服务和资源浪费等问题，从而造成了居民利用服务时存在困难并产生不满。

1998 年，政府提出医疗卫生服务和社会服务在三个方面相互融合：战略规划、服务委托和提供。1999 年实施的《健康法案》（Health Act）要求卫生部和地区政府联合创建独立机构，作为独立服务提供者，使卫生部和地区政府联合购买、提供和使用服务更加便利。

目前，以提高老年人长期照护的全面性、可得性、持续性、高质量、高效率和高价值为目标的医疗和照护整合服务，已经作为英国卫生战略规划的一部分，被视为提高国民健康和福利水平的重要基石。2013 年 4 月 1 日，最新的《健康和社会保健法案》（Health and Social Care Act）开始正式实施；2014 年《照护法案》（Care Act）颁布，对已经施行六十年的社会服务法律制度进行全面修订。在威尔士，2014 年《社会服务和福利法》（Social Services and Well-being Act）实施，提出当医疗和照护融合进展不充分时，政府有权加快二者融合。

另外，英国政府最近几年采取了各种不同试点方案，比如基于本地社区和居民需求促进服务整合，2013 年由全科医生（general practitioner，GP）主导成立临床执业联盟（clinical commissioning groups，CCGs），通过加强地方政府与当地 CCGs 的合作，以鼓励医疗和照护服务融合。2013 年试点建立"更好的养老服务基金"①，通过创建唯一风险池基金，交由 CCGs 和地方政府联合使用。2014 年，养老服务预算达到 53 亿英镑。通过 NHS 与地方政府的合作，降低行政管理成本，简化服务流程，并使各种服务有效衔接与融合，为老人提供高质量的服务。

二、英国养老服务管理体系及运行机制

（一）英国养老服务管理概况

英国的养老服务体系由成人社会服务（adult social care，ASC）体系和 NHS 组成。在 NHS 下，管理机构由上至下分别为议会、卫生部、NHS 董事会、经济监管部门以及质量管理委员会，国家层面的卫生部和各区养老服务相关的行政机构主要负责中级和初级护理。在 ASC 体系中，管理机构是地方委员会联盟、地方质量管理委员会等地方养老服务管理部门，主要负责养老社会化服务。英国的养老服务责任在地方社会服务部门成立之后，逐渐地从中央转移到地方。在 NHS 中，英国关于老年人健康护理的相关政策制定、管理和监督等主要由卫生部负责，经济监管部门和质量管理委员会对养老服务提供者进行授权，NHS 董事会管理地方委员会联盟。在 ASC 体系中，地方委员会联盟、地方服务机构和地方服务供给方承担着具体的社会化服务供给工作，地方委员会联盟与服务供给者签订服务合同，为服务供给者提供资金补贴，同时双方负责供给服务的质量。另外，作为地方监督部门的质量管理委员会与其下派的健康监督人员负责对地方服务机构进行第三方调查评估。ASC 体系主要满足老年人的日常生活照料需求，老年人可以向地方服务机构申请服务，符合条件的老年人可以选择现金给付或者经纪人代理服务方案，之后相关机构会向老人提供可选择的养老服务②。

英国的社会福利和社会服务在一定程度上改善了老年群体的处境，政府通过提供与个人经济状况挂钩的福利来帮助贫困人群。但是，老年人由于体能的减弱和衰退，除了需要增加养老金方面的支持外，还需要更多的社会服务。为此，英国政府采取了许多措施来解决这个问题，如建立养老院，给需要照顾的老人介绍家庭寄宿，由家庭服务员对老人实行定期服务等。1990 年通过的《社区照顾法案》规定由地方政府负责提供对老年人的社会照顾。自此以后，有偿的社会照顾必须与个人经济状况挂钩。英国地方政府的 SSD 负责帮助老人决定养老院是否是最佳选择，并计算出个人是否能够承担养老院的费

---

① "更好的养老服务基金"（better care fund），即原来的整合转移基金（integration transformation fund）。

② 谷甜甜，李德智，徐萍，2019. 国外养老服务管理体制对比及启示——以典型福利国家为例[J]. 经济体制改革，（5）：149-157.

用。如果不能，SSD 会负担老人入住养老院的费用。

在英国，针对老年人的社会服务还包括以下几点：一是家庭服务。服务多由社区内已婚无工作的妇女负责提供，每周两次或三次到老年人家中协助打扫卫生、购物、洗衣或做其他家务劳动。有正常收入的老年人自付服务费，依靠养老金生活的由社区福利部门支付。二是饮食服务。在社区内设立老年人饮食服务部，住家的老年人可以按时到服务部就餐，行动不便的由服务部送上门。服务部按老年人的营养需求准备食谱，老年人按自己的爱好和口味进行预订。三是老年人俱乐部，又称“老人之家”或“老年人活动中心”。由社区开办，备有娱乐器材和制作手工艺品的工具供老年人使用。俱乐部由专人负责管理和照顾，为老年人提供聚会、文娱活动和旅游服务。

（二）英国的老年医疗服务管理

在英国，老年人是《国民健康服务法案》的主要受益者，并按照该法案享受公费医疗。根据英国学者的调查，65 岁及以上的老年人每年平均接受 7 次初级医疗服务，16—44 岁的人口每年平均接受 4 次初级护理。66%的医院病床被 65 岁及以上的老年人所使用。在长期住院的老年人中，有超过 60%的人存在一定程度的精神健康问题①。

英国设立了专门为老年人服务的“老年人医院”，它是老人医疗服务的一个重要部分。由于人多床少，老年人医院对长期患者采用“轮换住院”制，患者住院医疗期为 6 周，6 周后回家住家庭病床，需要继续入院的治疗者在间隔一段时间后再次入院。实践证明，“轮换住院”制一方面可以提高病床的周转率，使更多需要住院治疗的老年患者有住院的机会；另一方面，对于患者而言，也可免除长期住院带来的生理和心理压力，有助于患者康复。为了解决患者与家属的临时困难，英国有些社区还为老年人设立“周日医院”和“日诊医院”。

英国的医疗机构与社区相结合，配备老年健康访问员——健康社会工作者，各个住宅区的健康访问员的服务对象为老年人，特别是独居、残疾或出院不久的老年人。访问员在医师的建议和指导下定期到老年人家中探视，并提出治疗、康复、营养等方面的建议。

健康访问员的职责主要有四项：一是维护老年人的身心健康，对探视对象的饮食、运动、休息、起居提出建议；二是辅助探视对象按规定申请各项有关服务与补助；三是为未愈老年人提供康复性医疗服务；四是及时与医院和社区取得联系，汇报被探视者的情况与需求，辅助医院和社区共同做好对老年人的健康服务工作。

（三）英国的老年社区照顾服务管理

1. 社区照顾概况

从 20 世纪 90 年代开始，英国就将养老问题纳入社区，对老年人采取社区照顾的模式。直到今天，英国大部分地区当局仍然拟订年度或更长期的社区照顾计划。社区照顾是英国推行社会服务的一项内容，也是英国在福利国家政策的变化下倡导的一种社

① 沙勇，周建芳，白玫，2019. 养老服务管理[M]. 北京：社会科学文献出版社.

会工作。

目前，英国颁布了多项法案支持社区照顾的发展，其中比较重要的有 1988 年的《社区照顾现代化》（Modernising Community Care）、2000 年的《照顾标准法案》（Care Standard Act），以及《精神健康法案》《无行为能力成人法案》《支持弱势法案》等。

一般来说，社区照顾对象主要有以下几种。

（1）一般老年人。所提供的服务包括家庭支持、个人照顾、社区安全中心、餐饮服务、日间照顾、临时照顾、特殊公寓、照顾管理、出院支持及预防入院服务、老人特殊医药服务和日间医疗服务等。

（2）精神疾病老年人。所提供的服务包括居家支持与个人服务、专业的精神疾病老人护理、住院患者的评估工作、特殊老人的日间照顾和日间医疗外展服务等。

英国有关社区照顾的法令明确指出，要在社区内为老年人提供服务和供养，以便使他们尽可能地过上独立的生活。方式是使他们在自己的家或"像家似的"环境中受到帮助。

2. 社区照顾的主要内容

1）生活照料（饮食起居的照顾、打扫卫生、代为购物等）

生活照料又分为居家服务、家庭照顾、老年人公寓、托老所四种形式。居家服务是对居住在自己家中，有部分生活能力，但又不能完全自理的老年人提供的一种服务。具体包括上门送饭和做饭、打扫居室、洗衣物、洗澡、理发、购物、陪同上医院等项目。从事居家服务的工作人员有志愿者，也有政府人员，这些服务或免费，或低收费。收费标准由地方政府决定，一般在老年人能够承担的范围之内，不足的部分由政府补助。家庭照顾是生活不能自理、卧病在床的老年人在家接受亲属全方位照顾的形式。政府发给老年人与住院同样的津贴，使家庭在照顾老年人时有一定的经济保障。老年人公寓是对社区内有生活自理能力但身边无人照顾的老年夫妇或单身老年人提供的一种照顾方式。老年人公寓一般由两居室组成，生活设施齐全。公寓内还设有"生命线"，如果老年人感到不适，只要拉动"生命线"就可获得及时救助。老年人公寓收费低，但数量有限。托老所包括暂托所和老人院。因家人临时外出或度假，无人照料的老年人便被送到暂托所，由工作人员代为照顾，时间可以是几小时或几天，长的可以为两周，最长不超过一个月。那些生活不能自理又无人照顾的老年人则被送入老人院。现在的老人院是分散在各个社区中的小型院舍，这样一来，老年人便可以不必离开他们所熟悉的居住环境。目前英国各地约有 600 多个托老所，可提供 3 万多个位置。

2）物质支持（提供食物、安装设施、减免税收等）

例如，地方政府或志愿者组织用专车供应热饭。每年约有 3000 万份被直接送到老年人的家中，2000 万份被送至各托老所和老年人俱乐部中。为帮助老年人能在家独立生活，地方政府部门为他们在楼梯、浴室、厕所等处安装扶手，设置无台阶通道和电器、暖气设备，改建厨房和房门等。政府对 65 岁及以上的纳税人给予适当的纳税补贴，住房税也相应减少。66 岁以上的老年人可以享受国内旅游车船票减免的福利，电灯、电视、电话费和冬季取暖费也有优惠待遇。

3）心理支持（治病、护理、传授养生之道等）

心理支持包括保健医生上门为老年人看病，免处方费，以及保健访问者上门为老年人传授养生之道，如保暖、防止瘫痪、营养及帮助老年人预防疾病等，每年约有 60 万名老年人接受此类访问。还有家庭护士上门为老年人护理、换药、洗澡等。另外，政府还规定了为老年人提供视力、听力、牙齿、精神等方面的特殊服务。

4）整体关怀（改善生活环境、发动周围资源予以支持等）

例如，英国政府出资兴办具有综合服务功能的社区活动中心，为老年人提供娱乐、社交场所。行动不便的老年人则由中心定期派专车接送。同时，为帮助老年人摆脱孤独，促进心智健康，适当增加老年人的收入，社区还为老年人提供发挥余热的场所——老年人工作室，每日工作两小时左右。此外，也有一些志愿工作可供老年人参与。英国各个社区经常举办各种联谊会，提出"带老年人到乡间去郊游"的口号，人们志愿组织起来和孤老交朋友，利用休息日和老年人谈心，用自己的车带老年人去郊游，或请到家中来喝茶，为老年人的生活增添乐趣。

（四）英国的老年教育服务管理

英国地方当局非常注重提高老年人的生活质量。除了在居住、交通和其他社会生活方面为老年人提供服务以外，地方教育当局还将文化教育服务作为支持老年人生活的一个极其重要的方面。

英国地方教育当局主要通过以下途径为老年人提供成人教育课程：第一，在老年人居住区域的某一固定地点（如图书馆、教堂）上课。第二，课程范围主要是非资格认证性质的课程，包括艺术工艺、工商管理、信息科技、个人创业、运动健身等，几乎所有课程都向老年学员开放。第三，大多数地方教育当局准许减免老年学员学费。地方教育当局提供的课程吸引了大量的老年人前来就读。

在英国，除了政府提供的老年人教育外，还存在社会机构提供的老年教育服务，它们被称为"第三年龄大学"（University of the Third Age，U3A）。它是由老年人自发成立、自行组织、自助分享的志愿者团体，是一种自主自助的教育形式。目前，英国各地共建有 500 多所 U3A，老年学员在 15 万人以上①。

三、英国养老服务管理主管部门

传统上，养老服务管理主要由主管医疗服务的 NHS 和主管社会服务的地方政府 SSD 两大体系共同负责。前者是免费的，隶属卫生部，承担老年人的卫生服务体系、社会服务的政策和标准的制定、监督与管理等职能。后者隶属就业和退休保障部，主要承担对老年人的照护需求评估、建立需求评价体系，根据评估结果决定老年人享受的照护服务内容，服务信息发布、养老资源配置、服务购买等具体工作②。

英国养老社会服务实行"契约制"——政府花钱从服务机构购买服务，然后再将这

---

① 转引自王旭，2007. 英国老年教育及其对我国的启示[J]. 世界教育信息，（5）：55-56，75

② 柴化敏，2018. 英国养老服务体系：经验和发展[J]. 社会政策研究，（3）：79-96.

些服务提供给相关需求者。在实施过程中，采取项目管理的模式，有一套完整的工作管理规范、流程及评估指标体系，只有通过政府评估的机构，才能拿到政府购买服务的经费。在提供服务的过程中，政府会定期检查或不定期抽查这些机构的服务质量、人员配置、服务人员培训、服务设施配置、服务质量和标准、服务价格等，不符合合同要求的服务机构会被政府按照违约处理，并承担相应的法律和民事责任①。

地方政府有专门负责评估、监察的机构，如英格兰的照顾质量委员会、苏格兰的社会服务监察会等。它们的工作职责包括制定政策、护理院的注册与管理、监督服务质量、接受和处理投诉、公布养老服务机构信息、监察服务机构、公布监察结果、发布年报信息等。例如，苏格兰的社会服务监察会就是这样一个监察机构，该机构在苏格兰有 17 个办公室，负责整个苏格兰地区养老服务机构的监察和管理工作，每年都会联合卫生、警察、社会工作等部门对儿童、老年人以及其他成年人的服务质量进行监督。每年都有一个检查规划，而且绝大部分是突击检查，检查和评估主要是从环境、服务、工作人员、管理人员等几个方面进行的，评估结果会在每年的 10 月公布在网站上。根据评估结果，政府会给予不同的处理意见，包括提高和改进服务的建议、要求等，甚至暂停或关闭评估不合格的养老机构。此外，还受理公众对养老服务机构的投诉，并和相关部门沟通。

四、英国养老服务管理对我国的启示②

英国养老服务管理给予我国的经验启示，可以总结为以下几个方面。

（一）法律与制度层面：加强政府引导，完善相关政策法规体系

英国养老服务的实践表明，政府在其中起着重要的枢纽作用。这种枢纽作用主要体现在制定养老服务政策等宏观建设方面，如英国政府为了发展养老服务制定一系列相应的法律法规和政策，社区的许多养老服务基本是政府出钱购买，等等。政府对于养老服务体系的运行和发展，不仅出台法律保障，还参与到基层组织和机构的建设中，并且通过行政手段和财政支付，引导社会参与、监督养老服务供给机构的服务行为，从而推进社会养老服务的专业化、职业化。

借鉴英国的养老经验，今后我国各级政府在养老服务方面可以有以下几个工作重点：首先，强化政府对养老服务的宏观指导，为养老服务提供必要的支持，解决协调养老服务在运行过程中遇到的各种问题；做好养老服务规划，加强从业人员管理，强化监督机制，充分挖掘社区的可利用物质资源、人力资源，保证养老服务品质。其次，完善支持养老服务的政策法规。近年来，我国出台了一系列加快推进社会养老服务体系和养老服务业发展的政策文件，在很大程度上推进了养老服务的发展，但仍需要进一步在内容和实施细则上出台更加具体的措施，包括推进养老服务体系标准化进程，在养老机构的建设、服务内容、服务需求评估、服务质量评估等方面制定相应的标准，以此加强和规范

① 沙勇，周建芳，白玫，2019. 养老服务管理[M]. 北京：社会科学文献出版社.

② 沙勇，周建芳，白玫，2019. 养老服务管理[M]. 北京：社会科学文献出版社.

养老服务业的发展。最后，加大对居家养老服务的投资力度，特别是资金支持。政府应对养老服务设施用地实行政策优惠，城建规划项目应优先考虑养老设施的需求，鼓励个人、单位从事养老事业，并给予贷款、税收方面的政策优惠。

（二）服务供给层面：加快供给侧结构性改革，逐步放开养老市场

中国幅员辽阔，在养老服务的供给层面上，农村和城镇、东部和中西部都有较大差异，“未富先老”的国情也使我国的养老服务无法以社会福利的形式向全体国民提供。政府在无法包揽一切的情况下，应从职能上剥离直接提供服务，将更多的精力投入履行政策制定、市场监督和利益调节中，保证养老服务体系的灵活性和规范性。

为加快推进养老服务的市场化进程，发挥政府在政策制定、管理监督、扶持引导以及满足困难老年人基本养老服务需求方面的作用，应将更多的养老服务交给社会力量来承担。引导市场力量进行市场调研，在此基础上摸清老年人的服务需求，做出较为准确的市场判断，加快养老服务的建设步伐。

（三）服务输送层面：建设多元化的服务输送渠道

鼓励邻里互助的居家养老，对于比城市更有地缘和亲缘优势的广大农村来说，具有一定借鉴意义。应充分发挥传统文化中的孝道观念、宗族力量、生活习俗的作用，鼓励服务对象的亲属、邻居提供照看或护理服务，力求以较低成本在农村建立起依托家庭的养老服务体系。养老条件相对优越的城市社区在助推“孝养”文化和“家”文化的同时，应利用已有的社区网络，因地制宜建立居委会、物业公司、业主委员会之间的多元合作伙伴关系，发挥老年人的主观能动性，培育发展社区中各种养老助老社会组织，还可通过专业的中介机构，利用大数据、“互联网+”等现代化信息技术，开发建立社区信息平台和老年人信息库，衔接、协调社区内和邻近社区之间的养老服务供给。

在借鉴英国养老服务体系的同时，更重要的是动员家庭、市场、社区、民营机构、志愿者等多种力量共同参与，多方协作，发展多元化的养老服务体系。

（四）人才建设层面：培育专业化的高素质服务人员队伍

英国养老服务的一个特点是专业化，无论是工作人员的提供，还是机构的设置，都体现了此特点。在市场经济条件下，专业化是服务业的核心竞争力，只有专业化人员才能提高社区照料的服务水平和市场竞争力，才有利于提升养老服务业的品质。我国养老机构中老年人护理服务队伍的专业化水平较低，整体素质也有待提高。要发展我国社会养老服务体系，就必须强化我国养老服务人才的培养。

首先，要提高养老机构的专业化水平。在加大护理型养老机构的建设力度方面，要根据老年人的实际需要，发展不同类型的养老机构。在机构的建设上，不应贪大求全，而应该依据类型的不同，着重在功能和服务上提高专业化水平。针对失能、高龄、痴呆、术后康复、临终关怀等有特殊需求的群体，建立规模适当、功能配置较全、专业化水平较高的养老服务机构。其次，要加快养老服务人才队伍建设。一是要大力培养从事养老

服务行业的专业人才。目前，我国社会工作教育还处于初期发展阶段，今后要大力发展社会工作教育，加强较高层次人才培养。要逐步开展养老服务专业人才的教育、培训、技能训练。可以在大学、职高开设养老服务专业，培养专业人才。二是要大力加强对在职养老服务人员的业务培训。可以由社区养老机构聘请专家、学者进行授课，传授知识和技巧，也可以开展社会教育和业余培训，举办各种类型的专业护理人员培训班。要积极推进养老服务从业人员的资格认证制度建设，实行持证上岗。进一步拓宽养老服务人员的职称晋升空间，提高他们的工资待遇，降低人员的流动性。同时要加快养老服务人才市场的培育，吸引更多的人才从事养老服务业。培育养老服务行业发展所需的职业经理人、专业服务人才市场。

（五）监督管理层面：加强和完善监督管理机制

我国养老服务发展起步较晚，在服务质量评估、监督与管理方面还没有形成完善的体系。一方面是缺乏相应的评估标准和规范；另一方面是缺乏专门机构或者组织来负责养老服务行业的监管工作。我们可以借鉴英国的经验，如单独成立一个机构，或由某个部门牵头，或委托给第三方的社会组织，负责对养老服务机构进行评估与检查。

（六）养老模式层面：进一步加强居家养老和社区养老服务

尽管目前我国的机构养老发展迅速，但真正起基础作用和依托作用的居家养老和社区养老发展较慢。英国最早也是大力发展院舍型养老机构，之后才发现社区在养老服务中的重要作用，继而大力发展社区照护的服务模式，把健康服务、社会服务都下沉在社区开展。我国现在提出构建“以居家为基础、社区为依托、机构为支撑”的社会养老服务体系，但居家养老和社区养老服务的发展还比较滞后，无论是在基础设施建设、服务人员队伍，还是在市场化运作方面，都明显不能满足我国的实际需求和未来发展需要。今后需要加强这方面的工作，补齐这块“短板”。

第三节　日本养老服务管理及其启示

日本相对西方国家而言，是进入老龄化比较晚、老龄化进程最快、老龄化程度最高的工业化国家之一。1970 年日本的老龄人口占 7.1%，而到 1997 年其老龄人口比重已占 15.5%（高于美国的 12.3%），2014 年，日本 65 岁及以上的老年人口约为 300 万人，占总人口的比例已超过 25%；预计到 2035 年，每 3 人中就有 1 人是 65 岁及以上的老年人，每 5 人中就有 1 人是 75 岁及以上的老年人，面对日益庞大的老龄群体，日本早在 20 世纪 60 年代，便开始建立完善的养老服务体系，并不断注意调整和优化，逐步形成了符合自身特点和需求的养老服务模式①。

① 陈淑红，2007. 养老服务与产业发展[M]. 长沙：湖南人民出版社.

一、日本养老服务管理政策演变

（一）养老服务管理政策概况①

作为东方国家的日本，对家庭有一种特别情结，其公共服务政策也以家庭的护理为前提。日本政府制定的《生活保护法》《老年人福利法》《老年人保健法》中均对家庭和家属的赡养进行明确规定，并通过《国民养老金法》《厚生养老金法》《健康保险法》对家庭或家属已形成的赡养关系予以法律确认。为了解决老年人的照料和护理问题，日本政府于1963年推出《老年人福利法》，推行社会化养老。1982年出台《老年人保健法》，将老年福利政策的重心转移到居家养老看护方面。20世纪90年代，日本政府为缓解人口老龄化对医疗保健机构和医疗保险的压力，开始实施“老年保健福利计划”，重点建立和实施社区综合护理系统，推进家庭护理，提供利于老年人的保健和医疗服务。

为应对工业化、城市化的快速发展及家庭功能的日益弱化，1997年，日本通过看护保险制度法案；2000年，正式实施该法案——《介护保险法案》，目的是由社会支撑老年人养老。主要内容如下：一是明确被保险者范围。被保险者是在市镇有住所的40岁以上的全体人员，其中65岁及以上为第一号被保险者，40岁以上、65岁以下为第二号被保险者。二是明确服务类别和保费支付。看护保险制度的服务有居家服务和设施服务两个方面。住在自己家里接受的居家服务种类有上门护理（家庭服务员）、上门帮助洗浴、上门帮助康复、日托康复、居家疗养（医生上门诊断、治疗）、日托护理、短期入住设施、阿尔茨海默病老年人共同生活护理收费、老年人福利院护理、支付租赁及购买福利用具费用、支付住房改装费（安装扶手、拆除台阶等）等。设施服务有护理老年人福利设施（特别护理老年人之家）、护理老年人保健设施（老年人保健设施）及护理疗养型医疗设施（疗养型病床、阿尔茨海默病疗养病房）三种。居家服务保费支付有固定规定，并在费用限度内制订综合服务计划，超过限度额的服务则由使用者支付。设施服务中，使用者在使用的限度内均需支付看护费的10%，如利用设施服务，还需另支付伙食费和日常生活费。看护保险制度资金来源为：公费负担50%（其中中央政府25%，都道府县12.5%）、保险费 50%。这一制度将养老问题纳入社会保障制度范畴，并以保险形式解决财源问题，且引进竞争机制，推动了养老服务业的快速发展。

（二）日本社会养老服务管理的国家战略：《黄金计划》②

1. 社会养老《黄金计划》：实现保健、医疗、养老服务的一体化

日本从国家战略的高度应对老龄社会的第一个举措是于 1989 年制定公布《黄金计划》，这实际上是日本第一张应对老龄社会的蓝图，其主要目的是增加养老服务的社会供给量。《黄金计划》通过以下四个方面来打造社会养老服务体系：①扩充居家养老服务与机构养老服务；②老人保健福祉的相关服务；③社会养老介护人才的教育培养；

① 张荣，赵崇平，2018. “互联网+”居家养老体系建设研究[M]. 北京：光明日报出版社.

② 沙勇，周建芳，白玫，2019. 养老服务管理[M]. 北京：社会科学文献出版社.

④建设居家养老的社会支援服务体系。这项计划要求地方政府必须在每一个中学校区（居民人口在2万人左右的区域）设立一所“居家养老介护支援中心”。

《黄金计划》提出要创设“长寿社会福祉基金”，对卧床不起的老人开展照料计划，同时提出的具体目标如下：①完善居家养老社会支援体系；②培养10万名居家养老服务员；③新建短期托老设施床位5万张；④新建“日托”服务中心1万个；⑤新建居家介护服务支援中心1万个；⑥在养老机构方面新增特别养护老人之家床位24万张；⑦新增老人保健设施床位28万张；⑧新增看护之家床位10万张，以及在边远地区增设高龄者福祉设施400座；等等。《黄金计划》中还包括“医疗福祉机器技术研究开发计划”。

2. 社会养老《新黄金计划》：社会养老普遍性、综合性、社区化原则

1994年，日本根据社会老龄化的实际情况以及各地区的实施情况，对《黄金计划》进行了修改和完善，并且制定公布了《新高龄者保健福祉推进战略（1995—1999年）》，该战略又被称为《新黄金计划》。

《新黄金计划》的特点是强调社会养老服务必须坚持“普遍性、综合性以及社区化”的原则，提出：①养老服务的普及化；②充实居家养老服务的内容；③建立服务质量评价标准；④加强养老介护器具和设备的研发以及对老人住宅的无障碍改造；等等。日本一方面要增加社会养老服务的供给量，改善老年人的生活自理能力的服务；另一方面需要积极开展并推动长寿健康科学的研究与应用。

另外，《新黄金计划》将居家养老服务员培养人数由原来的10万名增加到17万名；将新建短期托老设施的床位由原来的5万张增加到6万张；将提供日托服务的设施由原来的1万个增加到1.7万个。

3. 《21世纪黄金计划》：构建面向每一位国民的社会养老服务体系

2002年，日本在全面实施“介护保险制度”的同时推出了《21世纪高龄者保健福祉推进战略》，又称《21世纪黄金计划》。

《21世纪黄金计划》强调有必要构建“每一个国民都能就近享受的、必需的养老介护服务体系”，这个新的服务体系主要包括以下5个要点：①通过医疗和福利，为高龄者养老需求提供综合性服务的体系；②根据高龄者本人的意愿，在专家的帮助下选择最佳服务的体系；③通过不同事业或企业形态的良性竞争，可提供多样化优质服务的体系；④日益膨胀的养老介护服务费用应该由所有国民公平负担的体系；⑤通过居家养老与机构养老实现费用负担公平化的体系。

（三）日本开放养老服务市场的政策与手段①

1. 提供养老服务的主体多元化

2000年，日本开始实施介护保险制度，这不仅是日本根据“公助、互助与自助”原则建设社会养老服务体系的一个历史性的步骤，还是日本正式向民间开放养老服务市场的一个重大契机。

① 沙勇，周建芳，白玫，2019. 养老服务管理[M]. 北京：社会科学文献出版社.

在实施介护保险制度之前，日本的养老服务主要由政府包办，是以公办或事业单位的运行管理模式来提供的。也就是说，在日本社会老龄化的前期阶段，政府机构及其直属的事业单位是提供养老服务的主体。这种“官”主导的行政管理式的养老服务往往官僚气十足，效率不高，而且总有一种“施恩”的味道，很少站在高龄者（养老服务的消费者）的立场去思考问题。不仅养老服务的供给量有限，而且服务的质量也不高，在养老服务内容和服务的形式方面，高龄者没有什么选择余地。为了在养老服务领域打破“官”主导、公办机构唱主角的局面，从2000年开始实施的日本介护保险制度正式决定向民间资本和民营企业开放养老服务市场，试图通过引进民间力量，促进养老服务的创新，进而增加养老服务的供给量，通过公办事业单位与民营企业以及民营企业之间的相互竞争，提高养老服务的质量。在促进养老服务行业健康发展的同时，为高龄者提供更多的选择。可以说，日本介护保险制度的实施为民营企业进入养老服务市场开启了大门。最终，提供养老服务的主体呈现“官”退“民”进的新局面。

2. 鼓励民营中小企业进入养老服务市场的优惠政策

开放养老服务市场也是日本经济转型、发展新兴服务业与增加新的就业、提高日本服务业国际竞争力的一大举措。为了鼓励民间中小企业进入社会养老服务市场，日本政府出台了一系列奖励优惠政策。

1）在养老服务领域，促进创业的咨询指导与支援项目

为了帮助民间中小企业进入养老服务市场，日本政府在全国建立了300个创业咨询指导窗口，由养老服务领域的专家对准备开拓养老服务业务的民营中小企业提供“一站式”创业咨询服务。这300个创业咨询窗口的设立经费与日常运行费用由国家和地方政府各分担50%。同时，日本政府还专门规定各地方的中小企业支援机构必须派遣养老服务领域的专家对新设立的养老服务企业进行经营指导，并且帮助这些企业建立经营网络。经营指导费用与建立经营网络的费用由国家补贴1/3，地方政府补贴2/3。接受经营指导的养老服务企业只要向中小企业支援机构支付1/3的指导费用即可。

2）在养老服务领域，促进创业的资金支持项目

为了给养老服务市场带来民间资本和民营企业的活力，日本政府还积极为中小企业进入养老服务市场提供资金方面的支持。一方面，为中小企业进入养老服务市场提供担保，如根据日本产业活力再生特别措施法，为在养老服务领域内创业的中小企业提供额度为1000万～2000万日元的担保。另一方面，为了促进养老服务领域企业经营的现代化，日本政府还为企业购买新设备提供资金支持。这些支持包括对养老服务企业引进的新设备提供无息贷款，并且将无息贷款的偿还期限由现行的5年延长为7年。此外，日本政府还为养老服务领域的企业雇用无行业经验的员工提供资金补贴，为企业改善员工的劳动环境和福利待遇，以及员工的教育培训提供奖励与资金支持。例如，为企业提供“介护能力开发补助金”（政府负担养老服务员工教育培训费用的1/2）、“介护服务人才雇用管理辅助金”（政府负担的限额是每人半年70万日元）、“介护服务基础人才确保辅助金”等。

3. 打造新兴服务业的企业群，创新养老服务的模式

日本的养老服务市场从2000年实施介护保险制度开始，市场规模日益扩大。据日本

总务省统计，截至 2021 年 9 月，65 岁及以上的高龄者为 3640 万人，75 岁及以上的“后期高龄者”为 1880 万人。日本厚生劳动省《看护保险事业状况报告》指出，截至 2019 年 12 月，日本需要看护的总人数约为 669.9 万人，预计到 2040 年将达到 988 万人。与此同时，日本养老产业市场规模约 8000 亿美元，预计到 2025 年将达到 1.2 万亿美元。2019 年日本介护人员需求数为 211 万人，预计到 2025 年日本需要大约 243 万名介护士，到 2040 年需求将达到 280 万人。

日本养老服务市场持续增长的巨大前景以及日本政府实施“官”退“民”进的战略，一方面开放市场；另一方面鼓励和支持中小企业在养老服务领域内创业发展，为日本打造新兴服务业的企业群贡献了一份力量。

2010 年，日本养老服务领域的企业有 7150 家，其中大多数是 2000 年日本实施介护保险制度（养老服务保险制度）之后创立的。2006—2010 年，日本养老服务领域的企业增加了 2.5 倍。这 7150 家养老服务领域企业的销售额为 9.2 万亿日元。而且，在销售额为 10 亿日元以上的养老服务企业中，有 75%的企业的收入持续增长，有 93%的企业实现盈利。在养老服务领域，许多企事业单位积极创新经营模式。例如，日本横滨的“社区密集型养老服务”模式，紧贴社区，以居家养老为核心，为社区的高龄者提供从制订养老服务计划到家访介护服务、日托服务、短期托老服务、小规模多功能老人之家服务、高龄者集团居住老人之家以及新型特别养护老人之家的服务，不仅受到高龄者及其家属的欢迎，而且受到养老服务行业的关注。

4. 鼓励养老服务市场有序竞争，实行养老服务信息公开制度

开放养老服务市场达到了增加社会养老服务的供给量和鼓励有序竞争以提高养老服务质量的效果。但是，在养老服务领域内引进民间活力，自然会导致泥沙俱下，特别是在社会老龄化的前期阶段，也就是房地产泡沫破裂的前后，许多房地产开发商为了寻找新的盈利增长点而进军养老服务领域，这些房地产开发商并非为了社会养老服务事业的发展，而是盈利优先，借社会养老服务的商机、以养老服务之名开发新的房地产项目，许多大型项目建成后经营不善，结果坑害了高龄消费者。为了杜绝这类侵害高龄消费者权益的现象，日本政府养老服务的主管部门一方面加强监管；另一方面在 2000—2009 年共取消了大约 1000 家企业从事养老服务的资格。与此同时，修改后的《介护保险法案》规定，从事养老服务的企事业单位必须实行“介护服务信息公开制度”（养老服务信息公开制度），根据这一制度，养老服务行业的企事业单位有义务定期向地方政府主管部门报告本单位的养老服务信息，地方政府主管部门必须对报告的内容进行核查确认，并且将核查确认信息的结果通过互联网向社会公开。

养老服务信息公开制度一方面起到了保护高龄消费者的权益、规范市场、监管养老服务行业的作用；另一方面，高龄消费者可以通过公开的信息在众多的养老服务供应商中选择符合自己需求的优质服务企业。这样一来，养老服务信息的公开制度也就起到了促进养老服务供应商相互竞争，进而提高养老服务行业整体服务质量的作用。

二、日本养老服务管理体系及运行机制①

（一）日本的社会养老服务管理体系：以居家养老为核心

日本在构建社会养老服务体系的过程中走过弯路，浪费过宝贵的资源。例如，在老龄化社会初期阶段，国家制定的社会养老服务《黄金计划》中多次增加养老床位的建设指标，许多地方为了落实《黄金计划》，片面地追求实现每千人多少床位的建设目标。恰好当时日本的房地产泡沫破裂，房地产开发公司为了寻找新的盈利增长点，看到了养老服务市场的巨大商机，于是在郊外或海边建造了许多大规模的高档养老机构设施。可是，这些大规模的养老机构设施建成后并不受高龄者的欢迎，其后几乎都废弃了。原因很简单，老年人不愿意离开自己长期以来生活的家和熟悉的社区。

在走过这段弯路之后，日本把社会养老服务体系建设的重心转移到构建地区养老支援中心、全力支援居家养老上来，而养老机构设施的建设也以“袖珍、小型”为特点，在城市内紧靠社区展开，受到了高龄者的欢迎。

1. 以居家养老为核心，为高龄者养老提供多种服务的选择

日本介护保险（养老服务保险）制度设计的基本目标之一是对高龄者的养老介护服务提供社会性支援；基本目标之二是让高龄者自己来选择不同的养老服务；基本目标之三是重视居家养老介护服务。介护保险制度自 2000 年起实施到 2011 年，经过数次修改调整，使以上三大基本目标完全得到了实现。

可以说，在确保养老介护服务社会性的前提下，日本国民只要处于需要介护服务的状态，无论是谁，都可以平等地利用养老服务。此外，养老介护服务的内容不断得到创新，养老服务的供给量不断增加，高龄者完全可以根据自己的意愿，在多达 40 个大项的服务中选择并决定使用何种养老介护服务。

2. 居家养老与拥有专业资格的“家访护理员”

深受儒家文化影响的日本社会，长期以来是以“家”为赡养老人的基本单位，这里所说的赡养包括“经济性的赡养”与“服务性的赡养”。一直到 20 世纪 80 年代初期，家庭赡养老人仍然是日本社会养老的主流。但是，随着日本经济的高速增长与生活方式的变化，家庭赡养老人的功能开始弱化。日本 65 岁及以上老人与子女的同居率从 1980 年的 72%下降到 2000 年的 50%，到 2010 年下降到 36%。65 岁及以上的老年夫妇相互照顾、65 岁及以上的老人照顾 80 岁以上的高龄老年人的所谓“老老介护”（老年人照顾老年人）的现象相当普遍。于是，为居民养老提供社会性的支援成为日本构建社会养老服务体系的首要任务之一。

此外，日本介护专业人才教育培养体系得以建立。经过专业训练后拥有专业资格的“家访护理员”（居家养老护理员）以及“家访看护师”，根据介护（养老服务）计划，可以 24 小时巡回登门为居家养老的老人提供服务，而日本的高龄者已经习惯并且接受这些专业的养老服务。

---

① 沙勇，周建芳，白玫，2019. 养老服务管理[M]. 北京：社会科学文献出版社.

3. 日本的居家养老支援中心

为了对居家养老提供有效的支援，日本法律规定，地方政府在每10万人口的生活空间中必须设立一个“基干型居家养老支援中心”，按中学校区标准设立“社区型居家养老支援中心”。也就是说，只要有一所中学，就必须有一个社区型居家养老支援中心。

居家养老支援中心的主要任务是以“看护经理”“社会福祉士”“保健师”为主体，完成以下各项服务：①对本地区居家养老的高龄者提供综合性、持续性的支援和服务；②成为居家养老的老人及其家属的对应窗口；③保护高龄者的权利，防止虐待老人，保护高龄者的消费者权利；④针对失能与半失能高龄者或有失能与半失能风险的高龄者制订“介护预防（老化预防老年康复）计划”；等等。2006年，日本在修改《介护保险法案》之后，以居家养老为基础，规定地方政府设立社会养老的“地区综合支援中心”，要求地方政府开展“地区亲密型养老服务”，利用特种车辆进行上门服务。

（二）“介护保险制度”中的养老服务管理实践

介护保险制度是以老年人自立援助为主导，以共同连带为理念，通过全体国民的相互援助，实行对老年人照顾的一种强制性的制度安排。

1996年11月，日本国会提出了与老年介护有关的三项法案——《介护保险法案》《介护保险法施行法案》《医疗法》的部分修正。1997年12月，上述三项法案经部分修正后进行公告，正式实施时间为2000年4月1日。

1. 介护保险制度的实施主体

介护保险制度是把市、町、村及东京都23个特别区的地方政府组成的联合机构作为实施主体，负责介护保险的营运工作，中央政府和都、道、府、县政府只承担出资责任，不参与“介护保险”制度的具体实施过程。

2. 介护保险制度的服务程序

第一步，提出申请。老年人（被保险人）向市町村等地方自治单位（保险人）提出申请。此申请可由家人、居家照顾支援专员或介护保险机构代为申请。提出申请后，市町村行政机关委派调查员到被保险人家中进行实地访问调查。

第二步，资格审查。市町村行政机关委派的调查员将访问结果反馈给介护认定审查委员会，委员会根据调查报告与国家标准进行审核，做出级别判定，将判定结果在30个工作日内告知申请人。

第三步，接受服务。申请人获得介护资格后，由专业介护师帮助申请人拟定服务计划。老年人可参与服务计划的制订，也可自行制订服务计划。服务计划是根据老年人的身心状态选出合适的服务项目，以一周或一个月为单位，制定服务表。

第四步，介护计划实施半年后，根据申请者健康状况的变化程度，重新评估原介护计划，依据被介护人需要，调整介护项目，制订新的介护计划。

3. 介护保险制度的经费来源

在介护保险的总费用中，服务接受者负担10%的费用，其余90%的费用由参保者缴纳的保险费与国家财政负担，二者各负担45%。参保者的缴费标准根据年龄、家庭人口、是否领取老龄福利年金等不同而有所不同。《介护保险法案》规定，40岁以上的公民必须缴纳介护保险金，其中 65 岁及以上的公民负担 16.2%，40～64 岁的公民负担 28.8%；国家财政负担的 45%的保险费由中央财政的 22.5%、都道府县财政的 11.25%、市町村财政的 11.25%组成。

4. 介护员的资格条件

日本的介护员必须具备相应的介护员资格。介护员包括介护福利员与访问介护员两种，介护福利员是指具有专业照顾知识与技能的工作人员，介护福利员需经过两年的正规学习，并通过国家统一的介护福利员考试获取资格认证，之后才可正式受聘。访问介护员需要本人申请报名，参加政府举办的访问介护员培训班，接受课程培训，考试合格后获得执业资格证书。访问介护员通过考试后，要到户籍所在地的政府相关部门登记注册，等待上岗。根据培训课程与介护员的熟练程度，访向介护员一般分为三个层级：一级介护员负责安排、管理辖区内介护员的工作，也参与对老龄者的护理工作；二级介护员可以做所有的护理工作；三级介护员只能从事简单的家政服务、身体护理等工作。

三、日本养老服务管理对我国的启示①

与西方国家多采取年金、养老保险，敬老院、福利院并重的社会养老模式不同，居家养老贯穿整个日本养老历史，始终发挥着重要作用。日本养老服务以居家养老为核心，对我国的启示如下。

一是发挥舆论宣传作用，提高人们对居家养老服务的认识。与日本相同，家庭养老一直是我国传统的养老模式。长期深受儒家“孝文化”影响，养儿防老的思想强烈，认为养老只是家庭和子女的责任，一定程度上阻碍了对居家养老的认知。因此，在宣扬传统“孝”文化的同时，也要通过媒体宣传，使人们从思想上完成家庭养老向居家养老的转变。

二是加强政府的引导作用，加大对居家养老服务政策与资金扶持。提高对居家养老服务建设投资额度以及购买补贴。借鉴日本经验，构建多层次的养老保险体系，拓展养老基金来源的多元化，鼓励民办企业以及商业保险进入居家养老服务市场，为居家养老市场注入新的活力。

三是完善居家养老服务标准体系和监管运营、评估体制。完善有关居家养老服务标准规范的法律法规，推进居家社区养老服务标准化试点示范建设，完善评估体系，引入客观公正的第三方评价体系。

四是重视养老服务专业人才培养，加强养老服务队伍建设。鼓励高等院校开设相关社会福祉专业，制定适合我国居家养老需要的人才培育、资格认定体系。吸纳社会失业人员、农村外出务工人员到居家养老服务建设中来，弥补养老护理人员短缺的同时，将居家养老服务体系的建设与促进再就业相结合。

① 孙作文，2019. 老龄化背景下日本居家养老服务体系的构建及启示[J]. 当代经济，（3）：156-157.

第五章　居家养老服务管理

规范化的居家养老服务管理是保证居家养老服务质量的关键。政府应针对当地实际情况制定管理规范，进而对居家养老服务的组织、从业人员、服务项目、服务流程以及服务改进等提出要求。按照政府的要求，各居家养老服务机构对本机构的养老服务制定具体的管理措施，进行规范管理。

第一节　居家养老服务的内涵及其发展现状

居家养老是以社区为平台整合各类服务资源，为老年人提供助餐、助医、助浴、助洁等服务，使老年人在家中安度晚年，实现老有所养、老有所医、老有所为、老有所学、老有所乐的养老方式。它弥补了传统家庭养老服务的不足，是一种介于机构养老与家庭养老之间的新型养老模式。

一、居家养老的定义

居家养老概念在我国学界经历了一系列的演化：2000 年以前，强调地点；2000—2008 年强调社会和社区①。2000 年以后，众多学者对这一概念从不同角度进行了阐释，如刘艳红等在老龄化还不太严重时就颇具远见地指出居家养老模式是今后的养老的主要模式②；郭竞成将居家养老界定为一种具有福利性质的“限价公共服务”，优先保障低收入老年人、残障老年人、高龄、生活不能自理等老年群体③；章晓懿和刘帮成认为，居家养老是指老年人在家中居住，能享受到家庭养老和社会化养老服务的一种复合型的养老模式④。最后一种观点也即本书采纳的定义。

总的来说，居家养老模式使医疗康复、生活照料分散在家庭之中，减轻了医疗系统的压力，也减少了集中生活照料对土地、人员、经费的依赖；同时，家庭成员在精神方面的支持，加上外界的帮助，能尽可能地延长自理的时间，缩短在机构集中供养的时间或避免进入机构集中养老，这对老年个体、家庭和社会都是有利的。居家养老是在家庭养老功能弱化的背景下，对社会化养老服务输送渠道的一种探索。

---

① 张旭升，牟来娣，2010. “居家养老”理论与实践[J]. 西北人口，31（6）：25-28.

② 刘艳红，丛民，梁寒冰，等，2001. 居家养老 呼唤社区建设[J]. 改革与开放，（8）：25-26.

③ 郭竞成，2012. 农村居家养老服务的需求强度与需求弹性——基于浙江农村老年人问卷调查的研究[J]. 社会保障研究，（1）：47-57.

④ 章晓懿，刘帮成，2011. 社区居家养老服务质量模型研究——以上海市为例[J]. 中国人口科学，（3）：83-92，112.

二、居家养老服务的内容

由于经济发展水平和实践人员对居家养老服务理解上的差异，我国居家养老服务内容的确定在不同地区经历了较长时间的探索，在责任主体的认定上也存在一定不同。自2016年开始，我国在一些主要城市进行了居家养老服务试点，有了一定的发展，但还存在不少问题，亟待进一步改善，我们需借鉴国外居家养老服务的发展历程和经验教训，促进我国居家养老服务的发展。

居家养老在学界指的是养老方式和养老模式，而政府推动过程中的居家养老是一种服务方式，前者侧重理念和方式，后者侧重实践和具体的操作方法。居家养老服务指的是在居家养老这种模式和方式下的供给内容、供给方式和渠道等，不仅是供给市场定价的服务，而且也包括政府在政策、制度、社会组织和市场培育方面的各种努力，从而能使老年人在家里享受基本的健康需求和自主需求，提升生活质量。在服务的过程中，渗透增权的理念，将增权理念与增权服务嵌入到具体的工作中，运用切合实际的增权模式，服务于积极老龄观、健康老龄化的理念实现。在居家养老服务供给的过程中，应把焦点放在协助与辅助老年人增强自主、自理、自助、互助、权能激发的方面，挖掘老年人的价值，提升老年人对生活的掌控感。政府和社会则是提供相应的政策、平台，营造良好的增权环境，优化资源的配置。

老年人服务的内容包括日常照料、精神慰藉、医疗保健、休闲娱乐、教育培训、就业服务。随着社会经济水平的提升，各个大类下的具体服务项目增多，内容朝精细化方向发展。老年群体的内在差异使居家养老服务呈现出多层次特征。基于此，需要详细了解居家养老服务的需求，根据老年人的身体状况、经济条件、婚姻状况、家庭支持程度、子女数、住房条件、文化程度和个人性格特征等进行市场细分，开发出更有针对性的多样化服务项目。政府则依此对基本需求和适度需求给予补贴和财政支持，通过制定政策，完善老年救助和养老事业。社会组织负责对政府和市场无法覆盖或低效的领域拾遗补阙。这样，居家养老服务领域就能形成政府、市场、社会联动的机制，满足各类居家老年人的养老需求，提升全体老年人的生活质量。

居家养老服务的内容在国外主要是家政援助、居家保健关怀和居家医疗护理。我国目前推行的居家养老服务主要停留在家政援助上，因为它与市场结合紧密。资源具有便利性和可及性，也是政府和基层社区易于操作的层面，同时还能对支出进行量化衡量。居家保健关怀和居家医疗护理的费用无法由政府包揽，社会组织和志愿服务者对此也无能为力，只有通过政策和法律，通过长期护理保险制度等措施才能从根本上解决问题。

三、居家养老服务的责任主体

（一）责任主体的功能定位

居家养老服务对应居家老年人的需求。服务可以是市场上交易的商品与服务，也可以是政府购买的、专业机构提供的服务和商品，还可以是无法通过市场进行价值估值的服务，如在增权理念下进行的活动与社会工作者的服务。当然，所有的这些服务都可以由老年个体、家庭、政府、市场、社会组织（包括专业的社会工作服务机构）来提供[①]，每一个责任主体背后都涉及资源供给、责任边界的问题。唯有各主体清晰地承担相应责任、提供相应的资源，养老的问题才能得到妥善解决。

依赖任何单一的主体都是有问题的。家庭核心化、小型化，家庭养老功能弱化，造成单个主体无力承担养老的全部责任，存在家庭失灵的现象。政府也一样无法大包大揽：一是整个社会的发展不容许政府把全部资源都配置在养老领域；二是政府直接承担服务的供给存在低效和无效的弊端，导致政府失灵的现象。市场只能针对老年人偏好的集合、有效的市场需求进行资源的配置，无法照顾到弱势群体和特殊群体的需求，且会忽视老年人自主的基本需求。养老服务属于准公共物品，必然会存在市场失灵的现象。目前，我国的社会组织（通常被称为第三部门）在发展过程中面临诸多挑战，包括先天发育不足、数量和质量上的缺陷，以及缺乏有利于其成长和壮大的社会环境。

（二）充分发挥志愿者的作用

国外经验和实践证明，社区低龄老人成为志愿者，储蓄式地为高龄老人服务（低龄老人进入高龄阶段时可免费享受等时等值的居家养老服务），助人的同时实现自助，解决了居家养老服务照料资源匮乏的问题，这是实现居家养老服务可持续发展的一个重要途径。在志愿者队伍建设过程中，借鉴国外“时间银行”模式进行运作，通过老年互助组织，让低龄老人帮助高龄老人，将服务的时间“储蓄”起来，在自己需要服务时由社区或机构组织配置相应的人员来满足其需求[②]。这种模式充分利用了社区闲杂的人力资源，建立了老年互助组织和平台，培育了社区互助精神，构建了社区照护的可持续发展机制。全社会建立包括大学生在内的志愿者队伍也可采用志愿服务时间储蓄机制，通过就业准入和优先政策的实施，带动广大社会力量的介入，激发全社会的志愿服务意识，提升全社会在居家养老服务中的社会责任，为居家养老服务提供充足的人力资源。

（三）重视社会组织的功能

对美好生活的向往是所有人孜孜以求的目标，也是养老问题中老年人共享社会发展成果的目标，因此，从这个意义上来说，老年人的需求一定是随着社会经济的发展而变化的。随时间的推移，老年人会不断产生新的需求，又因老年群体具有差异性，所以老年人的需求是变化的。那么，如何应对此种变化中的对象和变化中的需求？政府不可能通过行政力量做到，市场也只能解决老年人偏好的共性部分（即在市场上表现出来的有效需求），家庭养老功能的衰退也不能满足相应的需求，因此，社会组织在这个过程中就有着不可替代的作用。社会组织提供公共产品和服务的多样性和灵活性能迎合老人形式多样化、层次和内容多元化的需求，真正提升老年人的生活质量；社会组织具有高效、公平、透明、合理、互助协作等特点，宜从制度、政策和资金等方面加大扶持力度，使

① 王莉莉，2013. 基于“服务链”理论的居家养老服务需求、供给与利用研究[J]. 人口学刊，35（2）：49-59.

② 马贵侠，2010. 论“时间银行”模式在居家养老中的应用[J]. 南京理工大学学报（社会科学版），23（6）：116-120.

其在养老服务领域发挥重要作用[①]。我国非营利组织在居家养老服务中的发展经历了“弱势参与”到“均势合作”，再到“强势主导”的地位转变，非营利组织逐渐成为一个独立的主体参与到居家养老服务的供给中[②]。虽然非营利组织在居家养老服务中有了一定的发展，但还需继续发展，充分发挥社会组织的作用。

四、我国居家养老服务的发展现状

2000年之后，我国经济发达地区开始了居家养老服务的探索，2016年起开始了全国范围内较大规模的试点探索。由于我国经济发展不平衡，地域差异大，全国居家养老服务的发展水平也不均衡。

2016年，中央财政安排中央专项彩票公益金，开始进行居家和社区养老服务改革试点。民政部于2016年选拔了第一批试点的地级行政区域（含直辖市的区），分别在2017年、2018年、2019年、2020年进行了第二批、第三批、第四批、第五批试点地区的选拔。截至2020年底，已经选拔了203个地级市（含直辖市的区）作为试点地区，每批的试点数量分别为26个、28个、36个、54个、59个[③]。

居家和社区养老服务改革试点地区的选拔条件明确要求，申报地区具有良好的工作基础，且当地党委、政府（含所在省、区、市的党委和政府）高度重视和发展居家和社区养老服务；试点地区人口规模、老龄化程度、经济社会发展水平、地方财力等方面具有良好的代表性[④]。从该要求来看，被选中的试点地区已经具有开展居家和社区养老服务的成功经验，且试点地区的经济社会发展水平较高，具有一定的条件开展更高层次的居家和社区养老服务；试点地区的居家养老服务水平在全国处于前列。

第二节　居家养老服务管理的具体内容

居家养老服务管理内容包括服务管理规范、服务质量管理、服务安全管理及服务信息管理等。

一、居家养老服务管理规范[⑤]

居家养老服务管理规范是居家养老服务质量的重要保障，是居家养老服务体系得以不断完善和健康发展的前提和基础。贯彻实施居家养老服务管理规范，可以引导行业专业化、规范化发展，以提升居家养老服务管理水平，维护接受服务的居家老年人的权益。

---

① 朱冬梅，2013. 养老服务需求多元化视角下的社会组织建设[J]. 山东社会科学，（4）：48-51.

② 宋雪飞，周军，李放，等，2017. 非营利组织居家养老服务供给：模式、效用及策略——基于南京市的案例分析[J]. 南京大学学报（哲学·人文科学·社会科学），54（2）：145-156.

③ 民政部，2020. 民政部 财政部关于确定第五批中央财政支持开展居家和社区养老服务改革试点地区的通知[EB/OL]. https://www.mca.gov.cn/article/xw/tzgg/202002/20200200024633.shtml[2020-02-18].

④ 民政部，2021. 民政部办公厅 财政部办公厅关于开展居家和社区养老服务改革试点工作总结 推广改革试点典型经验的通知[EB/OL]. https://www.mca.gov.cn/article/xw/tzgg/202101/20210100031624.shtml[2021-01-08].

⑤ 楼研，许虹，2017. 居家养老服务与管理[M]. 杭州：浙江大学出版社.

（一）定义

居家养老服务管理规范是指为加强居家养老服务工作的规范化管理，保证服务质量，保障居家养老服务体系的健康发展，政府部门对居家养老服务的内容提出的标准和要求。服务管理规范规定了居家养老服务的组织、从业人员、服务项目、服务流程及服务改进等要求。

（二）主要内容

居家养老服务管理规范一般由地方政府质量技术监督部门制定或审查批准，最后发布实施。一些地方政府还根据规范的要求对居家养老服务机构进行定期评估检查，参照酒店管理模式进行分级管理，推进居家养老服务标准化建设。服务管理规范一般包括范围、规范性引用文件、术语和定义、服务内容、组织机构、基础设施、人员素质、服务要求、监督管理、质量改进等主要内容。

1. 范围

我国标准分为国家性标准、行业标准、地方性标准和企业标准四级。没有国家标准和行业标准的情况下，地方政府根据当地实际情况制定适合本区域范围的地方标准，地方规范性文件要明确主要内容和适用范围。

2. 规范性引用文件

标准的制定要遵循协调的原则和其他层级标准、同层级其他标准相协调，互相之间不矛盾不重复。规范性引用文件部分要将标准所依据和引用的文件一一列出，如《居家养老服务规范》常引用文件有《服务标准化工作指南》《投诉处理指南》《消防安全标志设置要求》《质量管理体系要求》《关于全面推进居家养老服务工作的意见》等。

3. 术语和定义

核心概念的清楚界定是相关人群正确理解管理规范的前提和基础，居家养老服务管理规范术语和定义部分常用概念有老年人、居家养老服务、居家养老服务机构、居家养老服务人员、社区居家养老服务社（社区助老服务社）、社区老年人日间服务中心、社区老年人助餐服务点等。

4. 服务内容

服务内容是居家养老服务管理规范的核心内容，居家养老服务工作的基本内容和服务要求常见的有生活照料服务、医疗保健服务、精神关爱服务、康复辅助、相谈服务和安全守护等服务项目。

5. 组织机构

提供居家养老服务工作的机构需达到一定的资质标准和要求，如应具备相关资质证书；合法运营；应有与其服务范围相适应的管理人员和服务人员；服务指南上公开服务收费标准；等等。

6. 基础设施

完善的基础设施是居家养老服务机构提供优质服务的必要条件。通常应有供电、给排水、采暖通风、消防和通信等基础设施；服务大厅应配备等候小憩的长椅（凳）；服务场所应有防滑、防跌及安全辅助设施；等等。

7. 人员素质

该部分对居家养老服务从业人员的要求做出规定，包括一般的通用要求，如信守职业道德、遵纪守法、熟悉居家养老服务程序和规范要求等。某些居家养老服务规范对具体角色，如管理人员、居家养老护理员和志愿者，应提出职责规定和基本要求。

8. 服务要求

规定各服务项目的细节要求，并应有量化考核标准和考核依据，如与服务对象签订服务协议，签约率 100%；为老年人提供的服务完成率 100%；老年人或监护人满意率 280%；定期进行检查，并记录检查结果（包含内容、时间、地点、人员、落实情况等）；有个人的服务预案，其内容应包含计划、工作流程、技术操作规范等。

9. 监督管理

该部分针对居家养老服务机构的管理提出要求，如在制度建设方面，养老服务机构应建立合同管理制度；居家养老服务人员招录、培训、考核、奖惩、辞退等制度；建立严格的居家养老服务人员上岗程序；等等。在服务流程方面，养老服务机构应通过热线电话、业务受理大厅、网上登记和传真等方式接受服务信息咨询与反馈，应签订服务协议并按照服务协议提供相应服务等。在信息共享与沟通方面，养老服务机构应公开组织机构、服务内容及工作人员等基本信息，建立服务质量跟踪与投诉系统，开通咨询电话等。在文件与档案管理方面，养老服务机构应及时汇总、分类、归档服务及管理过程中形成的合同、协议、文件、记录等资料。在监督与投诉方面，居家养老服务机构应主动接受社会监督，对外公布监督、投诉电话等。

10. 质量改进

对不合格服务的处理和服务质量持续改进提出要求，如居家养老服务机构应定期或不定期查阅服务对象的反馈意见和服务过程记录等相关信息，预防不合格服务的发生，居家养老服务机构应建立不合格服务纠正制度，分析不合格服务的产生原因，制定改进措施使之得到纠正。

二、居家养老服务质量管理①

质量是服务的核心，高质量的居家养老服务是保证居家养老老年人生活品质的重要保障。服务质量的高低取决于从业人员的实际能力与水平，包括服务技巧、职业道德及个人的情商指数，同时也受到环境设施、老年人期望值等因素的影响。因此，同一人的服务，在不同的时间、环境和不同的心理状态下，其服务的效果会有所不同。即使是各种条件完全相同的服务，由于接受服务者的心理期望值的差异及心理情绪的好坏，对服务的结果也会给出截然不同的评价。按照标准化质量管理体系的要求，建立起完善的服务流程，就可以有效地减少和降低这种服务差别，确保提供合格的服务。

① 楼研，许虹，2017. 居家养老服务与管理[M]. 杭州：浙江大学出版社.

（一）服务质量管理意义

服务质量管理不仅关系到养老机构在激烈的市场竞争环境中的生存和发展，而且关系到老年人的权益保障，具体包括以下几个方面。

1. 确保居家养老服务工作规范化

通过实施质量管理体系，全面规范地建立居家养老机构内部管理制度，按照法律法规、行业规章及老年人的要求，制定质量方针和质量目标，预先确定各种服务流程和控制程序，明确界定各部门工作职责、接口之间的关系及养老服务员的岗位职责，确保人力资源合理配置，增进各部门工作的透明度及部门间、员工间的相互沟通，减少管理层在处理内部一般事务及突发事务方面的烦琐工作。由于各个岗位的工作职责及流程是预先确定的，因此能够很好地减少由人员流动而带来的不利影响，避免工作的随意性和盲目性。

2. 树立居家养老服务机构品牌

随着养老服务的快速发展，老年人对养老服务的需求也日趋多样化。居家养老服务机构应建立以老年人为中心的制度化质量管理体系，建立服务流程，提高质量管理水平和工作效率，杜绝不合格的服务，达到老年人及其家属的期望，提升其满意度。因此，可通过口碑和非价格因素，树立居家养老机构良好的社会形象，提高公信力和美誉度，提高本机构在业界的影响力。

3. 保障老年人权益

服务质量管理标准引导全体员工建立以老年人为中心的服务理念，建立起完善的、系统的和文件化的管理体系，规范和控制所有与服务老年人有关的过程，充分掌握老年人的需要，及时发现不符合要求的有关规定及服务流程，并适时采取自我纠正预防措施，消除不合格和潜在不合格隐患，减小风险，保持服务质量的稳定性，并能够持续改善。执行居家养老服务标准化质量管理，对推动老年福利事业的发展、促进和谐社会的建设和提高入住老年人的幸福指数具有重要意义。

4. 维护居家养老服务机构自身权益

服务质量管理标准要求对所有过程有详细记录，保留原始材料，使养老机构在必要时能够提供有效的和有说服力的证据，从而降低责任风险。

（二）服务质量管理目标

组织质量管理体系的出发点和最终目的均为实现质量目标，质量目标是评价质量管理体系绩效的基本依据，是质量管理体系的重要组成部分和根本基础。质量目标应是可检查、可量化和可实现的，切忌使用“全国一流”“世界领先”等空洞无物的口号，防止流于形式。居家养老服务应制定与经济社会发展水平相适应、围绕满足老年人养老服务需求、提升老年人生活质量的服务质量目标。服务质量目标制定过程中，要遵循以下原则。

1. 服务需求导向性

首先要对不同老年人养老服务需求进行调查分析，提出相应的服务质量目标。例如，对身体状况较好、生活基本能自理的老年人，提供家庭服务、老年食堂、法律服务等服务；对生活不能自理的高龄、独居、失能等老年人提供家务劳动、家庭保健、辅具配置、送饭上门、无障碍改造、紧急呼叫和安全援助等服务；对经济状况较好的居家养老的失能老年人，鼓励他们配置必要的康复辅具，提高生活自理能力和生活质量。

2. 个体导向性

针对具体的每位老年人及家属，居家养老服务机构应详细了解老年人的需求及身体状况，特别应注意餐饮与医疗方面是否有特殊需求，以确定有针对性的、具体的服务质量标准。根据本机构已有的服务模式认真地研究老年人及家属的个别要求，当本机构提供的服务不能满足老年人及家属要求时，或居家养老机构发现自身能力与服务需求之间存在差距时，应与老年人及家属协商制定切合实际的质量目标，或终止协议。

（三）居家养老服务质量控制体系

质量管理中的质量控制体系是指致力于满足质量要求的管理系统。质量控制体系的构成包括作业标准、作业流程、作业记录及监督检查组织机构。在居家养老机构中引入质量控制体系，首先要对机构服务工作及流程进行诊断，即以什么样的流程为哪些对象服务，达到什么样的预期目的，然后运用标准化原理，对在管理实践中重复出现、需要协调统一的活动进行科学总结和提炼，形成正式的标准化的文件，并加以宣传贯彻、推广实施和持续改进。

1. 服务质量管理行政机构设置

为推进质量管理，行政机构设置可为分层结构，一级管理为部门管理，二级管理为代表管理。

（1）部门管理。部门管理可分为两种形式：一是多个职能部门管理。居家养老机构管理部门按职能分别单独设置，如生活照料、餐饮、医疗照护、后勤等分别设有管理机构，即生活照料部、餐饮部、医疗部、后勤管理部等部门，一般适用于较大的居家养老服务机构。二是部门合并管理。将多个职能整合为一个部门管理，采用自上而下的分工方式，在每个职能部门再下设工作机构，适用于一般的居家养老服务机构。在部门合并管理模式下，机构设置要体现精简高效的原则，避免职能交叉，有些工作不是一个部门可独立完成的，应确定主管部门与协办部门的接口关系，分清责任。

（2）代表管理。行政管理二级管理为代表管理，最高管理者应任命一人担任管理者代表，其主要职责是加强对质量管理体系运行的组织领导，对最高管理者负责并就质量管理体系有关事宜对外联络。

2. 服务质量管理体系制定过程

制定质量管理体系首先要明确质量管理的原则，如以老年人为关注焦点原则、过程管理原则、持续改进原则、以事实为依据的决策原则等。运用这些原则引导养老机构按照 PDCA 循环保证体系进行业绩的持续改进，即计划（plan）、执行（do）、检查（check）、处理（action）四个阶段不断进步和自我完善，以实现质量管理的终极目标。PDCA 反映了质量管理工作的四个必经阶段，是全面做好养老服务质量管理最基本的思想方法和工作程序，是持续改进业绩的重要工具。

养老机构的服务质量管理体系的制定完善过程可引入第三方服务质量管理体系标准，如ISO的质量管理体系标准认证，以通过第三方认证作为达到质量管理要求的标志。借鉴已建立且有效实施的质量管理体系的经验，养老服务机构要达到质量管理标准一般包括以下过程。

（1）管理者高度重视，实行“一把手”工程。管理者应明确组织建立和实施质量管理体系的目的主要是提高质量管理水平，提高服务质量，提高质量保证能力，最终使老年人和家属满意。在明确目的的基础上，管理者应明确通过第三方认证的时间要求，并分析实现这一目标的前提条件，对整个过程进行策划、控制和管理。

（2）全面充分调查分析机构内部环境。在制订计划前应对机构内部环境做全面的调查和充分的分析以使质量管理体系既符合质量管理标准的要求，又符合养老机构的实际情况。调查分析不是单向的而是双向的。要整理现有的规章制度和各种表单记录，要了解各部门现有的人力资源安排与工作量，以及医疗康复设备仪器器械等。各个部门的负责人要对上述内容进行自查，找出执行良好的规章制度和形同虚设的规章制度，评估服务对象的满意度，记录执行情况、器械设备仪器的使用情况，并提出改进意见，再由质量认证工作小组按标准要求进行调查。

（3）根据调查分析制订认证计划。制订认证计划应依据组织建立和实施质量管理体系的目标结合以上的调查分析结果。对相关的各项活动在时间上做出适当的安排。一般包括以下一些活动：①质量标准的宣传培训；②质量管理体系文件的编制；③认证机构的选择及认证申请和认证合同的签订；④体系文件的送审及修改；⑤专家咨询；⑥质量管理体系的实施。⑦认证预审和初审（整个计划一般在8～12个月完成）。

（4）组织实施和落实认证计划。养老服务质量管理体系的建立和实施的过程，是一个由理论到实践、从人治到法治的过程、从“事后控制”到“事前预防”的转变过程，是一个管理理念和管理方法发生巨大变革的过程。因此组织实施过程应该是一个由量变到质变、循序渐进的过程。这个过程一般包括思想的转化阶段，即质量标准的宣传培训阶段和标准的转化阶段，即文件化体系的建立阶段；文件化体系的实施和保持阶段；体系的现场审核阶段。

（四）重点环节的质量管理措施

服务质量管理是一个持续无缝隙的过程，居家养老服务的每一个环节都要控制质量，尤其是特定环节。质量的控制直接关系到是否能够达到服务目标。

1. 评估与评审环节

正确有效的评估是了解老年人服务需求的关键。为持续提供合格的服务，确保服务质量的稳定性。评估与评审过程要关注以下几个方面。

（1）合同评审。正式接收老年人为居家养老服务对象后，应当签订协议，详尽规定双方的权利与义务。当约定事由出现时，居家养老服务机构可依法及时终止协议。对合同履行情况应当定期进行评审，确保合同的有效性。

（2）健康评估。对居家养老老年人的健康评估一般以一年为周期（也可根据实际情况随时进行），通过健康评估、甄别老年人健康状况，确定护理等级并确定是否需要调整服务或护理方式。

（3）供方评估。对养老服务的各种产品采购过程实行有效控制，对采购产品的生产厂家、产品质量、价格、供货时间等进行市场调查和比对，评定出合格供方，建立并保存合格供方的质量记录。

（4）管理评审。由管理者代表定期组织管理层评价质量管理体系的持续符合性、充分性、有效性，以及持续改进、预防纠正措施的落实情况。

2. 与服务对象沟通环节

有效的沟通是明确服务不足和改进目标的前提和基础。居家养老服务机构应以多种方式和途径，保持与老年人及家属的充分沟通，了解老年人的需求和建议，满足老年人当前和未来的需求和期望，妥善处置老年人及其家属反馈的问题和投诉。沟通的形式根据老年人特点可多样化，包括召集座谈会、进行满意度测评等，但必须是有效的，能够收集到足够多的信息，了解老年人不断变化的需求，从而使服务得以持续改进。沟通的另一重要作用是还可加强与老年人的情感联系，增强老年人的被尊重感，从而建立对居家养老服务机构的信心。

3. 人力资源与基础设施环节

在机构设置和人员配置上，应充分考虑适岗适才。基础设施多表现为居家养老机构的硬件建设能否满足顾客需求。居家养老机构应研究老年人的需求，重视设施的投入，不断改善条件，增进老年人的满意度。

需要注意的是，质量管理体系并不对人员配置等作强制性要求，强调的是符合和满足老年人的需求。但是，由于养老服务当中人的因素常常具有决定性意义，是建立质量意识和落实质量措施的关键，所以管理层应当特别重视。对不能胜任岗位要求的员工，要进行岗中培训，仍不能满足要求的，要调离岗位。

三、居家养老服务安全管理[①]

由于高龄和疾病等原因，老年人是发生跌倒、坠床、压疮、误吸等安全意外的高危群体，因此安全管理是居家养老服务管理的重要内容。安全管理的重点内容包括环境安全和人身安全指数，在整个居家养老服务过程中需要有针对性的预防和应急管理措施。

（一）环境安全评估和安全改造

居家养老服务模式下，老年人长期在家中居住，家庭环境的安全直接影响到老年人日常的安全。因此，对家庭环境进行全面细致的安全评估，并针对发现的安全问题采取必要的环境安全改造，是居家养老服务的重要内容。

1. 环境安全评估

居家养老服务需建立家访环境安全评估制度，定期评估家庭环境的安全情况，评估老年人的生活自理能力及居家安全，并提供老年人及家属有关居家安全可行性的环境改造建议。

① 楼研，许虹，2017. 居家养老服务与管理[M]. 杭州：浙江大学出版社.

（1）评估内容：①房屋周边环境——房间的位置、外部构造、门前地面情况；②入口——入口通道、楼道、扶手、扶手位置和高度、楼道的高矮、斜坡的高度和角度、走廊、大门等情况；③室内——客厅、门厅、卧室、浴室、厨房等。

（2）评估方法。家访安全评估包括询问和观察，重点是实地观察，即通过观察老年人在家中进行的活动，如做饭、穿衣、床上的活动及洗澡等，了解环境的问题所在及可能的解决方案。

（3）评估步骤。根据评估内容，通常包括以下步骤：①收集老年人相关资料包括病史、诊断、主要问题等；②了解老年人居家环境状况，如房屋的情况、室内空间规格及空间利用的情况等；③实地家访进行评估；④提供建议报告；⑤结合相关专业进行改造；⑥实行再评估以了解改造成果；⑦定期追踪辅导。

（4）评估报告。评估结束后应由访视人员总结评估结果，提出建议报告，其内容如下：①目前老年人使用物品器具存在的问题；②居家环境主要问题所在；③环境改造建议；④辅助工具使用建议；⑤可能利用的辅助资源。

2. 环境安全改造原则

若评估后家庭环境存在安全隐患，根据家访安全评估报告，对居家环境进行改造，应遵循以下原则：①以居家环境原来的规模为主，改造方向需符合老年人需求并考虑安全及舒适性；②改造建议要考虑老年人及家属的期待，以避免造成家属空间使用的不便性；③改造经费应考虑老年人的经济状况；④改造的最终目标为建立无障碍空间环境。

3. 环境安全改造具体内容

理想的安全居家环境应从整体空间组合形态着手，再安排其他单元空间，具体规格如下所述。

1）外部空间

在外部空间设置上，要求整个建筑无障碍，老年人能够顺利进入建筑物内。

（1）入口。通道如果有多个，应考虑选择一个最方便的通行，如有较少阶梯及路面平滑等有利通行的通道；入口走道的路面应平滑无颠簸，去除可能的障碍，并提供遮盖以避免路面湿滑；入口处灯光应明亮。对于轮椅使用者在入口处应设置足够的水平空间，以便老年人休息及准备进入；平台的设计应考虑开门方向，最好为向内。

（2）阶梯。若有阶梯，阶梯的数量、高度及任何情况都应告知老年人。理想的阶梯高度应小于 17.5 厘米、深度应小于 27.9 厘米。阶梯上如果有覆盖物应尽可能去除，以免妨碍通行。

（3）门。门锁高度应适当，对于手功能不佳者应提供各种辅助用具及改变开门方式，如用声控或插卡、按钮等。门的开启方向应符合老年人的功能，可在门边放置一支拐杖以方便老年人使用；门口的障碍物或凸起应尽可能去除；门的理想宽度为 80 厘米×86 厘米，以便轮椅进出；门的重量不应过重。

2）内部空间

房间内部是老年人日常生活和活动的场所，设计要符合老年人行动特点。

（1）卧室。家具应简单实用，物品摆放应整齐有序。床应靠墙或角落（可在床脚上垫上脚垫或吸盘），以提高稳定性；床的高度要尽量与轮椅一致，方便移动；床垫的选择以提供稳定舒适的平面为主；有效利用床边桌及橱柜，以安置照明器具、电话及求救铃等；衣柜内挂衣杆的高度要适合老年人，对使用轮椅的老年人应在 132 厘米以下；钟和年历应使用大尺寸，方便老年人读取。

（2）洗浴间。浴室门的宽度如果较窄，可在浴室内放置椅子，老年人先移位到椅子上，再移动至所需位置，为使用方便可加高马桶座椅；墙边扶手高度为 84～91 厘米，以利安全性移位：老年人可用浴缸内座椅坐着洗澡，以增加稳定性；热水龙头应有隔热效果以避免烫伤：不能下床的老年人可在卧室内放置移动式马桶及尿壶、便盆；在走廊和厕所安置照明灯，方便老年人夜间安全如厕。

（3）厨房。厨房空间最好能采取分隔式空间设计，各功能区完全分开，互不干扰。橱柜内高度以不高于 79 厘米为佳，深度在 61 厘米以上，膝盖处最好无障碍；使用带轮子的推车，方便运送冰箱内的食物；餐桌高度要根据使用者的高度进行个性化调节；常用物品尽量放置在随手可拿到的位置，也可以使用储存柜收藏各类常用物品；水槽的水龙头开关宜采用压把式，深度约 13 厘米为佳；另外，厨房内应加装消防设备，如简易灭火器等。

（二）老年人健康安全评估和预防措施

由于高龄或疾病等原因，老年人的健康状况可能引发安全问题。为防止意外，保障安全，应为居家老年人提供专业化健康评估，预测可能出现的、易造成老年人意外伤害的危险因素，针对容易发生的安全问题制定应急预案。

1. 老年人健康评估

老年人健康评估可在居家养老服务机构评估室或者老年人家中进行。评估人员应经养老服务行业管理部门培训并获得有关机构的资格认定，为老年人提供专业化健康评估服务。通过对老年人进行健康评估，为居家老年人提供健康状况的系统评价和健康等级的划分。健康状况指老年人躯体健康、精神健康、社会健康等方面的状况。健康等级指居家养老服务机构根据健康评估的结果，对接受居家养老服务的老年人的健康状况做出的等级划分。

老年人健康评估内容包括躯体健康、精神健康、社会健康等方面。首先，躯体健康评估包括老年人既往重大疾病史、家族疾病史、外伤史以及正在接受治疗的情况，也包括影响老年人健康状况的重大生活事件和重要因素。其次，精神状况评估指老年人在评估时的外表、情绪状态、认知功能等方面的外在表现。最后，社会健康评估包括老年人的日常生活功能、社会功能评估和决定能力评估。

基于以上全方位的评估，评估员评估和预测老年人居家养老服务可能出现的、易造成老年人意外伤害的危险因素，并在健康档案中格式化记录老年人的安全评估结果和有关问题。

2. 常见的老年人健康安全问题隐患及预防措施

针对老年人全方位的安全评估结果，需要针对老年人特点做好个性化的预防措施和应急预案。

（1）精神障碍的老年人。非必要时不要对老年人已经熟悉的环境做任何改动；检查药物，避免因服药错误导致安全问题；使用告示牌和提示牌，对已经发生过的危险事故提示，提醒老年人记住安全措施。

（2）有攻击性行为的老年人。尽可能取走或藏起房屋里可能被用来伤人的物品，如使用装锁的橱柜放置刀具。居家养老服务人员要有提防突发攻击事件的措施，如计划在屋内的安全躲避地点，或计划好必要时离开房屋的路径。攻击性行为包括语言性攻击和人身攻击，一旦发生，养老服务人员应向居家养老服务机构汇报并寻求帮助。

（3）患有记忆力障碍的老年人。老年人随时随身携带适当的身份证明，包括姓名和紧急联系电话号码。在适当的地点放置记录册，列出当前发生的事情和需要老年人记住的事情，在电话机旁放置紧急和常用电话号码。

（4）听力有问题的老年人。应常规检查助听器的功能是否正常有效；房屋内要安装自动烟雾感应器。

（5）视力有问题的老年人。任何东西都要放在老年人熟悉的位置，不要随便移动。家具、电源插座、灯都应放置在原处，如果某件物品一定要拿走，放到的新位置一定要告诉老年人；打扫房屋的时候要特别注意排除吸尘器的电线、湿滑的地板、拖把和水桶等安全隐患；房门应完全打开或完全关闭，半开半闭的门对视力不好的老年人是安全隐患。

（三）老年人安全问题的应急准备

自然因素和人为因素都有可能导致意外状况的出现，老年人应当有自己的个人应急预案，提前安排应对措施，与家人和邻居保持联络，并且将应急准备内容告诉相关人员。

1. 安全应急准备

为确保生命安全，应提前做如下应急准备。

（1）物品。准备好急救用品（如手电筒、电池、收音机、急救药箱、瓶装水），以便老年人紧急撤离携带及就地避难使用。

（2）交通。预先安排好紧急疏散时需要的交通安排，计划并练习从家里疏散出去的最佳途径。

（3）设备。在必需的设备上，如轮椅、拐杖等贴上标签，将诸如心脏起搏器这类医疗设备的型号和序号逐项写在纸上。

（4）号码。记下本地政府应急管理部门和防灾求救的地点和电话号码，24 小时营业药房的电话号码，医生的 24 小时应急联络电话号码；将应急电话号码贴在电话机旁边，在钱包里放一份重要联络电话号码和老年人的医药资料，并将信息告诉家人、重要邻居、公寓管理人员或物业管理部门。

（5）药物。预先补充日常所需处方药。

（6）对外联系。平时要与附近的邻居建立良好关系，请求附近的家人或邻居在灾难期间常来探望，并告知如何使用老年人生活必需的设备。

2. 常见的老年人健康安全问题隐患及预防措施

（1）火灾事故应急。发生火灾立即向 119 消防指挥中心报警，并通知应急办公室、居家养老管理办公室、居家养老服务部；迅速切断有关电源；将老年人撤离到安全区域。火灾中居家养老服务人应“四懂”“三会”。“四懂”即懂得消防法律法规、消防安全制度及安全操作规范，懂得本单位、本岗位的危险性和防火措施，懂得消防设施器材的性能和使用方法，懂得疏散及自救逃生的知识技能。“三会”即会报警（报警按钮 119），会使用灭火器材，会组织人员逃生。

（2）食物中毒应急预案。根据实际情况和老年人的特点分析可能引起老年人食物中毒的几点原因：①食用带有某些病菌、细菌的食物；②食物保存不当或时间过长造成食物的变质；③误食残留有化学药品或农药的食物。一旦发现食物中毒现象，立即采取如下措施：①发现有类似食物中毒症状时，应迅速送医院诊治；②迅速向居家养老管理办公室、居家养老服务部及卫生防疫部门报告；③做好所食用食物取样工作，以备卫生部门检验；④迅速排查食用致毒食物的名单，并检查他们的身体状况；⑤做好家属的思想工作；⑥积极配合上级有关部门做好诊治、调查、事故处理等工作。

（3）触电事故应急预案。如发生触电事故，应立即采取如下措施：①切断电源；②在切断电源之前，切不可用人体接触伤者，应用绝缘的物体挑开线头；③立即进行人工急救，并拨打急救电话或送医院急救；④查明事故原因并记录。

（4）治安案件应急预案。发现老年人之间或者老年人与服务人员以外的人员发生争吵、斗殴等现象时要及时制止，并先将外来人员劝离，如事态严重及时报警处理。制止原则：保护老年人的生命和身体安全；劝阻双方住手、住口；将争吵或斗殴的双方或一方劝离现场；切记不能使用暴力，不允许恶言相向；有伤员则先送伤员去医院救治。迅速报告居家养老服务机构负责部门，指派相关人员协助调解，查清事件原因并记录，必要时通知家属协助处理。

（5）老年人急症或跌跤、摔倒的处理预案：①最快时间赶到老年人所在现场，判断老年的实时状态，做第一时间的救护和保护，避免老年人受到二次伤害；②立即通知医务人员到现场，视情况紧急处理；③尽快通知老年人的家属；④若情况危急速打急救电话 120。可对此事件进行分析，如有居家养老服务人员自身原因，应及时进行改进，避免类似的事件再次发生。

四、居家养老服务信息管理[①]

信息管理是指对人类社会信息活动的各种相关因素进行科学的计划、组织、控制和协调，以实现信息资源的合理开发与有效利用的过程。信息管理既包括微观上对信息内容的管理，即信息的组织、检索、加工、服务等，又包括宏观上对信息机构和信息系统的管理。居家养老服务的信息管理需基于老年人信息需求的特点，建立居家养老信息服务与紧急呼叫服务体系，完善养老档案的管理。

（一）老年人信息需求特点

随着老年人生理功能的逐渐下降，其对医疗卫生信息的需要大大增加，且更加丰富，

① 楼研，许虹，2017. 居家养老服务与管理[M]. 杭州：浙江大学出版社.

主要呈现以下特点。

1. 信息需求多与慢性疾病相关

老年人患慢性疾病概率较高，健康状况和健康问题会影响其对卫生服务的需求，继而影响对健康信息的需求。随着老年慢性病患者疾病的严重性增加，自理能力的减退，对医疗卫生机构医疗、保健、康复的要求就越强烈，特别是一些常见慢性病的发病原因和用药常识，以及就诊信息。

2. 信息的可获得性要求高

信息媒体包括书本、期刊、报纸、电视、电台、网络等，不同文化背景的老年人对媒体的使用需求也不同。为老年人提供信息的渠道应该多样化，以方便不同的群体根据自身特点，比较便捷地获取所需信息。在信息爆炸的时代，也要注意提醒老年人注意鉴别公众媒体信息的真假。例如，一些免费医疗信息传单是老年人获取健康相关信息的一个便捷途径，受到老年人欢迎，但传单中的信息可能掺杂一些虚假欺骗性质的医疗信息，应提醒老年人注意。

3. 信息的可读性要求高

随着年龄的增长，老年人的感觉功能、认知功能都有不同程度的下降。例如，听力、视力的下降，使其在读取信息的时候存在困难。认知功能方面，老年人记忆力、思考、推理和做决定等存在困难，使老年人对信息的可读性要求较高。因此，信息的呈现应注意字体稍大、色彩对比明显、突出重点、简洁清晰等细节。

4. 信息的实用性要求高

老年人通过各种途径了解医疗保健知识，获得健康信息。由于相关知识众多，老年人精力有限，对信息的实用性要求常较高，需要在第一时间内获得最新的、自己最需要的、能实际使用的信息。

（二）信息服务与紧急呼叫服务

1. 构建“养老服务网络管理”平台，提高信息化管理服务水平

采用互联网及移动通信等现代信息手段，应用居家养老服务运营管理系统，将受理申请、对象审批、安排服务、工作评估、考核监督、费用结算等全过程都进行信息化管理；全面使用“信息化办公”理念，使居家养老服务工作的每一项办理程序均可通过网络管理系统及时处理，提高居家养老服务工作的质量和效率，保证居家养老服务系统的高效运转。

2. 整合社会养老服务资源，构建居家养老服务保障体系

养老服务网络平台通过整合社区资源与企业资源的方式，推进信息和资源的整合，扩大提供服务的内容和形式。提供居家养老信息服务，连接信息中心，老年人可以享受以下服务：①查询周边公共生活信息，如景点、交通、医院、超市、快餐、银行、邮局等位置信息；②提供专家咨询服务，通过电话向老年人提供医疗、法律、心理、理财等方面的专业咨询服务；③健康档案管理，老年人可将每年度的体检报告保存在其个人账号中，以便随时调用或下载历次体检报告，同时，在危急时刻，此健康档案也可协助专业医疗机构进行急救；④举办会员主题活动，根据老年人需求，定期或不定期组织各种会员活动，如邀请养生专家、营养专家讲解关于养生方面的行业权威知识，为有需要的老年人开具个性化的营养食谱等，或者组织老年人参与重阳节等特别主题活动。

3. 使用服务热线或调度中心，构建服务对接及派单管理系统

在接到老年人需求信息后，养老服务网络平台根据“服务对应、就近服务、优质优先”的原则，安排服务机构上门服务，并根据记录完成回访跟踪每次服务结果作为服务机构的评估依据，达到优胜劣汰，从而保障对老年人的服务水平。

4. 开创“主动关怀模式”，满足老年人精神需求

养老服务网络平台通过和通信运营商紧密合作，开发以有声短信为主的主动服务模式。针对老年人视力较差的实际情况，将信息内容通过信息化手段自动转换为声音，通过电话的方式把内容推送给老年人。信息内容如“天气预报”“养生保健”“吃药提醒”等，并可根据老年人的数据进行多维度的分类，做到有针对性、精细化的内容推送，做到在日常生活中提供老年人精神层面的关怀。

5. 利用移动技术构建“24小时紧急救援系统”，提高老年人生命保障水平

当老年人在任何地点突发疾病等紧急状况时，通过移动手机的“SOS紧急呼叫按钮”，向援助中心发出呼叫信息，使老年人的亲属、志愿者和社区干部能够在第一时间赶赴现场帮助老年人，为老年人起到“生命救助线”的作用。按照老年人或其亲属的请求，还可以为老年人提供日常的“问安保障服务”，及时掌握老年人特别是“独居老年人”的生活状态，帮助工作繁忙的老年人子女解决后顾之忧。

（三）养老档案管理

居家养老机构应根据老年人的不同状况，依据签订的养老合同制定养老档案。居家养老服务机构建立养老档案，有利于保障老年人与养老机构双方的合法权益，也有利于提高养老服务质量。

1. 建立养老档案的意义和作用

（1）为居家养老服务的建设和发展提供支撑。养老档案包含老年人个人居家养老信息、居家养老服务的具体内容及服务过程等信息。在推进养老服务社会化的进程中，养老档案为居家养老服务机构的服务质量评估提供了依据，也为机构服务信息化奠定了基础，对居家养老服务体系的建设有重要意义。

（2）为居家养老服务提供法律依据。养老档案是原始的信息记录和证据，规范的档案管理能增加养老机构管理透明度，能保证老年人及其家属的知情权，并在出现纠纷时有据可查。

（3）有利于养老机构对养老护理员的规范化、制度化管理。建立养老档案有助于内部管理，减少不必要发生的意外事件与其他纠纷，由于养老护理员的每一项服务都载入档案以备查，对养老护理员的工作是一种有效的监督形式，因此可以避免不必要的意外事件和纠纷，提升服务质量。

2. 老年人档案内容

老年人档案需有照护老年人完整的记录，具体可包括以下内容。

（1）健康档案。接受居家养老服务前，老年人必须进行全面的身体检查，服务期间也应定期体检。居家养老机构应当制定健康档案的制度，健康档案是提供个性化照护的参照，也是解决可能出现纠纷时的参考依据。

（2）沟通记录。老年人在接受居家养老服务时出现特殊情况，如病情变化、服务要求变化等，须载入档案，并且要有养老机构与老年人和家属沟通的记录。

（3）代理签字。对无意识行为能力的老年人（如严重的阿尔茨海默病或其他老年精神疾病患者）进行居家养老服务时应有其监护人在场，并要求监护人在要归档的服务记录上签字。

（4）物品检查记录。养老服务人员每次上门服务时要检查老年人的各种物品是否存在，并记录于档案。

（5）服务过程记录。每次提供居家养老服务结束，由提供服务的养老服务人员或其他工作人员汇报填写对老年人的服务情况。有意识行为的老年人阅读服务记录，无异议情况下签字；对无意识行为的老年人，则由其家属核实签字。

（6）代购依据。老年人在委托养老服务人员购买食物、物品、用具等时，养老服务人员应向商家索要票据，并存入档案，以备查阅。

（7）居家养老服务协议书。即居家养老服务合同，是老年人与居家养老服务机构经过讨论协商所达成的总的工作方案，是双方对解决问题的承诺，是老年人与居家养老服务工作人员之间的合作计划，体现了双方的伙伴关系，表明了双方对养老服务的认识与界定、工作的目标及相互责任。养老服务协议的内容如下：①养老服务计划的目的与目标；②协议双方各自的角色与任务；③为达目的与目标所采取的步骤、方法与技巧；④期望达到的结果，以及进行总结、测量和评估的方法。

3. 档案管理要求

（1）专人专份。养老档案应每位老年人一份，以一人一卷宗管理，对每一卷宗编档案号，并装入正规档案盒内。设置专门的档案室，将档案存放在档案柜里。

（2）规范化管理。要重视档案的管理和收集、整理工作，并有效地保护和利用。健康档案要采用统一表格，在内容上要具备完整性、准确性、严肃性和规范化。

（3）档案安全。老年人的健康档案管理人员应严格遵守保密纪律，确保健康档案安全。健康档案转诊、借用必须登记，用后及时收回放于原处，最好使用电子档案管理系统。为保证老年人的隐私权，未经老年人或家属的准许不得随意查阅和外借。在老年人转诊时，只写转诊单，提供有关数据资料，如诊疗需要方可把原始的健康档案转接给会诊医生。

（4）档案完整。档案要求定期整理，动态管理，不要有死档、空档出现，要科学地运用健康档案，定期对档案进行更新、充实。档案存放处要做到“十防”，即防盗、防水、防火、防潮、防尘、防鼠、防虫、防高温、防强光、防泄密。

第三节　居家养老服务人才培养与管理

居家养老服务，涉及参与主体多种关系的综合与协调，专业化、精细化是对服务管理者和提供者的基本要求。但是，目前居家养老服务专业服务人才缺乏、年龄结构偏大、专业素养低，在数量、质量上都不能满足需求。可以说，居家养老服务无论是管理人员还是服务人员都比较低端化，这也是我国现阶段居家养老服务内容比较单一、低端化的症结所在。而志愿服务者虽然适度弥补了居家养老服务专业服务人员不足的问题，但是我国现阶段志愿服务的突出特点是规模小、流动性强、稳定性差。可以说，养老服务人才的匮乏，是影响居家养老规范化和长效化管理的"短板"①。

一、居家养老服务专业人才培养

为了确保养老服务管理和服务人员质量和供给的可持续性，解决当前居家养老服务人才严重紧缺的问题，政府、高等院校、企业和专业养老服务机构等主体可以联合起来，协同培养养老服务人才②。

（一）政府

十年树木，百年树人。专业养老服务队伍的建设不是一朝一夕的事情，政府需要集合各方智慧和力量，尽快出台与培养居家养老服务人才相关的政策，实现对居家养老服务人才有计划、有目标地培养。

首先，政府应制定相应的居家养老服务人才发展政策，并出台切实可行的政策来保驾护航。任何政策的制定不仅需要坚持长期规划与短期计划相结合，还需要结合市场需求及人才培养规律。

其次，政府应加大对居家养老服务人才培养的支持力度，为居家养老服务人才的培养和就业提供良好的环境。特别是加强对护理人员的专业培训，从而缓解一线居家养老服务人才资源紧缺的现状。

再次，政府相关部门要在政策上支持高等院校增设养老服务相关专业和课程，加快发展老年服务专业的本科和研究生教育，从来源上扩大养老服务人才的培养规模。

最后，政府需要给予大量资金扶持，对自愿参加养老职业培训，或者积极主动参加职业技能鉴定提高自身能力水平的养老服务人员，按规定给予补贴，改善养老服务人员的待遇。

（二）高等院校

高等院校在解决我国养老服务人才培养问题上扮演的是解决专业性问题的角色。养老产业是一项新兴产业和朝阳产业，养老服务市场主要需要技术应用型人才，如护理员、康复师、医生等。对于养老服务人才培养，可以从以下几个方面出发。

首先，高等院校要整合优势资源，将养老服务专业作为新兴专业。养老服务专业的职业培训应该立足当下，满足当前人口老龄化对于专业居家养老服务人才的迫切需求。

其次，高等院校增设养老服务相关专业和课程，扩大人才培养规模，加快培养老年

---

① 侯冰，2018. 城市老年人社区居家养老服务需求层次及其满足策略研究[D]. 上海：华东师范大学.

② 周红云，郑好，2015. 协同视角下居家养老服务人才培养机制研究[J]. 管理研究，（2）：1-9.

医学、康复、护理、营养和社会工作等方面的专业人才。

再次，教师自身素质是实施职业培训的关键。要健全教师职业培训体系，不断提升教师的知识和技能。

最后，高等院校在养老服务人才培养方面要注重分类培养与分层培养相结合。分类培养指的是培养社会所需的养老服务专业人才，每类专业人才都应有其发挥所长的专属领域。所谓分层培养，则是对从事养老服务的管理人员而言，院校应该在职业发展方面为其搭建发展平台，使不同阶层的管理人员都有明确的职业发展规划。

（三）企业

居家养老服务业的可持续发展需要高质量的养老服务，高质量的居家养老服务需要年轻化、专业化的居家养老服务人才。一方面，企业是人才实现自我价值的重要场所，作为特殊的行业，企业应承担起人才培养的责任和义务，引导更多人才进入养老服务行业；另一方面，大型养老服务企业应发挥行业经验和专业优势，与高等院校建立长期合作关系，为养老服务人员的培训提供实战场所。

（四）专业养老服务机构

一般而言，导致专业养老服务人才不愿从事养老服务的原因主要包括社会认知的偏见、福利待遇低、工作强度大、职业前景不明确等。养老机构则需要对症下药，吸引人才，同时留住人才。养老机构可采取的措施有以下几点。

第一，养老机构应该根据实际需要，在工作分析的基础上，完善岗位说明书，并根据岗位说明书来招聘合适的人员，如养老护理员。根据其工作的特点，可以招聘具有一定文化水平和学习能力的下岗职工或农村务工人员进行岗位培训。因为这类人员更加珍惜重新上岗的机会，职业忠诚度更高。

第二，通过纵向的晋升和横向的轮岗，促进养老服务人才职业发展。一方面，养老机构需要完善管理机制，提供双通道的晋升渠道，人员晋升既可以走管理人员渠道也可以走技术人员的渠道；另一方面，不同的岗位之间进行轮换，既丰富工作经验，又可以避免单一工作岗位所产生的工作倦怠感。

第三，从薪酬福利方面提高员工的满意度。通过调整薪资水平和薪资结构，降低过高的员工流动率，吸引更多新员工；借鉴企业的员工持股计划和分红措施，实行股权激励；合理安排作息时间，缓解养老服务人员的身心压力，提高员工工作满意度。

二、居家养老服务志愿者培养①

加强居家养老服务志愿者队伍建设能够在居家养老服务事业中起到良好的补充和促进作用。目前我国志愿者队伍建设存在诸多问题，如缺乏管理机构、进入和退出随意性强、志愿者素质参差不齐、制度规范不健全、缺乏政策支持等。因此，政府应该在志愿者团队建设方面推动其向制度化、规范化和常态化发展，需要从以下几个方

① 张登利，2019. 中国居家养老服务的支持性政策研究[D]. 武汉：华中科技大学.

面给予规范。

（一）强化对志愿者队伍的组织管理和培训

第一，规范志愿者登记及管理制度。志愿者规范管理的第一步必须是志愿者的信息登记和信息真实性的认证以及业务水平的初筛等工作，这不仅是对志愿者身份的认可，也有利于其合法权益的保障；同时强化政府志愿者协会的组织联络作用，从而将散落的志愿者个体组织起来，打造具有鲜明养老服务特色的志愿者服务团队，进一步增强志愿者队伍的组织性和凝聚性。第二，做实志愿者的业务能力培训，提高志愿者的服务能力。志愿者培训的实施主体可以是政府也可以是社会组织，但是在培训内容和培训教材上要做到资源共享，规范培训体系和教程达到能让志愿者快速掌握基本的护理知识和老年人心理知识的目的，能快速提高志愿者提供服务的专业水平和服务效率。第三，建立和管理合法规范的志愿者交流平台。网络时代的志愿者交流平台是一个志愿者工作信息交流沟通的重要阵地，目前志愿者网络平台、交流论坛林林总总，相关部门要做好合理的部署管理，不仅要做好归口管理工作，也要做好宣传工作，合理引导每个社区建立专属的网络信息交流平台，便于业务交流，也能引导和吸纳更多社会人员加入居家养老服务志愿者行业。

（二）建立志愿者队伍的激励扶持机制

第一，完善激励制度。加强对志愿服务人员的记录管理，这不单单是对志愿者服务质量进行评估的一个重要指标，从长远来看它有利于志愿服务活动的品质提升和长远发展。同时，对志愿者的服务进行评估，对表现优异的志愿者给予一定的物质和精神奖励，以形成良好的循环发展机制。第二，加大对志愿服务的财政支持和经费投入，可以通过政府购买服务、鼓励企事业单位资助等方式来支持志愿服务的发展。

三、居家养老服务人才管理①

居家养老服务人员主要包括上门养老服务人员和养老服务志愿者，养老服务人员上门服务需对其资质、服务资格、服务要求和服务进行规范化管理，以保证居家养老服务质量。志愿者是养老服务队伍的重要组成部分，需切实发挥其力量，提升居家养老服务品质。

（一）上门养老服务人员管理

居家养老服务提供上门入户服务，存在监管困难的问题，对服务人员的素质要求更高，对其资质和服务流程需要进行严格的管理。

1. 上门养老服务人员资质管理

上门养老服务人员应具备基本的法律和安全卫生知识，遵纪守法，遵守职业道德，合法从业，应掌握相应的业务知识和岗位技能，并能熟练运用。每一名上门养老服务人

① 楼研，许虹，2017，居家养老服务与管理[M]. 杭州：浙江大学出版社.

员都要具有相应的职业资格证书，或接受过相应的职业资格培训并有培训合格证，持证上岗；同时身份证明、健康证明等资料应齐全，应保证每年在岗培训不少于10学时。

2. 人员素质要求

（1）遵纪守法，文明执业。养老服务人员应严格遵守法律法规，恪守职业道德。

（2）遵时守诺，取得信任。养老服务人员要遵守工作时间，信守诺言，按时按点至被服务对象处，有特殊情况须向被服务对象说明，做到守时守信。服务人员须尽心尽责服务，根据服务对象的要求积极主动完成约定的职责，不要让服务对象提醒。

（3）按时计工，提高品质。养老服务人员的工作量以时间为计算单位，在工作中应自觉高标准要求自己，合理安排，讲求效率，认真踏实做好服务，把让服务对象满意作为自己的工作目标。以自己的尽心、爱心和关心，换得服务对象的称心、放心和安心，为老年人营造舒适、整洁、温馨、有条理的生活环境。

（4）热情服务，尊重为先。进入老年人家里后，养老服务人员要处理好与家庭成员的关系，文明礼貌地对待所服务家庭中的每一个人，尊重老年人的生活习惯，不损害服务对象财产，不带外人到服务对象家里。在服务过程中，对老年人热情和蔼，富有爱心，态度亲切和气，为人谦虚厚道。经常主动征询老年人的意见，理解老年人的需要，有时老年人心情不好，说话语气重，要做到不与他们计较，体谅他们的心情。

3. 服务流程管理

上门养老服务人员工作时间应着工装、戴工作牌，凭“派工单”上门服务。接到服务指令后，养老服务人员在规定时间内提前5分钟到达老年人所在场所。入户前，养老服务人员主动出示“派工单”，亮出工作牌，表明身份并向老年人问好，征得老年人允许后，先脱鞋或穿鞋套进门。提供具体服务内容之前，向老年人及其家属介绍服务项目、服务时间及服务流程，取得老年人和家属的信任。在提供服务过程中，服务人员要时刻有安全防护观念，不给老年人家庭留下安全隐患（关闭煤气阀、水龙头等），并向老年人传授日常安全知识，同时要做好自身安全防护措施。服务结束后，养老服务人员要主动征求老年人的意见，现场真实填写“派工单”的相关内容，并邀请老年人在“派工单”上签名确认。整理好自己的物品，与老年人及家属道别，如“很高兴为您服务，再见”，并帮老年人关好门。

4. 上门各项服务要求

养老服务人员为老年人提供服务前要与服务对象或监护人签订服务协议，且签约率要达到10%。服务人员应按照个人的服务预案提供相应服务，预案内容应包含计划、工作流程、技术操作规范等。养老服务机构要对养老服务人员的工作定期进行检查，并记录检查结果（包含内容、时间、地点、人员落实情况等）。养老服务人员为老年人提供的服务完成率应达100%，老年人或监护人满意率≥80%。

（1）生活照料服务。生活照料服务是居家养老服务的主要内容，其服务要达到服务对象的需求。

（2）医疗保健服务。医疗保健服务包括五个方面：①预防保健服务——要制订基于老年人需求、有针对性的预防方案，预防方案应简明扼要、通俗易懂，便于老年人掌握预防老年病的基本知识并进行基础性的防治；②医疗协助服务——做到遵照医嘱及时提醒和监督老年人按时服药，或陪同就医，协助开展医疗辅助性工作，能正确测量血压、体温等；③康复护理服务——做到指导老年人正确执行医嘱，协助老年人正确使用康复保健仪器；④健康咨询服务——通过电话、网络、讲座、老年学校等方式为老年人提供预防保健、康复护理及老年期营养、心理健康等知识教育；⑤健康档案——老年人健康档案建档率应达 100%。

（3）精神关爱服务。精神关爱服务包括精神支持和心理疏导，精神支持服务要做到耐心倾听，能与老年人进行有效的谈心、交流；心理疏导服务要做到掌握老年人心理特点和基本沟通技巧，能够观察老年人的情绪变化，并通过心理干预手段调整老年人心理状态，同时要尊重并保护老年人隐私。

（4）安全守护服务。安全守护服务包括安装安全设施和排查安全隐患。安全设施如呼叫器、求助门铃、远红外感应器等安全防护器材应符合国家规定，质量完好率须达 10%，其功能应符合老年人的特点和需求。安全隐患的检查及排查，了解老年人家庭设施的安全状况，不定期检查水、气、取暖降温等设施运行情况，排除安全隐患成效达到非责任事故为零的要求。

（5）文化体育服务。文化体育服务方面涉及文化教育和体育休闲服务。文化教育服务要做到提供适宜老年人阅读的报刊书籍，板报涵盖与老年人相关的话题，开展老年人书画、象棋、摄影等比赛活动以及教育培训活动。体育休闲服务要做到建有老年活动室或室外文体休闲场地，配备一定的体育、娱乐器材，以便老年人开展体育健身、休闲娱乐活动。

（6）法律援助服务。法律援助服务方面包括法律咨询、权益维护服务等。法律咨询服务要做到提供服务耐心、及时，使老年人对咨询的问题有所认知；权益维护服务要做到能通过法律程序和相应的手段维护老年人的合法权益，同时要尊重并保护老年人隐私。

（7）慈善救助服务。慈善救助服务方面，救助、救济服务要做到符合条件的老年人可及时、全面享受到政府或社会所提供的救助、救济服务。志愿或无偿服务要做到居家养老服务机构应与志愿者团体建立联系，使老年人可从社会获取低酬或无偿的服务。

（二）养老服务志愿者管理

志愿者的组织与管理包括招募、培训、服务、评估与激励等工作，缺一不可。下面将重点介绍前两项。

1. 志愿者的招募工作

志愿者的招募工作包括前期宣传、志愿者招募、志愿者遴选和志愿者确认等环节。居家养老服务机构或居家养老服务中心在招募志愿者之前，需要根据老年人的特点和需求初步界定服务对象范围及志愿者的角色、工作内容，草拟服务计划书，编写工作手册及服务方法。在此基础上，开展宣传和招募工作。

1）前期宣传

首先，印制宣传小册子或者招募海报、展板等，内容如下：①志愿者的产生，开展志愿者服务的背景和意义，机构在组织志愿者工作中的角色；②对志愿者的要求，即什么人可以成为志愿者，成为志愿者的资格和准入标准；③志愿者的服务内容，即志愿者需要做什么，如探访慰问老年人、帮助老年人打扫家庭或清洁卫生等；④提出申请的方式，即如何成为居家养老机构的志愿者，如负责人的联系电话、邮箱、养老服务机构的位置，便于有意向的人向居家养老机构提出成为志愿者的申请，或者可在居家养老机构网页上添加志愿者申请表格，有意者可直接下载表格进行填写。

其次，发放招募海报、宣传册：可在居家养老服务中心、日间照料中心等比较醒目、人员流动量大的地方，如大门口，摆放面积较大的展板或粘贴招募海报，发放宣传册。

最后，对外宣传，内容如下：①主动联系潜在的志愿者群体，包括邻近社区的居委会，年轻的离退休人员；②与社会上的志愿者群体建立联系，如中学、大学、职校、卫生学校志愿者社团等，向其宣传居家养老机构的志愿者项目；③进行媒体宣传，在社区或居家养老服务网页上对志愿者项目进行宣传；④联系平面和立体媒体，如在电视节目中对志愿者项目进行宣传，扩大志愿者项目的社会影响。

2）志愿者招募

志愿者招募即征集志愿者进入养老服务机构进行志愿服务的过程。自愿参与是志愿服务的前提，因此在招募过程中应遵循自愿原则，吸引有爱心、有责任感并有服务意愿的个人或团体，加入养老服务机构的志愿者组织，以饱满的热情和积极的态度投入服务。

与其他志愿者一样，居家养老服务志愿者需达到的基本条件如下：①年满 18 周岁，有对自己的行为负责任的能力；②具有志愿精神，有强烈的服务意愿；③认同志愿及坚定目标，不追求物质报酬或其他任何私利；④具有良好的沟通能力；⑤富有责任感；⑥愿意与他人合作；⑦有参与服务的时间；⑧当前身体状况基本健康，具备提供服务工作的身体素质；⑨有参与相关服务活动的知识水平与能力。对于具体的群体，可能会有一些条件的改动，如中学生群体可以放宽年龄要求，但是一定要配备相关工作人员进行督导等。

3）志愿者遴选

居家养老服务机构在接收完志愿者申请之后，将资料归总交予负责人员，并对报名者进行面试和遴选。面试中工作人员需要关注志愿者是否具有以下特质：耐心、热心、自控能力、工作经验。

4）志愿者确认

通知符合要求的志愿者，并要求其填写志愿工作承诺书，整理、归档志愿者资料，形成初步的志愿者队伍。

2. 志愿者培训工作

在志愿者正式进入居家养老机构开始工作之前，安排培训课程，让志愿者接受居家养老服务机构的理念，获得工作所需的知识、技术和积极的工作态度，协助志愿者选择工作，增强志愿者的自信心，促进其发挥潜能，促使志愿者明确其权利和义务。通过阶梯式的能力建设培训与实践，使志愿者获得成长，实现志愿者、居家养老服务机构和社会的共同发展。志愿者培训课程可分为迎新课程和服务培训课程。

1）迎新课程

课程内容可包括居家养老服务机构的全面介绍和实用信息，帮助志愿者回答三个问题：①使命——我为什么要在这里工作？②制度——我要如何在这里工作？③社交环境——我要如何跟这里的人相处?

2）服务培训课程

根据服务培训的目的，可将培训课程分为以下三种形式。

第一，正式培训。正式培训是系统的、有计划的、有组织的培训，目的是为志愿者开展服务做准备，培养其服务技能和应对技巧，使其能够顺利完成志愿服务工作。培训课程如下：①工作技能培训——使志愿者明确该做什么，不该做什么；②工作角色与责任培训——认识志愿者即将加入的关系网络、工作伙伴，以及其在工作中扮演的角色、工作责任和其他人的角色等；③角色扮演——以志愿者曾遭遇到的问题为根据，模拟情境，进行角色扮演，引发团体讨论，在深入分析过程中，使志愿者了解可能遇到的问题，以及应该如何应对。

第二，一对一指导。一对一指导是用来教导或增进某种工作技能的，可以用在正式的培训课程中，或用在在职培训中。指导者需要有一定的资历，通常是主管人员，或者是经验较为丰富的志愿者。指导通常包括三个步骤：①专人示范要教导或增强的技能，在示范过程中，逐一解说每个流程；②志愿者学员尝试，指导者观察；③指导者对学员的表现给予评论。

第三，咨询顾问。咨询顾问的目的在于帮助志愿者了解其工作中所存在的困难，指导其如何改进工作，增强其解决问题的能力。咨询顾问通常不直接告诉志愿者该怎么做，而是授权于志愿者，通过帮助其分析问题，让志愿者自己思考问题的解决办法。

第六章　社区养老服务管理

社区是社会治理的基本单元和养老服务体系的重要载体。伴随着我国人口老龄化的加剧和空巢家庭比例的不断升高，养老已成为我国社会生活中一个不容忽视的问题，必须加快以社区为依托的社会养老服务体系建设。社区养老服务具有福利性、社会性、互补性、区域性等共性，同时在资金投入、设施建设、服务人员素质、社会参与力量等方面具有协同优势，应结合社区养老服务及管理特点，因地制宜地妥善解决。

第一节　社区养老服务内容

一、社区养老的定义

首先提出“社区”这个概念的是德国社会学家滕尼斯，他在1887年出版的《社区与社会》一书中指出，“社区”是指一种由具有共同价值观念的同质人口所组成的关系亲密、守望相助、存在一种富有人情味的社会关系的社会团体。而我国的“社区”这个概念，最早是由费孝通在20世纪30年代初从英文翻译过来的，后来被许多学者引用，并逐渐流传下来。到今天，社会学家给社区下出的定义有上百种，尽管社会学家对社区的定义各不相同，但他们普遍认为一个社区应该包括一定数量的人口、一定范围的地域、一定规模的设施、一定特征的文化、一定类型的组织，即社区就是一个“聚居在一定地域范围内的人们所组成的社会生活共同体”。

在国际上，社区在养老中的作用也很早就得到了认可。世界卫生组织在《渥太华宣言》（1986年）中强调，社区是健康促进活动的“最佳介入点”。社区的权能激发为社区行动的三大要素之一，透过社区场域的人、事、物互动，可以使老年人力资源有所应用，使老年人更有能力感，且此方式将是促使老年人社会参与、发挥自我效能的最佳策略。在英国，社区照顾是养老的主流，有利于全社会节省支出，有利于老年人得到更充分的照料资源，有利于老年人生活质量的提升。英国建立了地方SSD，主张最大限度地让个人参与互助服务，互助和自助取向的增权成为指导思想①。社区照顾的主要目标是让老年人在熟悉的环境（社区、家庭或类似于家）中得到帮助，通过自助与互助，老年人的生活质量得到保障。

社区养老是指以家庭为核心，以社区为依托，以老年人日间照料、生活护理、家政服务和精神慰藉为主要内容，是居家养老的重要依托，具有社区日间照料和居家养老两大功能。主要内容是举办养老、敬老、托老福利机构；设立老人购物中心和服务中心；开设老人餐桌和老人食堂；建立老年医疗保健机构；建立老年活动中心；设立老年婚介

---

① 潘屹，2015. 社区综合养老服务体系建设：挑战、问题与对策[J]. 探索，（4）：2，70-80.

所；开办老年学校；设立老年人才市场；开展老人法律援助、庇护服务；等等。

二、社区养老实施形式[①]

社区养老实施形式主要有养老机构进驻普通社区、老年人入住养老社区和老年人购买养老房产三种。具体如下。

养老机构进驻普通社区：该种方式目前最为多见。北京市养老照料中心及驿站采用的是公建民营模式，场地由政府免费提供，而后交由企业低偿运营。该类机构的优点是老年人距离自己或子女的住所近，费用较低；缺点是该形式本身不配备医生团队，仅有护理人员，医疗活动需向社区卫生服务机构购买或转送至综合医院进行。

老年人入住养老社区：该种社区与既往养老院模式存在一定的相似之处，老年人以租住或会员形式入住养老社区，即可享受上门护理、家政等服务。

老年人购买养老房产：该类社区养老采用“养老+地产”的开发形式，其核心为适老性设计，同样能够提供护理、家政等服务。

后两类社区养老具有较多的相似点，其优点是社区设计核心为养老，无论文化氛围还是房屋构建，均会考虑老年人的需求，社区内多引入专业医疗机构；而缺点是费用较高，距离子女较远。而入住机构的费用目前主要由家庭及个人承担，其间发生的医疗费用符合医保条件的可由医保报销。

三、我国社区养老发展现状[②]

（一）我国社区养老发展状况

近年来，在党和国家的关怀和重视下，我国社区治理功能逐步完善，社区养老服务日益发展。各地以社区为依托，将日间照料、呼叫服务、助餐服务、健康指导、文化娱乐、心理慰藉等养老服务的基本内容，通过上门服务和日间照料等方式，把居家养老与社会养老有机结合起来，使以居家为基础的多样化社区养老服务体系初步建立，社区养老服务业在总体上呈现出快速发展的良好态势。

1. 社区养老服务体系初步建立

社区养老服务是以社区为治理主体，通过对各方资源的合理分配和调动为老年群体提供帮助，对其实施生活、社区养老服务，是对于养老机构数量不足的弥补，同时也是对于家庭养老内容的丰富。我国政府对于养老问题非常重视，1996 年颁布的《老年人权益保障法》在法律上肯定了社区养老，在之后二十余年的发展过程中，我国政府从法律法规方面对社区养老功能予以完善，明确了养老工作发展方向和具体准则，且各级政府在社区养老中的资金投入逐步增多，从资金方面为社区养老服务提供了有力保障。

最早的养老服务格局构建始于上海市，该市提出了“9073”的养老服务格局（即 90%由家庭自我照顾，7%享受社区居家养老服务，3%享受机构养老服务），并逐步在全国各地推行。相关的数据表明，国内外的绝大多数老人选择居家养老服务，其中作为重要

---

① 王婷，贾建国，2017. 我国养老及社区养老现状分析[J]. 中国全科医学，20（30）：3707-3710.

② 李小伟，2021. 我国社区养老服务发展现状及策略分析[J]. 西部学刊，（1）：155-157.

支撑的则为社区养老服务，因其同时具备居家养老支持以及社区日间照料两大基础功能，因此成为发展的重点。2016 年，民政部和财政部发布《关于中央财政支持开展居家和社区养老服务改革试点工作的通知》。自 2016 年起，全国层面投入 50 亿元，先后分五批开展居家和社区养老服务改革试点。

在社区建设持续发展的背景下，社区养老的机制构架基本形成，养老功能纳入社会治理的范畴并逐步规范化。另外，随着政府对于社区养老不断放权，越来越多的社会力量开始参与社区养老服务，为社区养老的发展提供了更多保障。基于此，我国社区养老体系已实现初步建立。

2. 社区养老形式呈现多样化特点

社区养老在缓解社会养老压力方面发挥着重要作用，属于新型养老模式，不仅可以有效满足老年人精神文化需求，还能够在一定程度上满足其物质需求，为其提供多方面的服务。近年来，我国老龄化问题越发严重，各级政府开始在区域发展现实的基础上探索符合实际需求的养老模式，呈现出多样化的特点。

首先，模式上的多样化。嵌入式、托老所等为主要表现形式，嵌入式是将社区作为主要养老服务载体，在良好的竞争机制驱动下将市场运营方式嵌入社区之中，以达到整合养老服务资源、老年人就近养老的目的，推动养老服务向个性化、专业化方向发展；托老所形式是通过固定场所为老年人提供服务；其他还有“互助型”养老模式、政府购买服务模式等。

其次，各地服务方式的多样化。例如，北京养老形式主要为“无围墙养老院”式养老，即在社区建立专业化养老机构，聘请工作人员为社区老年人提供养老服务，让老年人在熟悉的家庭环境下享受养老机构的服务。这一形式可以帮助老人维持熟悉的人际关系，同时满足基本生活需求。其他如上海、广州等地都形成了各具特点的社区养老形式。各地区灵活应用不同养老模式，满足了地区内老年人的不同养老需求。

3. 社区养老功能更加完备

一是社区服务设施更加完善。多数地区将社区养老纳入发展规划，加强新建和改造小区的养老设施配备。各级民政部门突出居家养老基础地位，发挥社区依托作用，加大投入，广泛建立托老所、日间照料中心等设施，重点针对高龄、空巢、失独和失能老年人提供照顾服务。“十三五”期间，民政部联合财政部开展由中央财政支持开展的居家和社区养老服务改革试点工作，每年安排 10 亿元，连续五年支持包括设施建设在内的居家和社区养老服务改革试点。截至 2020 年底，社区养老服务机构和设施达到 29.1 万个，社区互助型养老设施 14.7 万个。

二是服务内容更加丰富多样。社区公共服务在社会发展背景下覆盖面逐渐扩大，其中多项便民服务和志愿服务得以蓬勃发展。特别是随着互联网技术的应用，差异化、个性化的养老服务模式逐步得到推广。

三是逐步在政府的积极引导下，社区养老服务通过市场化运作实现了互联网的全覆盖，企业参与社区养老的形式越发多样，极大地丰富了社区服务方式和服务内容。养老服务的需求逐步从满足基本养老服务需求扩展到满足更加个性化的养老需求；服务的对象从社区的特殊困难老年人逐步扩展到全体老年人；养老服务业的从业人员也从早期的农民工逐步转为受过专门训练的职业工作者；服务的提供者从以政府为主逐步扩展到更多的社会力量参与，养老服务的质量明显提升。

（二）当前社区养老服务发展存在的问题

虽然我国社区养老服务发展势头良好，但总体上还处于起步阶段，政府的主导作用有待加强，服务质量也亟须提高。

1. 政府的越位和缺位现象普遍存在

政府越位主要包括关系越位和职能越位两个方面，所谓关系越位，就是政府对社会组织进行直接或间接干预，将社会机构作为自身附属机构，形成本不该存在的隶属关系，社区工作人员也变相成为政府服务人员；所谓职能越位，就是政府将科普、文化、慈善活动组织等本应由市场发挥作用的职能包揽到自身职责范围内，市场在其中无法有效地发挥作用，这样将会导致降低服务质量和效率。政府在社区养老服务中的越位行为会影响其他社会组织在服务体系中的正确定位，弱化社区功能，长远来看具有较大弊端。

政府缺位就是在实施养老服务时未做好基础保证，均衡性不佳，主要表现在管理缺位、投入缺位和扶持缺位。管理缺位就是服务管理还没有做到合理、科学、精细，各主体不能形成有效集合，没有建立起高效的服务体系；投入缺位即资金投入不足，一方面未将社区养老服务支持纳入财政预算，造成资金数额不能满足社区养老服务发展需要；另一方面也存在约束管理不足，致使资金的投入和使用不规范。扶持缺位就是政府部门在帮扶政策的制定和推行方面仍有待加强。

2. 各方主体作用发挥有限

一是社会组织参与程度不高。社区养老服务内容丰富且复杂，需要第三方企业提供资金、服务，为其提供外力支持。不管是资金还是服务的支持，对于社区养老服务事业来说都尤为重要，但是目前而言企业参与社区养老服务的并不多，还有部分企业在参与后发现无法获取预想收益而撤资，造成社区养老体系无法有效获取医疗机构支持，相关养老机构分布不均衡。不仅如此，企业参与的缺乏也使市场无法在其中发挥有效作用，养老市场缺乏活力，社区养老资源整合能力不足。

二是志愿者参与机制不健全。当前，在校学生、热心市民等为我国社区养老服务主要组成人员，多不计报酬，仅凭借爱心参与服务工作。但是我国无论是在社区养老服务方面还是志愿者队伍建设方面均不成熟，养老服务志愿者人数不多，无法满足社区养老需要。另外，多数志愿者仅能在工作、学习之余提供服务，时间较短，人员流动性强。

三是社区居民参与积极性不高。社区养老服务的主要对象是社区老年人，只有社区居民积极参与到社区养老服务中才能保证服务正常进行，但是目前老年人在社区养老服务中的参与积极性并不高。其中养老服务优惠政策仅向特困老年人，以及“三无”（即无劳动能力、无生活来源、无赡养人和扶养人）老年人开放，老年人传统消费观念束缚、子女对新兴社区服务持观望态度、运行机制有待健全等是造成这一情况的主要原因。

3. 养老服务人员专业素质有待加强

专业服务人员是实现社区养老的人才基础，是必不可少的组成部分，社区养老事业若想实现健康稳定发展，就必须将建立专业化团队作为主要工作内容。目前我国社区专职养老服务人员专业性不强，无法有效满足服务需求，主要表现在两个方面：一是社区养老服务人员专业知识掌握不足、文化程度不高，其中绝大多数并未接受过与养老服务相关的专业培训，在进行服务时多凭借自身经验，在遇到较为复杂的问题时无法有效地解决，且服务人员待遇不高、流动性大、工作积极性有待提升；二是一些社区养老服务人员职业素养不高、责任意识不强，降低了社区养老服务的总体质量。

第二节　社区养老服务平台的构建与管理

在人口老龄化背景下老年人养老服务需求剧增和传统社区养老服务紧缺双重压力下，社区养老服务的网络智能平台的构建能够满足老年人的社区养老服务需求、充分整合利用社区养老服务资源、激发养老市场的潜力及活力。社区养老服务平台的驱动逻辑包括市场驱动、社会驱动、政府驱动，构成社区养老服务平台的“三驾马车”。社区养老服务平台由终端层、网络层、平台层、服务层构成。

一、社区养老服务平台的驱动逻辑①

物联网、大数据、人工智能等现代智慧集成技术与社区养老服务融合塑造了以平台服务为主导的社区养老服务新型模式。平台化作为社区智慧养老服务供给的一大重要趋势，深化了信息数据与服务资源的融合，推动了虚拟集聚思维与社区养老实践的连接。伴随服务技术的迭代和社区养老理念的转变，社区养老服务模式也发生了革命性变革，并逐步形成以社区养老服务平台为核心载体的模式创新趋势，着力打造一条依托线上数据关联和线下服务合作的社区养老“供应链”，促进供需实时弹性匹配，形成“全面可持续发展”的社区养老服务生态系统。另外，社区智慧养老所提倡的先进技术嵌入理念及养老服务治理方式的变革虽已受到学界和各级政府重视，但总体看来还有一些问题：在信息技术上，构建了“云—管—端”到服务配给的社区养老系统，但数字化差异大且不规范、多源异构数据难兼容、平台多样使用难、隐私信息安全不够等问题明显，导致数据驱动的社区养老价值共创机制运行不畅；在主体行为上，致力于社区养老服务的供需精准匹配，但政出多门、同质服务、利益博弈、协同合作不足等矛盾依然突出，未实现基于物理平台的多主体多任务协同与竞合关系；在组织管理上，推行政府主导的自上而下社区智慧养老治理方式，但“政府一元”、模式单一、资源分散、机制失位、社区准行政化执行等弊病尚存，难以回应新公共服务和社会治理数字化水平的提升要求。

从新公共服务理论来看，作为公共管理主体的政府，其主要职责是服务于公共利益，应以服务而非“掌舵”和超越企业家身份来对待公民需求，寻求政府服务的重新整合。由此可见，造成上述社区治理问题的根源在于政府主导的社区养老模式。表面上看不同的养老服务模式及其演化体现出对社区老年群体需求的尊重和资源的优化整合，由于政府、社会、企业、公民各自的利益诉求和自身条件的差异，尤其是平台的壁垒和限制，以致需要得到个性化服务的社区老年人因其社区资源或技术条件的差别，很难享受到个

① 刘奕，2021. 从资源网络到数字图谱：社区养老服务平台的驱动模式研究[J]. 电子政务，（8）：40-51.

性化、智慧化的服务；有意愿提供助老服务的企业因为信息的壁垒和资金的瓶颈，难以提供高技术或长期性的市场化服务；政府因为社区之间基础设施和周边资源的差异，以及部门碎片化的行政管理手段，以致服务难以跟上公民需求、技术变革和市场发展步伐。

在治理转型背景下，社会秩序的维护和达成不再是政府单方面的事务，而是政府与公民、社会共同的事务；政府不再是单一的管理主体，公民、社会不再是被管理的客体；治理过程不再是自上而下的单向度管控，而是多元主体的平等协商与合作。技术变革的叠加催化了当前社区养老服务平台化和数字化。社区养老服务数字化作为一种技术逻辑嵌入政府治理结构具有工具理性和价值理性的双重功能，平台化在提升政府治理科学性、精细化、差异性的同时，也在价值理性维度对治理主体的参与性、协商性和公正性提出更高要求，也进一步促进了政府治理的“公共理性”和“重叠共识”提升。而数字治理因其从管理模式上突出以需求为基础的整体性政府治理，提供端对端的数据信息、结果到结果的个性服务，是从技术、组织、关系、行为等方面对社区养老服务的重塑。

诚然，养老服务的现代化是系统变革的过程。在新技术情境下，社区养老服务平台的驱动逻辑是多元的，由市场、社会、政府等驱动逻辑共同促成的复杂平台引发了平台服务模式结构性变迁。养老理念转变、大数据技术赋能、体制与机制转轨性问题、网络外部性等因素是驱动以资源网络为基础的社区养老服务平台的外生动力，社区养老服务平台以大数据汇集、分析、处理为技术支撑，以精准匹配需求的服务决策等内容为输出形式，在成本控制、资源整合、主体协同、辐射能力等方面弥补传统机构养老模式的不足。利益相关、合作生产、价值共创等要求是驱动以数字网络为基础的社区养老服务平台的内生动力，服务平台承载“需求信息输入→数据分类处理→服务供给输出”的养老服务智慧供给（系统），实现全面整合数据、精准匹配供需、高效共享资源、持续发挥作用，从而降低政府和基层社区养老服务供给的行政成本，强化社区养老服务多元供给主体间的协同合作，提升对养老服务对象、服务内容、社会组织、参与主体的辐射能力。

（一）市场驱动：提升辐射效能

社区养老服务平台服务模式的市场驱动逻辑强调养老服务的产业发展和服务模式背后的经济考量，其逻辑关键在于效益。在平台服务模式下，社区养老服务能最大程度地覆盖服务对象，集约整合和高效利用服务资源，突破时空限制，丰富服务方式，促进实现整体化、精准化治理，从而提升在人员、资源、时空、能力上的辐射效应。

第一，扩大社区养老市场辐射范围。社区养老服务平台依靠现代技术，在社区情境中实现“人—人”“人—机构”“机构—机构”的有效连接，集中统筹社区内外各类养老服务设施资源，盘活闲置社会资源，连通社区养老服务圈，辐射社区内所有老人及周边社区。在社区养老服务网络中，平台架构扩大了社区养老服务的辐射对象和服务方式。就服务对象而言，社区内部分割离散、功能单一的各养老服务设施和外部社会化、专业化的养老资源，依托平台集中设置，链接形成社区养老服务圈，最大程度地覆盖社区内健康老人、失能或半失能老年人，并依据每个年龄段老年人的需求和特点提供有效功能服务。就服务方式而言，平台服务实时健康监测、即时服务反馈、未来发展预测，可在全时段提供远程养老服务，从而延伸养老服务供给的时空边界。

第二，提高市场资源整合和利用价值。深入推进与可持续开展社区居家养老工作的关键，在于运用智慧化思维实现各类养老资源配置的科学性、合理性及优化性。一方面，社区养老服务平台集约医疗、养老、照护、康复等养老产业链资源，整合各部门、各地区、多主体的各类养老服务资源，如资金、设施、人力、技术、信息、数据等，突破资源整合的范围、数量限制，从而破解养老资源分散难题；另一方面，社区养老服务平台助力技术集成、信息共享和主体协同，引领各类养老资源加速流动，以社区为基点、以需求为核心、以数据为导向进行资源配置，减少供需信息不对称，为社区智慧养老服务需求和供给牵线搭桥，进而提高资源利用效率，实现有限资源价值最大化。

第三，提升政府的综合治理能力。政府具有理性，本能地会去提升管理手段，争取最优化管理。在工具理性层面，只有合理，没有善恶。通过数字赋能、信息赋权，促使政府与企业、公众等多元主体共享社会治理权力。平台服务模式能有效提升多元参与主体间的信息互通程度，实现数据在各级政府、各个部门之间的联通与共享，为政府制定和执行政策奠定可靠的数据基础。就精准化治理而言，“线上+线下”“需求+供给”联动的数字治理变革，不仅加速各类养老服务的有机融合，还推动各类社会主体间的嵌入合作及其与政府在养老服务精准供给中的良性互动。社区养老服务供给的平台化与智慧化，意味着政府治理能力的创新和社区养老服务供给治理体系的完善，是对坚持人本治理理念、追求社区公共利益、建设服务型政府的回应。

（二）社会驱动：增强协同意识

社区养老服务平台服务模式的社会驱动逻辑将落脚点放在为社区老年人提供高质量服务上，其逻辑关键在于效能。协同是社区养老服务效能实现从“巨系统”到“微生态”有效供给的关键。作为衡量协同有效性重要维度的信息共享，平台服务需要社会多主体沟通和信息共享，促进多元主体间的协同合作。在帕特里克·邓利维（Patrick Dunleavy）看来，政府治理的价值取向是服务于公民，其制度取向则体现为建立起政府、市场、社区、民众等多元主体的协同供给机制。政府应以民主沟通和群体需求为基础，引导公民积极参与需求表达与服务评价，构建起不同社会主体之间的有效沟通机制。从实践维度看，社区养老服务的供给涉及社会多元服务主体，而围绕老年人需求建设及运作的智慧化养老服务平台，以其跨领域化和层级化的特点，充当各主体间的协作机制与服务渠道，可持续提升社区养老服务多元主体的协同合作意识和协作创新水平。

社区养老服务平台的社会驱动可以增强跨领域协同意识。社区养老是一项系统工程，需要各行业、各部门合力推进。养老服务平台的巨大优势，就是利用平台属性（功能）和智慧技术跨领域整合政府、市场、社会等多方力量和资源。在社会驱动逻辑下，社区养老服务平台需兼顾全局性、前瞻性指导理念的需求，促使政府更好地履行顶层设计、资金统筹、资源配置、信息整合、主体监管等重要职能。社区作为智慧养老服务落地的基本单位和实践平台，还需要保障完善养老软硬件基础设施和培养养老工作专业人才，协助提供人性化、高效率、专业化的养老服务。此外，作为社会主体的老年人及其亲属等养老需求主体提供的数据信息和反馈评价是平台得以持续运作的源泉，平台自下而上汇集民意、聆听民声，为民众与政府、企业的对接过程提供强效驱动力。

社区养老服务平台的社会驱动可以促进养老服务网络外部性，提升层级协同水平。社会多元治理主体通过平台集聚，在开展社区养老服务过程的各环节、各层级中，通过资源协同层、技术协同层、服务协同层以及评价协同层持续提升社会多元主体的协作创新水平。首先，政府、市场、社区、民众等多方主体的各类资源在资源协同层实现集聚、整合、交换，提高资源利用效率；其次，平台化的社区养老服务网络建构，依赖于技术协同层中各互联网企业建构的线上数据网络平台，以及多元主体交流协作的线下实体服务平台；再次，服务协同层描绘了社区智慧养老服务的平台供给路线，串联起需求“汇集→存储→拆解→分析→分类→重组”到转化为养老服务的过程，为供给与需求、政企与公众、技术与服务的对接提供端口；最后，评价协同层体现供需主体对社区养老服务平台的评价，以及供给多元主体对协同过程的监管、考核、评价，生成动态即时的评价反馈数据，进而提升多主体协同水平。

（三）政府驱动：降低服务成本

社区养老服务平台服务模式的政府驱动逻辑强调国家和政府在社区养老服务过程中扮演的角色，其逻辑关键在于效率。随着养老服务现代化深入，不同利益角色的分化与竞争也日渐加剧，以政府驱动为基础的社区养老服务平台要求改变当前养老服务碎片化、条块化管理模式，降低行政和服务成本，提升社区养老服务治理水平。

1. 供给决策成本减负

社区养老服务平台可利用先进科学技术，深入挖掘、分析数据，从而预先对老年人异质化、多样化的养老服务需求做出准确的判断，及时为其提供简便化、个性化的养老服务。通过平台驱动数据共享，增进上级政府对各区域养老服务现状、问题的了解，从而进行统一规划和资源优化配置。这能有效改变过去因信息不对称、数据共享不足、需求把握不到位导致的重复建设、重复供给现象，节约供给决策成本。换言之，平台赋予智慧技术以“施展拳脚”的空间，而只有智慧技术的深度应用，才能真正降低政府和基层社区的行政负担，辅助养老服务供给主体做出准确、科学的资源配置决策，推动社区民众积极参与到养老服务决策中，进而可以减少决策失误带来的不必要的行政成本支出。

2. 管理运行成本减负

共建共治共享的社区养老服务平台日益模糊了社区养老服务供给范畴的主体边界和内容边界。通过聚合智慧技术共享信息、技术、资源，弥补/调和（缓解）不同机构、部门因信息不对称、资源不透明而导致的职能重叠、各自为政、协作低效等缺陷（问题），使管理层级和沟通层次趋于扁平化，促使养老服务供给主体采取更准确、更高效的行动。因此，平台服务模式有利于在信息共享、供需对接、资源分配等环节缩减大量成本，进而降低管理运行中的行政成本，促使社区养老服务供给从沉重的行政负担中解脱出来。

3. 服务互动成本减负

智慧化养老服务平台为社区养老服务需求拓宽了参与供给决策和展开供需对接的渠道，规范、简化了服务流程，为老年人与智慧技术的互动扫除了障碍，从而提升老年人的社区认同感和养老服务获得感。养老需求主体、各养老服务供给主体及养老服务平台在互动过程中，分别负责数据的生产、递送和分析，多方围绕养老服务各司其职、分工协作，形成高效、良性的循环式互动，从而降低服务互动成本，实现可持续共赢。平台通过智慧技术集成，并利用数字化手段细化需求数据，为社区老年人量身打造出诸如一键式服务、自助式导航、智能式问答一类的智慧养老服务，在提高服务效率的同时，也便利了社区、政府窗口，工作人员与老年人的交流互动，节省了服务供需主体间沟通的时间成本和人力成本，提高了行政效率。

洞悉上述三元驱动逻辑可以看出，社区养老服务平台服务模式是一种由多种因素共同驱动形成的治理方式。在实际问题、数字技术、养老理念、主体利益等多维条件影响下，不同地区对市场、社会和政府不同层面驱动逻辑的侧重，造成了它们在地方社区养老服务平台和实践举措上的差别。从另一方面看，市场驱动逻辑强调效益导向的养老服务产业发展和服务模式背后的经济考量，社会驱动逻辑重在效能导向的社区养老服务质量和社会功能，政府驱动逻辑突出效率导向下的政府社区养老服务角色扮演。三种驱动逻辑虽然都从不同维度为社区养老服务平台化提供了有力阐释，但是，单个维度的驱动逻辑并不足以解释整个社区养老服务治理方式，不同驱动逻辑之间的张力依然显著。面对数字化政府转型对社区养老服务整体性治理的必然要求，必须充分考量服务平台模式驱动逻辑所衍生的外在资源网络和内在数字图谱的关切，从而获得社区养老服务平台服务模式驱动逻辑的普适性解释。

二、社区养老服务平台的优化①

在现实情境中，平台化理念已成为政府治理的重要手段。蒂姆·奥莱利（Tim O'Reilly）在其著名的《政府即平台》②一文中，更是直接将平台视为政府治理领域，提出"平台即政府"，此后，英国、美国等诸多国家将平台列为数字政府建设的重要战略规划选择。与之相应，平台驱动的社区养老服务模式已成为社区公共服务治理的主流方式，但演化的动力机制存在潜在的差异。主要表现为以资源网络优化配置为导向的社区养老服务优化和以数字赋能整体性治理为代表的社区养老服务改革。前者主要基于平台外在的养老服务资源，在社区养老服务供给中实现养老资源最大化应用或资源的智慧化组合，即围绕既有资源服务社区老年人。而以数字赋能整体性治理为代表的社区养老服务模式则主要围绕老年人的数字需求配置现有养老服务，推动社区智慧养老服务流程与模式的再造，即在现有外在资源基础之上，围绕老年人数字化需求信息进行关系再造和服务再造。各地实践表明，在现行政府公共服务考核标准下，以资源网络优化配置为导向的社区养老服务模式具有较大的可行性，也是各地基层政府养老服务治理主要推崇的社区养老服务模式。

（一）供需主体多元化

就供求关系而言，社区养老服务过程本质上是养老服务供需匹配的实现过程。如何精准匹配供需双方的养老服务内容不仅取决于社区养老服务平台的搭建，还在于供需主

① 刘奕，2021. 从资源网络到数字图谱：社区养老服务平台的驱动模式研究[J]. 电子政务，（8）：40-51.

② O'Reilly T, 2011. Government as a platform[J]. Innovations Technology Governance Globalization, (1): 13-40.

体多元价值追求的精准把握。

在需求侧方面，相较于传统的机构养老，社区老年主体及其养老需求更为多元，除普通老人外的高龄老人、失独老人、孤寡老人、空巢老人、困难老人等群体皆为当前社区养老服务对象，从而扩大了社区养老服务的覆盖面。在社区老年人服务诉求上，伴随生活水平的提升，不同老年人的服务诉求也相对多元，除一般的生活照料外的医疗服务、文化娱乐、社交互动、心理关爱等专业性服务项目不断增加，其对当前社区养老服务提出了更高专业要求。

在供给侧方面，当前社区养老服务模式仍然是自上而下式的政府主导、社会参与的社区养老服务模式。政府作为一个行为主体，其施政是一个复杂的过程，同时也是一个基于资源、应用资源，甚至离不开资源的过程。从资源所有制度视角来看，政府是所有制度的主体，资源是所有制度的客体，政府需要发挥主体对客体的作用，尽到主体对客体的职责和义务，对资源，尤其是国有资源履行第一责任人的职责，对资源进行切实保护、科学管理、合理开发、有效利用。随着政府养老服务的不断深化，政府管理养老资源与市场配置资源各有侧重，需要通过优化政府模式，强化对公共资源和各种资源的公共部分的管理，为公众提供养老公共产品和服务，以促进对养老资源的科学管理。在社会参与社区养老服务中，老龄人口的不断增长，以精神关爱为代表的服务内容不断拓展，促进了社区养老服务主体的不断更迭和多元化发展，以智慧养老为代表的养老产业被视为具有“银发经济”特性的朝阳产业。然而，养老产业不是公益服务，也不是慈善事业，各方参与主体在社区养老这项复杂的网络化系统中需要整体协同，形成政府、服务企业、社会组织、运行平台、社区居委会、业主委员会、物业公司、社区服务站点、社区居民等组成的多元主体网络整体协同机制，整合彼此依赖的价值生产，通过提高服务价值、降低服务成本、建立行业标准进而突破社会参与主体中的“成本—收益、需求—接受”障碍，构建服务供给主体的价值网络。

（二）资源配置立体化

社区作为基层自治组织不仅在地理空间和治理空间上是一个立体性存在，在资源所属和管理上同样也是立体性存在。在社区养老服务过程中，既存在政府主导的各类服务项目，也不乏提供家政服务、医疗服务、智能设备等的企业参与，还有具有公益属性和志愿服务精神的社会力量支持。要实现社区养老多元化、数字化、智能化，仅仅是不同市场和社会元素参与还难以形成社区养老服务共同体，因而有必要从纵向和横向两个维度对社区养老服务资源进行立体化管理。

从纵向上看，社区养老服务当前在治理机制上仍然是以政府为主导的自上而下的运营机制。推进社区养老服务深化改革，现有主体还离不开政府在政策上和投入上的支持，各地政府和社区需要结合地区实际情况引导和制定适合社区居民需要，以及与资源实际相关的发展政策，并结合产业发展、人员队伍、养老服务水平需要，进行养老资金的有序投入。如何从纵向上厘清和协调各级政府或部门主体在社区养老服务中的资源投入、资源配置、资源使用等问题，形成服务企业、社会组织、社区居委会、业主委员会、物业公司、社区居民的养老合力和整体性服务政府，具有重要的实践意义和现实价值。

从横向上看，在各类养老模式中，不论是政府养老、社会养老，还是社区居家养老，其服务内容都存在多样性和网络性特征，养老服务既涵盖了从生活照料到精神慰藉的生活服务，也囊括了从健康管理到医疗护理的健康服务。在既定的社区管理范围内，以资源有效利用为目的的社区养老服务平台所提供的养老服务内容通常是立体网络式的。围绕社区老龄人口需求，政府和社区通常致力从医疗、生活、精神、学习等不同资源领域为社区老龄居民提供多方位的服务内容，解决老年服务高、频、急等服务难题，进而实现资源的高效性、居民的核心性、服务的动态性、项目的扩容性。在养老服务平台服务过程中，多主体的运作过程也具有层次性，即需要通过平台资源交换层、技术支撑层、虚拟转化层、服务评价层指出改变多元主体的协同合作水平。另外，作为服务对象的个体，其需求和服务过程通常也是立体网络式的，社区在为老年个体提供生活服务的同时，社区个体往往也在接受着医疗健康服务或精神慰藉等多主体、多任务的养老服务内容，以满足不同老年个体的养老服务需求。

（三）服务关系市场化

市场需求决定着经济发展的导向，养老需求直接决定着养老产业发展类型。社区老年人是整个养老服务体系的核心要素。

从服务对象来看，社区养老服务包括诸多低收入老年群体和庞大的中等收入老年群体，要实现社区智慧养老，采用“一刀切”的简单统一养老方式显然不能满足当前社区老年人对美好生活的向往。就社区家庭经济困难的低收入群体而言，政府和社区提供的服务则需要更多地考虑养老服务的公益性，从基础生活所需和体现社会主义制度优越性维度为社区老年人提供幸福的晚年保障。而对于更多中等收入的老年群体，政府和社区则应兼顾养老产业的营利性和服务的公益性，探索在二者间平衡发展的机制，譬如，以市场购买方式提供政府外包的阶梯性养老服务在为不同老年群体提供个性化服务的同时，降低老人的生活支出，进而保证养老产业的良性运转和养老服务的惠民公益性。

从服务提供者来看，养老服务企业或组织所具有的趋利性与养老服务的公益惠民性存在悖论。在现有压力型体制下，养老服务供给主体利益趋于复杂化，科层制下的部门专业化分工和社区多目标发展方向，往往会形成部门利益之争，加剧主体间的“缝隙”和竞争关系，并外化为公共服务的碎片化。广大的中低收入社区老年人群需要服务企业降低服务成本，而降低成本势必影响到服务质量和老年“顾客”的服务满意度，甚至导致产业运营环境的恶化。对此，多数地方政府和社区采取了政策补贴或税费减免等优惠政策，虽然暂时从形势上缓解了社区养老服务供需双方的矛盾，但产业招商投资困难和养老扶持保障政策现实问题依然突出，真正良性运营的养老服务产业仍然尚未形成。

从服务支持者来看，政府作为社区养老服务的有力支持者，相较于传统的机构养老，不仅需要从政策和公益服务上予以支持，在组织管理上加以完善，还要结合“公司化”的手段，对社区养老服务给予经济补偿和市场化规范。运用经济杠杆和资源配置调节好服务供需双方的利益诉求，最终达到企业市场化参与竞争，使社区老年人市场化享受个性养老服务。

三、社区养老服务网络智能平台的构建①

社区养老服务网络智能平台是以供给养老服务为目的，运用大数据、云计算等核心技术对线下信息、资源的识别、分析、整合并利用的综合性服务平台，主要包括档案管理中心、运营中心、监控中心、信息中心等模块，通过智能化的服务终端为社区老年人提供生活照料、医疗保健、家政服务、情感交流等多元化的养老服务，从而改善传统养老服务方式的弊端，缓解当前严重的人口老龄化压力，提升养老服务的质量与满意度。在其服务功能方面，网络智能平台通过终端层、网络层、平台层和服务层四个层次之间的相互连接作用，整合各个层次的资源发挥信息优势，实现线上服务与线下服务的融合发展。

（一）终端层

终端层是指智能养老服务设备，通过老人对智能设备的使用将相关数据信息传送至网络智能平台提供相应的养老服务。智能养老服务设备主要包括移动通信设备、智能理疗设备、生命体征检测器、便携式数据传感器等，在终端设备的选择上老人可根据自身状况、兴趣爱好、使用习惯等进行差异化选择，终端设备的设计也应结合老人的特点，使用程序尽量便捷、灵活，适用于老年群体。老人的服务需求通过智能设备由网络层输送至平台层，并由社区养老服务中心进行及时处理。平台层通过终端设备对老人进行远程监控与健康数据采集，经过数据分析处理定期将健康分析报告与建议传送到老人及其子女的终端设备，以便采取科学合理的医疗诊治和保健服务。

（二）网络层

网络层是串联终端层、平台层和服务层的载体，是网络智能平台正常、平稳运营的前提和基础，同样也是平衡养老服务需求与供给的重要因素。随着互联网时代深入发展，公众对网络的使用率逐步提高，网络信息量不断增加，对网络层的基础设备和技术服务要求也越来越高，政府部门应发挥主导作用，加强互联网基础设施建设，加大互联网基础设施建设投资力度，进行网络提速与废旧、低效设备的淘汰更换，提高网络通信服务效率与水平，为智能化养老产业发展奠定基础。

（三）平台层

平台层是社区养老服务中心对整个养老服务系统的总控制中心，也是网络智能平台的大脑中枢结构。平台层主要包含养老档案管理、养老安全管理、养老数据库及养老事务管理几个部分。平台层对终端层的需求信息、基础信息进行接收、分析、处理，通过网络层传递至服务层开展具体服务项目，同时接收终端层老人和子女的服务反馈与评价。平台层承担对服务层供给养老服务的质量监督与管理，保障服务质量与满意度，同时将服务情况与效果反馈至服务层。作为统筹管理运营中心，平台层决定着网络智能平台的整体服务水平与发展程度，其难点在于老人档案资料、业务开展与跟进及公共事务信息

① 李振星，2019. 社区养老服务的网络智能平台构建研究[J]. 电子商务，（4）：37-38.

等大数据的分析、处理。

（四）服务层

服务层是由养老服务机构与企业、医疗护理机构、保健康复中心、智能设备开发与销售商等构成，具体服务内容包括生活照料、医疗救助、康复护理、生活娱乐休闲等。其中医疗护理服务是整合当地社区卫生服务站、医院的服务资源，通过网络智能平台进行专家预约、排队挂号、病情咨询等相关助理服务，智能化提升服务效率，及时进行医疗救助，改善当前医疗资源地区性分布不均的现状。生活照护类服务是老人通过可穿戴智能设备以移动呼叫设备发出需求，由网络智能平台安排养老服务机构人员上门服务；精神需求服务同样可以得到满足，主要包括心理咨询、心理疏导、陪伴聊天、心理慰藉等。服务层的设计是根据差异化的个体需求提供个性化、定制化的配套养老服务，因此，老人健康档案的建立，大数据的分析处理、市场潜在需求挖掘成为服务层的工作重点。

第三节 社区养老服务体系的管理

社区养老服务是社会养老服务体系的重要组成部分，兼具社区日间照料和居家养老支持两大类功能。我国社区养老服务主要有社区居家养老服务、日间照料和短期入住服务、社区老年人活动中心等设施提供的养老服务和兴建养老社区四种。总体而言，我国社区养老服务有了长足发展，但仍然面临许多挑战和问题。可通过以下几个方面进行改善：一是加大社区养老宣传力度，增强养老意识；二是加强社区养老设施建设；三是开拓资金来源，提供多元化社区养老服务。

一、加大社区养老宣传力度，增强养老意识

多数居民的社区养老意识不强，必须加大社区养老的宣传力度，让越来越多的人了解社区养老，参与社区养老，具体措施如下。

（一）鼓励非营利组织和志愿者加入社区养老服务建设

对于社区养老的宣传应该加大，不管是政府部门还是社区都应该从宣传上下功夫，使社区养老的意识深入人心，推进社区养老的发展，并把它做大做实。具体宣传方向有以下几点：一是合理利用宣传栏，在小区的宣传园地，设立养老宣传布告栏，宣传社区养老的必要性和必然性；二是组织专题会议，召开社区养老专题会议，对社区养老进行宣传，并讲解相关方面的知识，让更多的居民了解社区养老、支持社区养老，让越来越多的人参与到社区养老当中来；三是充分利用社区有威望人群的作用，社区老党员、离退休老干部在社区拥有较高的评价，他们的参与更能带动人们的积极性，充分发挥他们的作用，组织开展多种多样的活动，顺其自然地融入社区养老理念，从而加强居民对社区养老的重视。

社区养老服务离不开社会上爱心人士的支持，希望更多的志愿者加入到社区养老当

中，将自己的闲暇时间奉献给社会，奉献给社区养老的志愿服务活动，弘扬中华民族传统美德。

大力支持创建多类型的养老服务志愿组织，为养老服务业贡献自己的力量。鼓励单位职工、学生积极参加养老志愿服务活动，并将这些志愿者纳入登记。服务窗口还要创建专门的敬老窗口，社区、街道两级一站式服务窗口对老年人开通绿色通道，实行优先办理等特殊对待。

（二）发展社区居民间的互助养老服务

在老年人中年纪较轻者或者身体状况较好以及愿意为他人服务的老年人可以自愿加入到志愿者队伍，如身体健康且愿意为他人服务的老年人可以开展对高龄老人的护理照顾服务，这样一方面缓解了这类身体健康的老年人的寂寞感和孤独感；另一方面，这类身体健康的老年人实现了自我价值，找到了存在感。社区邻里互助点就是这样一种模式，社区鼓励健康或低龄老年人加入到志愿互助服务当中，将自己的这些付出存入“时间银行”里。65周岁以下、身体状况良好的老人可以与孤寡高龄老人结对，向他们提供力所能及的帮助，这类身体健康的老年人的这些付出都可以计入“时间银行”。而当这些人需要帮助的时候，“时间银行”将回报这类身体健康的老年人之前的付出，通过管理“时间银行”的社区为他们提供援助人员。

二、加强社区养老设施建设

要想比较好地发展社区养老，就需要社区做好社区养老的硬件设施建设。硬件设施建设是开展服务的基础，硬件设施建设不仅要保证数量，更要保证质量和安全性，同时这些建设一定要有实用性。

（一）合理规划养老设施建设

1. 打造老年人活动场所

在打造老年人活动场所时，社区工作人员需实地调查社区，考虑多种因素，合理布局社区空间，充分利用现有的空间资源，避免资源的浪费，没有现有空间而有条件兴建活动场所的要积极兴建老年人室内外活动场所。还可以依据老年人需求兴建图书室、活动室、健身康复室等多个功能室。老年人活动场所空间的利用率一定要高，同时必须对老年人活动所存在的安全隐患有一个全方位的预估，并做好安全设施预防。上级相关部门要给予社区政策指导和财政拨款，积极推进“六室一校”的建设：日间照料室（又叫休息室），配上休息用床。配餐室，配有厨房、就餐和送餐设施，根据不同情况，可以提供送餐服务或食堂。阅览室，配有报刊和图书。室内图书分类分区域摆放，书籍涉及人群有儿童、青少年和老年人，同时免费向老年人借阅书籍。文体活动室，安装配置相应的活动器械、音响设备等。健身康复室，安排专业的按摩治疗师，利用康复器械或健身设备，为老年人提供有关服务。医疗保健室，为老年人建立健康档案；开展基本的医疗检查；配置的药品可以满足老年人常见病症的治疗需求；开展上门的健康体查、保健咨询等项目；开通老年人绿色通道，老年人就医不仅优先还可以优惠。老年人学校，有多媒体、黑板等基本教学设备及一些基本学习用品，开设社区老年人课堂，定期开展康复保健课程、手工课程、书法绘画等老年人感兴趣、符合老年人身心健康的课程活动，满足老年人对知识的追求和渴望；有条件的地方还可以开设社区心理咨询服务，主要对老年人的心理健康进行疏导，保障老年人的身心健康；聘请专家对有需要的老年人提供专业的心理疏导，消除老年人的不安、焦躁等情绪，满足老年人对精神生活的需求。

2. 充分利用社区及周边单位的闲置资源

积极调动周边驻地企事业单位的积极性，让它们把自己的闲置资源贡献给社区养老，或提供场地或共用场地，然后进行资源的合理配置，尽最大努力满足老年人的服务需求。周边单位的闲置资源得到盘活，此举既得单位的认可还能缩减养老成本。

3. 无障碍环境建设

开展无障碍环境建设，在楼梯加装扶手、电梯臂及进行单元门斜坡的改造，全面推行上级部门对无障碍环境建设的要求，这样可以让老年人的活动更加方便，同时可以提高资源的利用率。

4. 安装健身器材

在上级经费或彩票公益金的支持下，尽量多地安装社区内活动、健身器械，定期维修或淘汰一些不安全或不符合老年人体质的器械，一定要安排专人对器材进行定期的全面检查和维护。安装器材必须符合老年人的年龄特征，不能安装动作幅度大、体力消耗多的器材。安装的健身器械尽量做到品种繁多，且质量一定要有保障。

（二）丰富养老设施内容

1. 开展日间生活照料服务

当前，很多老年人生活现状为部分老人丧偶且未和子女一起居住，他们的日常生活有着诸多不便。社区服务人员、志愿者、楼长等热心社区公益事业人群应组建社区巡视队伍，定期巡视独居老年人的生活情况。热心社区公益事业人群可定期向独居的老年人询问日常生活需求，并对这些需求进行汇总。社区养老服务机构则定期收集这些信息，并根据这些信息来改变自己所提供服务的内容。巡视队伍在听取需求时还应调查社区居民对社区养老服务的满意度以及老年人的反馈意见。社区应大力倡导“远亲不如近邻”活动，鼓励邻里之间互相帮助、和谐友善，加强社区养老服务人员、派出所警察与独居老人之间的联系，特别是对高龄独居老年人的巡视频率要高于其他年龄段的老年人。为保障能够及时发现问题，社区还为高龄独居老年人配备了老人通等求助设备。设备主要有以下几个方面的功能。

（1）扩大社区服务中心的功能。例如，社区养老服务站依托三个（区、街道、社区）养老服务信息网，开展“一键式”拨通服务，如为老服务热线、12349 社区服务热线等来电信息服务，为老年人提供吃、穿、住、用、行等服务。有的地区还可以建立社会化的社区养老服务后台机构，吸纳家政服务公司进行卫生打扫或供餐送餐等服务；吸纳物业服务公司鼓励居民开展娱乐活动等为老服务项目。

（2）丰富社区日常生活照料服务。例如，建立日间照料中心，让平时子女无暇照顾及陪伴的老年人有所依托；经常性地开展志愿者服务活动，尤其是为老、爱老志愿服务活动，如帮助老年人打扫卫生、陪老年人聊天等；鼓励老年人“走出去”，融入社会，积极加入到社区养老服务站组织的多种文化娱乐活动，丰富其晚年生活；倡导社区辖区内的企事业单位发挥各自的优势，多组织志愿活动，为老年人提供服务或场地。

（3）家政服务进社区。人年老时身体不像年轻时那么轻便，一些家务劳动干起来也比较吃力，老年人对家政服务还是比较需要的。例如，管道维修、家电维修、小时服务、雇佣保姆等服务。社区管理人员可以通过招投标的形式公开选择口碑、质量均过硬的家政服务公司，家政公司的服务质量由社区和街道共同进行监督和质量考核。家政服务内容必须能够满足老年人的需求，相关部门也应保障家政公司的权益，这样可以营造出互利共赢的局面。

（4）送餐到家业务进社区。老年小饭桌服务在一些小区已有开展，但是老年小饭桌只能在小区吃，这就影响了那些无法走出家门的老年人，所以说送餐到家业务更适合不便于行动的老年人。社区一方面可以发布配餐需求，多渠道寻找送餐公司；另一方面实时监督送餐公司。送餐公司还可提供双向选择的用餐服务，老年人与送餐公司可以互相沟通所需食物，这样就在最大程度上满足了老年人的用餐要求。此外，街道还负有对这些过程的监督管理职责，对于服务质量等无安全保证的送餐公司坚决不用；当然我们也会对进入社区养老的送餐公司给予一定的权益保障。

（5）开展代办服务。开展“我来帮您办”服务，即针对出行不方便或不愿出去的老年人，由社区养老工作人员向这些老年人提供代领、代购、代缴费等其他代办服务，这样既保障了老年人的正常生活，又解决了老年人子女的后顾之忧。

（6）开展走访慰问服务。可以开展“做您子女”的社区志愿活动，即每逢节日或老人生日，社区工作人员或学生志愿者到空巢或独居老人家中，和老人一同过节日、给老人过生日、陪老人聊天，给老人送去亲情，送去关爱，让老年人感受到亲人般的温暖。

（7）开展法律进社区服务。让法律走进社区，在社区设立法律调解室，老年人可到调解室进行咨询或请求矛盾调解，尽可能保障老年人的权益。经常性联合公检法或律师事务所开展法治宣传活动，提供法律咨询和解答等服务。

（8）对有特殊情况的老年人进行特殊照顾。政府对经济拮据或生活有困难的老年人特殊人群应给予特别的照顾，老年人特殊人群一般可以通过经济补贴、无偿服务或低偿服务的方式来享受服务。一些地方政府对“三无”“低保”老人均发放政府购买服务补贴，该补贴依托社区、街道和社会上其他相关的组织或机构可购买社区养老机构以及其他社会服务组织的服务。

2. 开展医疗保健服务

（1）举办养生保健常识讲座。养生和健康保健等知识是当代人们越来越关注的一方面，报纸、电视、网络等媒体也经常播放或刊登这类信息。社区虽然没有这些传播媒介，但是可以举办这方面的讲座，如邀请专业人士对养生保健这些方面的知识进行讲解；根据巡视队整理的老年人的多类需求，举办各类专项的健康讲座，拟定出具有针对性的、浅显易懂的预防方案，让老年人掌握老年病预防的基本知识。

（2）提高和完善社区卫生服务站的各项服务。社区卫生服务站是离群众最近的基层服务站，其规模需要进一步扩大，医疗水平需要进一步提升。例如，社区卫生服务站可以大力推广门诊巡视制度；定期邀请大医院的专家医生到社区卫生服务站为老年人看病；丰富和更新社区卫生服务站药品种类和数量，以满足老年人对药品的多样需求；及时更新淘汰落后的医疗设备，提升社区卫生服务站的硬件水平。此外，社区养老服务人员应按照医生的建议及时提醒督促老年人按时服药或陪同老年人看医生，协助进行辅助医疗，测量老年人的血压、体温等。同时，医疗室还开展健康咨询服务，老年人可以通过电话咨询、网站浏览、听取讲座等形式获得老年人康复护理、保健预防、老年期营养及心理健康等方面的知识。

（3）组建正规合法的医疗健康护理业。像送餐服务、家政服务一样，老年人也希望能够有医疗服务进家门。但就目前来看，我国的居家养老服务护理项目较为单一。政府应加大宣传力度并制定相关政策，社会团体或组织应主动发现市场新需求，发展出较为正规的医疗健康护理业，为老年人提供医疗健康护理的服务。街道、社区则应利用市场手段，结合社区实情对所需的服务量身定做自己的服务项目，同时监督其提供服务的质量。在此基础上，可升级新的社区养老，探索新型社区养老模式即引进医疗机构或组织进驻养老服务站，由卫生服务中心安排相关的医生团体到社区为老服务站进行医疗巡诊等。老年人在社区就可以获得看病、咨询保健等方面的知识以及一些中医养生常识，医疗卫生资源实现进入养老机构。医疗健康护理业应参照老年人需求并结合不同老年人的生活现状来分析确定所要服务的内容，努力提供高水平的养老服务。

（4）合理利用医疗保险。社区将在养老服务站内设立医疗机构或合作的医疗机构，如果有服务站符合医疗定点条件，那么政府就要帮助它们成为定点医院或纳入定点范围。此外，还应帮助行动不便的老年人打通医疗保险的办理或报销的快捷通道，街道也要积极倡导辖区老年人购置意外伤害险、护理险等商业保险，以减轻老年人看病护理的经济压力。

3. 开展精神文化服务

老年人养老对于精神文化也有比较高的需求，如下一些措施可以满足老年人的精神文化需求。

（1）丰富社区文体娱乐活动。为了更好地让老年人得到精神文化熏陶，社区应积极争取省（自治区、直辖市）资金在社区内及社区之间成立各种兴趣小组，如合唱团、舞蹈队、腰鼓队、足球队等社区团体。针对老年人对表演、练习书法、手工编织等的需求，一方面，可以开办具有一定规模且活动丰富、具备良好安全防护设施的老年活动站；另一方面，应鼓励更多的单位、组织等社会团体参加到老年活动当中。各机构、组织发挥自己的力量和优势，有钱的出资、有场地的提供场地、有特长的教授特长，总之，让老年人学到特长，充分展现自己的才华，感受多姿多彩、充满乐趣的老年生活。

（2）开展关注心理健康活动。随着社会的不断发展，人们的权利意识得到加强，越来越多的人在心理方面有了新的需求。而一些单独居住、没有人陪着聊天的老年人或多或少有些心理问题，针对这些老年人群体政府部门可以建立心理咨询室，邀请专业的心理医生或是高校的心理学专家对其进行心理疏导。政府部门还可以在心理咨询室合并建立法律咨询室，聘请公检法人员或者律师来提供咨询服务。对于这两种服务，社区应当提供必要的场所，同时号召相关志愿者和社会单位等参与到这两种服务中。依托心理保健室，进行心理保健教育的服务，让老年人了解自己当前心理特点并掌握基本的沟通技巧，使老年人能够正视自己的生活现状和身体状况并保持良好的心态，积极健康地生活。依托司法所，实行法律进社区的服务，免费为老年人提供法律咨询和法律援助的服务。

（3）充分利用社区现有人才资源。吸纳对社区活动比较积极且身体健康的老年人加入到社区老年精神文化活动中来，尤其是从行政机关退休的老年男性，他们具备一定的组织和管理能力，可以引导更多的老年人参与到社区活动当中。

4. 其他服务

一些老年人由于身体情况可能会需要比较特殊的特护服务；有的老年人可能还会需要相关机构平时未提供的服务，这时就需要相关机构根据老年人的特殊要求提供一些定制服务，做到多方位满足老年人需求。

三、开拓资金来源，提供多元化社区养老服务①

养老要花费大量的物力、财力，老人养老存在的根本性问题就是养老资金的来源问题。养老资金来源需要各级政府部门多措并举，开拓渠道，多元化寻找，调动社会上一切可以调动的力量，鼓励社会捐赠、公益性投资和社区筹措，进一步拓宽养老资金渠道，增加养老可用资金，从而打造由政府主导，社会多方参与投资，市场化运作的多元化发展机制。

（一）加大政府财政投入

党的十八大报告提出关于城乡社会保障体系建设方面的不足调整，以推进养老服务产业，来有效解决老龄化产生的影响。

推进国家各项服务事业平稳且快速地发展是政府义不容辞的责任和义务，政府应合理运用宏观调控手段，将社会组织引向健康有序的发展方向，达到城乡社区服务功能加强，充分展现出我国政府主导、群众参与的良好局面。

从国家层面角度来说，老年人的财务支出保障必须得到提高，我国的财政支出结构就必然要做出改变。但是，国家财力必定有限，财政支出不可能一味地加大，与此同时，我国财政供养的人数一直是正增长的势头，在老年人这方面的行政、福利等支出数额非常惊人。针对此种现状，应削减有关支出，如大力遏制“三公”消费等支出，将省出来的资金放到社会养老上等等。国家可鼓励省、市一级，利用公益性基金支持社会服务；利用政府对市场的调控，鼓励个人、企业或其他组织向基金捐赠，同时让它们享受政府的优惠政策，这样可以获得比较多的资金。在政府预算上，每年应该有关于养老的预算，且预算应该具有多样性，社区大的预算高一些，社区小的预算低一些，资金一定要落实到位。其中，社区基础设施建设资金和社区服务人员工资的经费保障切实保证了社区养老运转所需的服务基本资金。如在一些区级政府就有养老服务体系建设经费的财政预算，并制定了《关于加大养老服务体系建设经费投入的暂行办法》。街道要有效合理地利用

① 金易，2012. 人口老龄化背景下中国老年人力资源开发研究[D]. 长春：吉林大学.

政府补助，将这项补助专门用于社区养老建设，使用的过程中做好记录，且安排相关人员进行监督。每一笔支出都有详细的记录，每一个步骤都有人监督，做到专款专用，保证资金落实到位。

（二）充分利用其他资源

合理利用社区资源。政府应统筹协调社区内的现有资源，如社区的广场、闲置场所以及健身路径都可以供老年人使用，将社区有限的资源进行资源共享，使闲置资源得到有效的利用，这不仅可以减少政府的财政支出，还可以优化资源。民政部门作为社区养老的直接实施者，要加强对社区养老服务的工作组织指导和管理，并出台相应的管理办法。卫生部门要尽可能地配合社区养老，给社区养老服务机构提供医疗卫生服务的支持。劳动保障部门要对从事老年社区服务的职工给予优惠政策。文体部门要对社区养老的室内外活动场地提供一些体育健身设施，向社区老年人自发组成的老年社团提供指导和资金支持，多组织活动，调动这些老年社区组织的积极性和活跃性，让老年人乐在其中。共青团要经常性地组织青年志愿者或者义工到老年人家中帮助做家务、陪老人聊天。中华全国妇女联合会要维护妇女、儿童和老年人的权益，老年人的权益更应该得到保障。司法部门要提供法律咨询、法律援助及矛盾调解服务，要充分保障老年人的司法权益，尽量维护他们的利益。

社区资源整合方面，一定要提高社会捐赠的积极性，利用社区人力、物力等资源，争取到社区内的一些爱心企业和个人的资金支持。社区一定要开拓思路，寻找多角度来源的资金让更多的社区资金流向社区养老当中来，如动员企业等营利组织以赞助的形式进行捐赠。

创建一种服务代偿制度，让想参与社区养老的机构在制度的运行下竞争。大力支持由政府出资进行养老的基础设施建设，建成后再由专业的机构团体负责运行养老机构的模式。企事业单位、民间组织、社会团体或者个人等社会力量在政府的支持下推出政府购买服务券，可免费发放给困难人群，使低保老人、三无老人等特殊群体的老年人也可以享受社区综合服务。政府要持续推行该做法，使之成为一种制度性的安排，并能够成为纳入社会保障体系中的一种，从而造福更多的老年人。

第七章　机构养老服务管理

本着以老年人为本的服务理念，围绕老年人的各项需求，充分满足机构休养老年人安享晚年幸福生活的愿望，是健全完善机构养老服务基本内容的重要指南，是调整优化机构养老服务的精准导向，是整体提升机构养老服务品质的基本要求。随着中国人口老龄化的迅速发展，中国的养老机构迎来了一个千载难逢的机会。

第一节　机构养老服务的内容

机构养老作为一种最主要的社会化养老方式，其最重要的功能是为在养老机构如老年社会福利院、养老院、敬老院等场所的老年人提供生活、护理、医疗等方面的服务，从而提高老年人的晚年生活质量。根据 2013 年国家质量监督检验检疫总局（今国家市场监督管理总局）、国家标准化管理委员会批准并发布的《养老机构基本规范》的规定，各类养老机构应当为机构内的老年人提供生活照料服务、膳食服务、康复服务、护理服务、医疗保健服务、心理/精神支持服务、文化娱乐服务、咨询服务、安全保护服务、清洁卫生服务、洗涤服务等十一类服务，同时各类服务的要求也有相应的规定。本节主要介绍老年人的生活照料服务、膳食服务、护理服务、医疗保健服务、心理/精神支持服务和文化娱乐服务[①]。

一、生活照料服务

生活照料服务是指为老年人提供饮食、起居、清洁等服务的活动。生活照料服务能够满足老年人的基本需要，如食物的需要、排泄的需要、舒适的需要、活动和休息的需要、安全的需要、爱和归属的需要、尊重的需要和审美的需要等。

（一）老年人生活照料服务的内容

老年人生活照料服务的内容包括个人清洁卫生服务、穿衣服务、修饰服务、口腔清洁服务、饮食服务、排泄护理、皮肤清洁服务、压疮预防等。

（1）个人清洁卫生服务包括洗脸、洗手、洗头、洗脚，协助整理个人物品，清洁床铺，更换床单等。

（2）穿衣服务包括协助穿脱衣裤、更换衣物、整理衣物等。

（3）修饰服务包括洗头、洗脸、理发、梳头、化妆、修剪指甲、剃须等。

（4）口腔清洁服务包括刷牙、漱口、清洁口腔、保养和清洁假牙等。

---

① 许虹，李冬梅，2015. 养老机构管理[M]. 杭州：浙江大学出版社.

（5）饮食服务包括协助进食、饮水或喂饭、管饲。

（6）排泄护理包括定时提醒如厕、提供便器、协助排便或排尿，实施人工排便，清洗或更换尿布等。

（7）皮肤清洁护理包括擦洗身体、清洗会阴、沐浴和使用护肤用品等。

（8）压疮预防包括保持床位干燥、清洁、平整，定时翻身、更换卧位，减轻皮肤受压状况，清洁皮肤及会阴部等。

（二）老年人生活照料服务的要求

（1）生活照料应由养老护理人员承担，并根据老年人的具体需要提供相应的照料服务。

（2）养老护理人员在提供生活照料服务的同时，贯彻尽可能维持和促进老年人自理能力的工作理念。

（3）养老机构内应配备生活照料服务必要的设施与设备；用文字或图表说明提供个人生活照料服务的范围、内容、时间、地点、人员、服务须知等。

（4）养老机构应制定各项生活照料服务规范，能根据老年人的生理、心理特点提供优质的服务。

（5）养老机构应保留其对老年人个人生活照料方面所提供服务的文件和记录，并定期根据检查程序对个人生活照料服务进行效果评估。

二、膳食服务

膳食服务是指根据老年人的实际健康状况，提供均衡营养饮食。膳食服务是养老机构最基本的服务之一，对老年人的生活有着至关重要的作用。科学合理的膳食不仅能够满足老年人对食物和营养的需求，同时有助于延缓或减轻老年人各种疾病的发生和发展。

（一）老年人膳食服务的内容

老年人膳食服务主要是指养老机构的服务人员对老年人提供的饮食服务，包括饮食环境的准备、饮食种类的选择、就餐时间的安排和就餐时的注意事项等。

1. 饮食环境的准备

（1）安全：保证老年人在就餐过程中的安全是工作人员的首要任务，应做到就餐处地面干燥，防滑；餐桌的桌边应圆滑，桌椅高度适宜，底部有防滑垫。

（2）整洁：环境整齐而干净可增加老年人的食欲。因此，就餐场所应定期消毒，设施布置合理有序；适当摆放绿色植物于室内，既可以清新空气又可以使老年人心情愉悦；桌面干净，餐具摆放整齐；餐具符合老年人的使用习惯，并定期消毒。

（3）舒适：用餐处灯光明亮但不刺眼；椅子上配有坐垫以增加老年人的舒适度；对于卧床老人应协助老年人取舒适体位进餐；对于有认知障碍的老人，餐桌的布置应尽量简洁，避免使用有图案的桌布。

2. 饮食种类的选择

（1）普通饮食：适合于身体状况较好，对饮食没有特殊禁忌的老年人。饮食宜清淡、易消化，荤素搭配得当，蛋白质以鱼肉、瘦肉等优质蛋白为主；注意烹饪方法及保证饮食色香俱全。对于有口腔疾患、胃肠道疾患、消化不良的老年人可以根据情况为其提供半流质、流质饮食。

（2）特殊饮食：某些疾病对饮食有特殊的要求，对患有此类疾病的老人需要为其提供特殊饮食，主要有糖尿病饮食、低盐饮食和忌碘饮食。第一，糖尿病饮食。饮食控制是糖尿病患者一项重要的治疗措施，在为糖尿病老人提供饮食时，应该遵循糖尿病患者的饮食原则，控制饮食热量及甜食的摄入。第二，低盐饮食。患有高血压、肥胖、冠心病、肾功能不全的老人应严格控制钠的摄入，以延缓心血管功能的恶化。第三，忌碘饮食。甲状腺肿大的老人需要忌碘饮食以免诱发甲亢或甲状腺危象。因此，甲亢或甲状腺肿大的老人的饮食中应该严格控制碘的摄入。

3. 就餐时间的安排

除老年人因疾病原因或有特殊要求外，一般就餐时间应安排在下列时间段：7：00～9：00 为早餐时间，12：00～13：00 为午餐时间，17：00～18：00 为晚餐时间。

4. 就餐时的注意事项

老年人就餐时应注意以下几点：①根据老年人的身体状况、患病情况及饮食偏好等选择饮食种类、进餐次数；②注意保持饮食多样性，过于单一的饮食种类会影响老年人食欲，同时不能使老年人得到丰富全面的营养；③老人的就餐时间应相对固定，使老年人保持规律饮食，利于健康；④鼓励老年人尽量离开床位，在欢快愉悦的氛围中进餐；⑤就餐过程中注意倾听老人对饮食的意见，以便为老人提供最佳的饮食。

（二）老年人膳食服务的要求

（1）膳食服务应遵循专业化、个性化、科学配餐和鼓励老年人自理自立的原则。

（2）膳食服务的整体环节如食品的采购、加工、配送，食物的制作、分发等过程应安全、卫生，送餐用具应保温、密闭。

（3）养老机构应根据老年人的身体状况及需求、地域特点、民族、宗教习惯等制定菜谱，提供均衡饮食。

（4）膳食服务提供者，如食品采购员、厨师、配餐员、勤杂工等，均应由持有健康证并经过专业培训合格的人员承担。

（5）养老机构内应配备提供膳食服务必要的设施与设备。

三、护理服务

护理服务是指为老年人提供促进身心健康的医疗照护的活动。护理服务是养老机构服务的主要内容之一，其目的是以照顾老年人日常生活起居为基础，用护理理念和护理技术辅助老年人尽量维持现有的生活能力和健康状况，最大限度地延长老年人自理自立生活的期限，尊重老年人的基本需求、心理需求及自我实现的需求。老年人护理服务的内容包括基础护理、健康管理、健康教育、治疗护理、感染控制等。

（一）基础护理

1. 生命体征的观察与护理

（1）体温：视老人情况定期测量体温。体温异常老人的护理：①密切观察病情，包括面色、脉搏、呼吸、血压及一些伴随症状，如有异常，立即与医生联系；②体温在 39℃以上时进行物理降温，可用冷毛巾、冰袋在头部、大动脉处作局部冷敷，也可采用温水擦浴、酒精擦浴等方式；③体温在 32～35℃为轻度体温下降，体温在 30～32℃为中度体温下降，体温低于 30℃为重度体温下降，严重体温下降可危及生命。对体温下降者要做好保暖，调节室温至 22～24℃，给予衣物、毛毯、棉被、热水袋等保暖。

（2）脉搏：正常脉率为 60～100 次/分，脉律均匀，间隔时间相等。脉搏异常老人的护理：①加强观察脉搏的频率、节律、强弱及老人自觉症状，观察有无药物引起的不良反应，发现异常及时报告医生；②做好心理护理，控制情绪激动，消除紧张恐惧心理，稳定情绪；③注意休息与活动，避免剧烈活动，勿用力排便，戒烟限酒；④在医嘱指导下做好相关疾病护理。

（3）呼吸：安静状态下呼吸频率为 16～20 次/分。呼吸异常老人的护理：①评估老人目前健康状况，观察有无咳嗽、咳痰、气急及胸痛等症状，帮助有效咳嗽，保持呼吸道通畅，发现异常及时报告医生；②保持环境安静、空气清新，调节好室内的温度、湿度；③根据病情合理安排休息与活动，剧烈、频繁的咳嗽需取合适的体位卧床休息；④根据健康状况适当增加蛋白质与维生素摄入，给予充足的水分和热量；⑤保持心理安静，根据医嘱给予氧气吸入，半坐卧位，以改善呼吸困难情况。

（4）血压：正常成人安静状态下血压范围为：收缩压 90～140 毫米汞柱，舒张压 60～90 毫米汞柱，脉压 30～40 毫米汞柱。血压异常老人的护理：①要定部位、定时、按要求准确监测血压，教育老人遵医嘱用药，不可随意增减药量、停药或自行更换药物；②平时合理饮食，减重、限盐、戒烟限酒，有规律锻炼，保持心情舒畅，避免大喜大悲；③体位性低血压预防，老人从卧位、蹲位站立要慢，早晨起床先在床上活动半分钟、床上坐半分钟、床沿腿下垂坐半分钟，再慢慢站立。

2. 饮食护理

（1）进食前护理：衣帽整洁，洗净双手，做好饮食选择，安排舒适的就餐环境，及时准确地分发食物。

（2）进食时护理：观察老人进食，需要时协助老人进食，对不能自行进食的老人，应耐心喂食。

（3）进食后护理：及时撤去餐具，清理食物残渣，整理床单位，协助老人洗手、漱口，同时做好必要的记录。

（4）管饲护理：对不能经口进食的老人需要管饲饮食，要求如下：①管饲液应现用现配；②管饲之前先测温度，管饲液的温度在 38 摄氏度左右；③据医嘱选择、配制管饲液；④保持老人口腔清洁，定期更换胃管。

3. 排泄护理

（1）尿量、尿液异常的护理：当老年人出现少尿、多尿、尿频，或尿急、尿痛、尿液颜色异常时，及时通知医生；多饮水；遵医嘱用药。

（2）尿潴留的护理：叮嘱老人放松，评估尿潴留的原因；采取诱导排尿措施；上述措施无效者，协助医护人员导尿，做好留置导尿的护理。

（3）尿失禁的护理：保持会阴部皮肤清洁干燥；多饮水，预防泌尿道感染；进行盆底肌肉功能锻炼，促进排尿功能恢复；做好心理护理，必要时引流尿液。

（4）便秘的护理：增加膳食纤维和水分的摄入；养成定时排便的习惯；提供适宜的排便环境；安置舒适的排便体位；腹部按摩促进排便；协助老人使用通便剂；必要时遵医嘱用药或协助灌肠。

（5）腹泻的护理：观察排便的性质、次数、大便量；必要时留取标本送检；保护老人肛周皮肤；观察脱水情况，及时补充水分和电解质；遵照医嘱用药。

（6）大便失禁的护理：保持皮肤清洁干燥，预防压疮；保持床褥、衣服清洁；维护老人尊严，做好心理护理；做好饮食管理；帮助老人重建控制排便的能力。

（二）老年人的健康管理和健康教育

1. 健康管理

老年人健康管理是对与老年人生活方式相关的健康危险因素进行全面管理，提供科学的健康指导、健康生活方式干预，从而调动其自觉性和主动性，同时有效地利用有限的资源来最大限度地改善老年人的健康状态，达到预防疾病发生、提高生命质量、降低医疗费用的目的。养老机构中老年人健康管理的内容包括以下几点。

（1）老年人健康信息采集。在老年人入住养老机构时应对老年人的基本信息进行采集和登记，主要包括老年人的基本情况（如性别、年龄、学历、医保情况等）、目前健康状况与疾病的控制情况、目前用药情况、既往健康史、疾病家族史、生活方式（是否抽烟、喝酒等）、一般社会状况（家庭支持情况、社会交往状况）以及入院时所做的各项体检项目。

（2）健康档案建立与管理。入住老人均需要建立健康档案，将收集到的老年人资料建成一个档案，档案的建立应具有真实性、科学性、完整性、连续性及可用性。对某些不明确的地方可向家属求证后再登记，登记后不应随意修改。每位老人的健康档案应由专人管理并定期更新。

（3）健康体检。每年为入住老年人提供规范的健康体检一次，以发现潜在的健康问题。主要包括体格检查（测量血压、体重和身高、皮肤检查、淋巴结检查、乳腺检查）、实验室检查（如抽血检查血脂、血糖、肿瘤指标）、超声检查（腹部 B 超、脑部 CT、胸片等）等，除了一些常规体检项目外还应针对老年人所患疾病情况进行重点检查。

（4）健康指导。告知老年人体检结果，帮助老年人分析存在的健康问题和健康危险因素，调动老年人维持自身健康的积极性，自觉采取有利于健康的行为和生活方式。

（5）健康干预。在医护人员的指导下，针对老年人情况进行健康干预。根据老人患病和健康危险因素评估情况，有针对性地指导、帮助老年人参加体育活动和康复锻炼，采取合理的膳食方案；组织老年人参与机构内的各类活动，娱乐身心；督促患有慢性病的老年人遵医嘱按时服药，定期复查以控制疾病。

2. 健康教育

健康教育是通过有计划、有组织、有系统的社会教育活动，使人们自觉地采纳有益于健康的行为和生活方式，消除或减轻影响健康的危险因素，从而预防疾病，促进健康，提高生活质量。

（1）老年人健康教育的内容包括老年人运动与饮食指导、老年常见病发病危险因素及预防知识、老年人重要器官功能的常见退行性变化与防护、老年人常见意外损伤与自护、老年人常见慢性病的自我管理、老年人心理健康维护等。

（2）健康教育的形式包括个别辅导、集体讲座、实践、技能培训或应用图片、录像、宣传栏图书资料等。老年人的健康教育应根据老年人的记忆特点，采用生动活泼、老年人共同参与的形式展开，以促进内化老年人自身的意识和行为，同时也要注意发挥部分老年人的榜样作用，提高健康教育的效果。

3. 养老机构内老年人健康教育的要求

（1）有计划地定期开展健康教育工作，每次健康教育活动有明确的计划目标和实施方案，健康教育计划存档。

（2）健康教育对象覆盖率须达到 80%以上。

（3）健康教育对象对教育内容的知晓率须达到 50%以上，并能促进其健康行为。

（四）治疗护理

（1）老年人身心情况观察，包括生命体征的观察，如体温、脉搏、呼吸、血压、瞳孔、意识等；一般情况的观察，如饮食状况、表情和面容、姿势和体位、皮肤黏膜、心理反应等的变化。

（2）老年人常见疾病的护理，包括高血压、糖尿病、冠心病、慢性阻塞性肺部疾病、急性脑血管疾病、骨关节疾病、阿尔茨海默病等疾病的日常照顾和护理。

（3）协助老年人正确服用药物，注意剂量正确、给药时间准确、给药途径正确，不得擅自给老年人服用任何药品。给药时安排老人处于便于吞咽的体位，避免误吸，给予足够的水送服，以帮助药物顺利进入消化道；使用鼻饲管的，应将药物碾碎后注入胃管。

（4）协助老年人使用助行器具，助行器具是为身体有残障或因疾病及高龄行动不方便者，提供保持身体平衡的措施，辅助老年人活动，保障老年人安全。老年人常见的助行器具有拐杖、手杖、步行器、轮椅和支架等。

（5）协助老年人标本收集和送检，老年人由于疾病原因，经常需要进行标本检查，常见的有尿标本、大便标本、痰标本等。标本的收集和送检通常由护理员或护士协助完成。

（6）协助老年人体位转移，包括协助老人移向床头、协助老人翻身侧卧、协助老人从床上转移至轮椅等。

（五）感染控制

老年人抵抗力下降，是感染高发人群，可因污染的空气、水、食物、餐具、物品或相互接触及不当的护理而导致呼吸道、消化道、皮肤、泌尿道等全身各组织系统的感染性疾病，因此必须做好机构内的感染预防与控制。

（1）成立机构内感染管理组，负责机构内感染管理工作，有效预防与控制机构内感染，采取预防性措施，监测及控制传染病的发生和流行。

（2）完善清洁卫生制度、消毒隔离制度、污物处理制度及感染管理报告制度，以及消毒效果的监测等。

（3）严格进行清洁、消毒工作；规范执行洗手技术，遵守各项操作规范；严格进行消毒效果的监测；按要求处理机构内的污水、污物；等等。

（4）加强对全体人员机构内感染的知识教育，自觉执行有关规章制度。一旦发现机构内感染病例，应如实填写报表，查找感染源，及时送检，控制蔓延。

（六）临终护理

在老人生命的最后阶段，护理人员应给予临终关怀和照顾，以此来提高老人的生命质量维护其尊严，同时为临终老人家属提供必要的支持和帮助。

1. 死亡教育

根据老人的年龄、性格、受教育程度开展死亡教育，从而协助老人树立科学、健康的死亡观，正确面对死亡，同时也可以为家属做好心理上的准备。

2. 舒适护理

尽最大可能减轻临终老人生理及心理上的不适，提高尚存的生命质量，使老人能在温馨的环境中安然度过最后的时光。

（1）疼痛护理：临终老人因疾病的影响多有疼痛等不舒适感，护理人员应尽可能采取措施减轻老人的疼痛。首先，心理护理。稳定老人情绪，并适当引导其转移注意力，从而减轻疼痛。其次，药物止痛。选择合适的药物及剂量，达到控制疼痛的目的。最后，其他方法，如音乐疗法、按摩、放松技术、外周神经阻断术等。

（2）加强营养：根据老人的饮食习惯，创造条件增加其食欲，必要时可采用鼻饲或完全胃肠外营养，保证营养的供给。

（3）改善呼吸：保持呼吸道的通畅，给予吸氧。

（4）其他：加强皮肤护理、口腔护理等，增强老年人舒适感。

3. 家属支持

临终老人的家属在心理上承受着巨大的压力，因此护理人员应给予相应的帮助，如鼓励家属表达感情，释放心中的压力；在临终老人去世后给予同情与安慰，帮助家属顺利度过哀伤期。

四、医疗保健服务

医疗保健服务是指为老年人提供预防、保健、康复、医疗等方面的活动。健康的身体是老年人生活自理的基础，养老机构医疗保健服务的主要目的是维护和促进老年人的健康，提高老年人的生命质量。

（一）老年人医疗保健服务的内容

1. 老年人日常保健与护理

（1）健康评估：定期组织老人体检，建立老人档案以此掌握老年人健康状况为其实施个性化服务；对患病住院的老人应按照临床病历书写规范，书写并建立病历，详细记录老人的病情、诊断、治疗和护理经过。

（2）定期查房：医护人员每天深入老年人入住区或病房进行查房，为其提供日常生活保健指导；了解每位老年人的健康状况、治疗效果、护理情况和存在的问题，适时调整诊疗和护理方案。

（3）日常诊疗和护理：根据医疗或护理操作规范，为老年人进行配药及用药指导、输液或注射、监测血压和血糖、吸氧或雾化治疗、灌肠、伤口处理、胃管和导尿管的维护等，以维持老年人正常的治疗。

2. 老年人常见疾病的诊断、治疗和护理

对现有技术条件下能够诊治的疾病，实行就地诊治；对于超出养老机构诊疗能力范围的疾病，应及时联系老年人亲属，转诊治疗；在紧急情况下，可以直接拨打“120”急救电话，寻求帮助。

3. 老年人突发疾病的救治与意外事件的处理

了解养老机构常见突发性疾病、意外伤害事故的发生、发展规律和救助措施，在此基础上建立起应急处理预案，及时有效地处理老年人各种意外情况的发生。

4. 老年人功能障碍的康复指导

老年人康复指导养老机构内的专业人员（如康复治疗师）为老年人提供康复指导，包括评估老年人的功能障碍情况、指导老年人使用助行器具、指导老年人进行康复功能训练，从而促进老年人日常生活活动能力的恢复，预防并发症和继发性残疾。

（二）老年人医疗保健服务的要求

（1）老年人医疗保健服务应由内设医疗机构或委托医疗机构提供。

（2）老年人医疗保健服务应由执业医师或康复师承担，符合多点执业要求。

（3）养老机构应参照医疗机构设置要求配备设施与设备。

（4）专业人员应运用综合康复手段，为老年人提供维护身心功能的康复服务。

（5）医疗服务的开展应符合卫生行政主管部门有关诊疗科目及范围的规定。

（6）医疗行为应参照临床诊疗常规。

五、心理支持服务

心理支持服务是指通过专业化手段，维护老年人心理健康，增强老年人社会适应性的活动。心理健康是衡量老年人健康的一个重要指标，入住养老机构的老年人较容易出现各种心理问题。因此，准确评估老年人的心理健康状况，及时采取相应的护理措施，有助于老年人摆脱不良心理的影响，提高生命质量。

（一）老年人心理支持服务的内容

1. 与老年人进行有效沟通

养老机构护理人员需要通过观察、交谈来了解老年人的心理状况，与老年人有效沟通要做到以下几点。

（1）沟通的态度要真诚、友善，要有礼貌并以老年人习惯或喜欢的方式进行，使老年人感受到真诚、关注和尊重。

（2）倾听老年人诉说要专心、耐心，倾听时不要东张西望，心不在焉；在倾听时观察老年人说话的态度、表情和措辞，用心体会老年人的感受。

（3）与老年人说话要简短、清晰、温和，措辞准确，语调平和；与老年人谈话要注意以平等方式，切忌声音过高，以免伤害老年人的自尊心；语速不要过快，以便老年人能听得清楚。

（4）善于借助表情、手势、姿势或实物，帮助老年人理解；善于采取核实、重复、移情、触摸、沉默、鼓励等沟通技巧，增强沟通效果；不要在老年人看得见的地方与其亲友或工作人员窃窃私语，以免产生误解，同时兼顾老年人的身体状态、疾病情况、心理特点、性格特征，做到轻松、愉快交流。

2. 对老年人进行情绪疏导

当发现老年人出现焦虑、紧张、恐惧、失落、烦躁等消极情绪时，护理人员要及时对老年人进行心理疏导。有条件的养老机构，可设立“谈心室”或“聊天室”之类的单元，让有经验、有威望的高级养老护理员与老年人交谈，为老年人提供劝慰、支持和鼓励，使其在生活化的环境中得到心理疏导，消除不良情绪的影响。

3. 老年人心理咨询

心理咨询是由专业的心理咨询师利用科学的心理学理论、委婉的话语，对求助者进行安慰、劝导，并为其提供信息、同情、支持、建议或忠告等帮助，以帮助求助者走出内心的阴影，协助其自助、自治的一个过程。心理咨询的常见形式包括电话咨询、门诊咨询、书信咨询、专栏咨询、现场咨询等，为老年人进行心理咨询后应遵循保密性、信赖性、艺术性和坚持性的原则，养老机构可以根据条件或创造条件为老年人提供便利的咨询途径，以利于老年人能及时寻求帮助，尽早解决心理问题。

4. 老年人危机干预

老年人常有心理问题如失落感、孤独感、焦虑、抑郁等，当上述情况比较严重时，可能会出现严重的心理危机，甚至导致自杀。因此，当发现有老年人出现精神状况异常，如独自流泪、唉声叹气、拒绝见任何人、面容紧绷、愁眉紧锁、坐立不安等时，要引起高度重视，尽可能帮助解决引起心理危机的问题。除进行一般的劝说和疏导以外，还应及时请心理医生进行诊疗，尽早实施危机干预，防止悲剧事件的发生。

（二）老年人心理支持服务的要求

（1）养老机构内应配备心理或精神支持服务必要的环境、设施与设备。

（2）老年人心理支持服务应由心理咨询师、社会工作者、医护人员或经过心理学相关培训的养老护理员承担。

（3）养老护理人员应适时与老年人进行交谈，及时掌握老年人心理或精神的变化。

（4）养老机构应安排专业人员制定心理咨询和危机干预工作程序，以及时有效地应对老年人心理问题的发生。

（5）心理支持服务应充分保护老年人的隐私。

六、文化娱乐服务

文化娱乐服务是指根据老年人的身心状况，提供学习、放松休闲等方面的活动。老年人的文化生活是否丰富，是衡量一个社会物质生活水平高低和社会文明进步程度的重要标准，老年人的文化生活一般以修身养性、寄托精神、娱乐消遣为主要目的。丰富的文化生活有助于老年人缓解不良情绪，增强体质，减少疾病，提高健康水平，对老年人的健康十分有益。

（一）文化娱乐服务的内容

老年人因其自身的生理特点及因所患疾病的影响，喜欢安静舒适的文化娱乐活动。因此，养老机构可以为老年人提供舒缓、有益身心健康的娱乐活动，所有的活动都应以保证老年人的安全为前提。

（1）散步。这是一种最简单、最适合老年人的健身方式。这种活动对体质较弱，高血压、心脏病及肥胖症患者，又不宜进行大运动量锻炼的老年人最合适。老年人可以选择在小区附近的公园等环境安全、安静的地方散步，一般可在晨起后、晚饭后进行。

（2）影视。影视观赏性比较强，内容丰富多彩，老年人可以在娱乐的同时学习新知识。养老机构内的老年人活动中心通常设有放映室，可以定期为老年人播放他们感兴趣的影片，既丰富了老年人的业余生活，也拉近了老年人之间的距离。

（3）阅览。阅读不仅可以拓宽视野，也可以陶冶人的性情，吸引老年人的注意力与专注度。养老机构可以提供多种适宜老年人阅读的书籍，老年人可以根据自己的兴趣选择性阅读。

（4）歌舞。歌舞不仅可以健脑、健身、锻炼协调能力，还能提升人际交往能力和沟通能力，减少孤独感。养老机构可以为感兴趣的老年人组织专门的舞蹈队或歌唱队，每日在老年人活动中心练习，丰富老年人的娱乐活动。

（5）下棋。下棋可以锻炼老年人的大脑思维和逻辑推理能力，感兴趣的老年人可以自发组织进行。养老机构也可以定期举行下棋比赛，调动老年人的积极性，丰富老年人的精神生活。

（6）拳操。包括太极拳、剑术、广播操等，既能健身，也较安全，适合高龄体弱的老年人，如高血压、冠心病患者。这些活动一般宜在晨起或晚饭后等天气凉爽时进行，活动场所可在附近的公园或社区内。养老机构也可以为感兴趣的老年人组织专门的队伍，鼓励老年人一起活动，拉近彼此的距离，增强老年人的社会支持。

（7）书画临摹或自由创作书画可以增强老年人的手指及手部的运用，增加对色彩的敏感性，培养美感，作品的展示也可以使老年人学习到欣赏美术作品的方法，从而静心养神、陶冶情操。

（8）参与社会公益养老机构，身体状况良好的老年人可以组成志愿者队伍，自愿为其他有需要的老年人提供帮助，不仅可以发挥老年人自身的社会价值，也可以使他们从中获得乐趣与成就感。

（9）其他包括编织、垂钓、种植花卉、养鸟等，这些活动可以充实其生活，寻找乐趣。养老机构可组织相应的活动，组织感兴趣的老年人定期进行比赛，调动他们的积极性，让老年人自觉年轻有活力，感受到自身价值的存在。

（二）文化娱乐服务的要求

（1）文化娱乐服务的活动应符合老年人的身心状况，养老机构应提供必要的安全防护措施，在安全的基础上保证娱乐活动的多样性、社会性和主动性。

（2）文化娱乐服务的活动主要由养老护理员、社会工作者组织，可邀请专业人士或相关志愿者给予指导。

（3）养老机构内应配备文化娱乐服务必要的环境、设施与设备。

第二节　机构养老服务体系的运行

机构养老无论其所有制性质如何、床位规模大小、员工数量多少、设施状况怎样，都会高效地利用其有限的资源，全心全意地构建机构养老服务管理体系，执行养老行业相关政策法规，健全和完善职责清晰、执行力强、协调配合、精简高效的内部工作机构，推进自身规范建设，不断提升养老服务输出效能，树立自身品牌，力求让入住机构的老年人及其家属满意。机构养老的管理也应当遵循管理学的基本原理和方法，按照养老服务行业建设、经营与发展规律，构建自身的组织管理体系，制定自己的管理方针、目标和方法，进而对机构养老的服务与经营实施有效的管理①。

一、机构养老管理体系

（一）机构管理的内涵

管理是指管理主体组织利用其各个要素（人、财、物、信息和时空），借助管理手段，完成该组织目标的过程。从管理的概念我们可以看出，管理的主体是管理者。对于机构养老的管理，结合机构养老发展的实际，机构养老的管理主体为两部分，一是政府及其职能部门作为行政管理主体对机构养老实施依法管理。一般来讲属于全局性的宏观管理，即从政策法规层面对机构养老的经营行为予以规范，这种管理是从业务上予以指导、提供服务、实施监督；二是机构养老以其自身为管理主体。机构养老的领导层既是本机构各项管理制度的制定者，又是施行管理行为的组织者，即组织管理人员具体执行相应管理制度，这种管理属于机构养老微观层面的内部管理，是指机构养老立足于自身

① 杨胜普，2018. 全人照顾视角下机构养老服务概论[M]. 北京：中国社会出版社.

的定位与规划，根据老年人的需求，依据国家政策法律法规和本机构的规章制度所进行的具体事务性管理。机构养老内部管理工作的好坏可以体现养老行业管理水平的高低，也是机构养老重点工作之一。前述行政管理与内部管理两者相辅相成，共同的目标都是规范养老服务机构的服务与经营，满足老年人的需求，促进养老服务事业和产业的健康有序发展。

（二）机构养老服务体系内涵

机构养老的服务对象是老年人，机构养老的管理效果直接影响到养老服务业的整体质量。机构养老管理体系建设具有系统性、复杂性、层次性和多样性的特点。管理理念、管理流程、内部组织架构、人力管理、质量管理、行政管理、后勤管理等内容，共同构成了机构养老管理体系的有机体，它们各自发挥不同的功能和作用，推动机构养老的运行和发展。

机构养老管理体系主要分为行政人事体系、养老服务体系、质量管理体系和后勤管理体系四个部分。机构养老服务体系把各个管理对象视为一个系统，从整体上把握机构养老的运行规律，通过系统的分析、整合、优化，以提高机构养老的整体效益和管理水平。一般而言，行政人事体系包括行政板块、人力资源板块和信息管理板块；养老服务体系包括医疗、康复、护理、社工服务等内容；质量管理体系包括服务质量的评估、管理、标准、控制等内容；后勤管理体系涉及范围比较广，包括财务板块、安全板块、设备（材料）板块、技术板块等内容①。

二、机构养老行政管理

行政管理是指管理者在其职权范围内，充分发挥管理职能，组织、协调、调动人力、物力、财力，使各种资源得到合理的配置，保证工作完成的管理行为。从管理的过程来看，它主要有四项职能，即计划、组织、协调和控制。合理的计划、组织、协调和控制工作，可以减少机构人力、物力、财力和时间的耗费，避免管理资源的浪费，提高养老服务的效率，使休养老人的需求能够及时地得到满足。在内容上，机构养老行政管理包括内设机构管理、政策方针管理及规章制度建设与管理，而在实践过程中，则会有四种性质不同的管理。

第一，机构的规章制度建设。规章制度建设与管理是行政管理中非常重要的内容。机构养老的规章制度是机构内设部门及其工作人员共同遵守的行为准则，通过建章立制，实行管理制度化、规范化，使员工开展工作有章程、有依据，保障工作效率，从而确保养老工作能够顺利实施。

规章制度建设的首要任务是制定完善的规章制度。规章制度不是越多越好，而是应具有实用性和可操作性。规章制度建设除强调实用性和操作性原则外，还需要坚持以老年人为本的服务性原则。机构养老属于老龄事业和产业组织，在性质上具有社会公共服务的公益性，可以说，机构养老肩负着为老年人服务的重要使命。一个机构养老除了遵

① 杨胜普，2018. 全人照顾视角下机构养老服务概论[M]. 北京：中国社会出版社.

守法律法规、行业规范外，还应坚持从老年人的需求出发，满足老年人步入养老历程这一阶段的需求，并以制度保障将养老各个环节的服务落到实处。

第二，机构的会议管理。会议管理是机构养老正常运行的重要制度。通过会议研究事关机构的重大事项，研究日常管理中的服务实务、人事工作及重大经济事务，研究解决实际工作中的问题、困难及确定相关举措，都需要以会议形式集思广益、充分讨论、问计于众、慎重决议，如何组织会议、怎样明确会议主题、何时何地举行会议、会后怎么督办即会议管理的主要事项。会议管理的原则通常需要避免过多或重复并注重实效，因此许多机构养老都设有例会机制，原则上按照规定的时间、地点、内容如期例行召开会议。

第三，机构的档案管理。机构养老档案是指机构的过去和现在，在从事经营管理、科学技术、机构文化等活动中所形成对机构有一定保存价值的各种文字、图表、声像等历史记录。档案管理工作是维护机构养老各项利益和历史面貌的一项重要的工作。根据《中华人民共和国档案法》《机构养老管理办法》的规定，机构养老必须有自己的档案管理制度，保证档案的完整、准确、系统、安全，提高机构档案工作效率和工作质量。

第四，机构的信息管理。机构养老的信息管理就是通过搜集老年人需要的信息和老年人相关的信息资源，利用计算机、网络等现代信息技术进行数据储存、处理、传递和分析，为老年人提供各种生活服务、日间照料、医疗卫生、文化教育等服务，为老年工作提供服务及决策所需要的各种信息，努力形成内容全面、丰富的老年信息网络和信息管理系统，实现养老需求与社区、机构养老的有效对接，帮助构建社会养老服务体系。

三、机构养老人力资源管理

机构养老人力资源结构具有很强的综合性，其跨领域、跨专业人才需求的特征尤为明显，不仅需要各类具有专业资质的管理人员，更需要具有专业技能、符合国家执业要求和技能等级的从业人员、医务人员、社会工作者。按照机构养老提供服务内容划分，机构养老的人力资源主要分为管理人员、护理人员、医务人员、后勤保障人员及专业服务人员。管理人员主要负责机构养老的日常运营管理、销售管理和人员管理等，如养老院的宣传推广、成本控制、管理制度的制定、执行考核等；护理人员主要负责休养老人的生活照护、基本健康护理等；医务人员主要负责老年人在机构养老生活期间常见疾病的诊疗医治服务；后勤保障人员主要负责入住老年人日常生活所需功能性服务及机构养老设施设备安全等服务；其他专业人员包括营养师、康复师、心理咨询师、社工师等具有资质证书的专业人才，他们是机构养老的必备资源，同样也是养老产业人力资源市场的稀缺资源。

（一）机构工作人员招募与甄选

招募是指根据人力资源规划与工作分析结果，从内部或外部吸收有条件、有资格及有能力的人员，以填补机构职务空缺的活动过程。而工作分析指系统地采集、分析与工作相关的信息，并就工作内容、工作环境及工作知识、技术或能力予以清楚描述的过程。工作描述的重点在于具体说明工作的物质特点与环境特点，包括工作内容与特征、工作责任与权利、工作目的与结果、工作标准与条件、工作时间与地点、工作职位与条件及工作流程与规范等，并编写工作说明书。此外，亦需订立工作规范，也就是担任某项职务人员必须具备的任职条件，通常包括一般条件、生理条件及心理条件。一般条件是指年龄、性别、学历、工作经验等要求；生理条件包括健康状态、体力、运动灵活性、感官灵敏度等；心理条件则可能包括观察能力、记忆能力、理解能力、思维能力、语言表达能力、性格、气质、兴趣等。

甄选是从应聘人员中考虑其个人特性（能力、经验等）与工作职务需求的适配程度，选出最佳的候选人。甄选首先往往是从应征者中筛选以保留条件较合适者；若应聘者较少时，这一步骤往往可以省略。其次就是进行人员的选拔。甄选人才有多种方法，较常用的为面谈、笔试和模拟测试等。面谈主要是用来评估应征者与组织之间的适配度。除了考虑与工作相关的特定技能外，面谈过程还需评估应征者的人格特质、价值观等与机构文化及形象的适配程度。笔试则一般包含智力、性向（自然能力）、能力、兴趣及廉洁正直程度等方面的测验。模拟测试主要指通过实际操作以了解应征者所具备的技能能否胜任未来的工作。目前机构养老的专业人力普遍招募不易，人员流动频繁，加上新人培养耗费时间与成本，机构养老的管理层亦会担心淘汰不适任的照顾服务员，可能会使个案没有人力服务，使机构养老往往缺乏淘汰机制，因此着实需慎重甄选人才，抱持宁缺毋滥的想法。

（二）员工的培训

1. 专项培训

专项培训是强化从业人员职业资格培训，建立持证上岗制及职业技能等级资质待遇制，提高从业人员职业道德水平和服务能力的主要措施与途径。针对养老服务人员在日常照护工作中应用到的知识、照护技术进行专项培训和学习考核。培训内容既要包括对养老服务管理人员、服务人员职业道德、专业知识的培训工作，培养他们的爱心、耐心、责任心，提高其职业道德素养，又要包括老年人的日常生活照顾及老年人常见意外情况应急处理方面的知识与能力。培训形式上，可通过定期的岗位培训和在职培训，逐步提高养老从业人员的业务水平。此外，定期进行考核，加强管理，也可通过养老服务技能培训机构采取短期培训的方式，提高现有从业人员的技能素质。同时，要通过改进培训方式、拓展培训渠道，开展交流式培训和知识技能储备式培训，不断提升培训的针对性、实用性和有效性；并对养老从业人员获取职业技能认证的予以奖励性补贴，激励更多的养老从业人员参与培训，提高机构养老从业人员培训率和持证率。

2. 继续教育

在取得各个级别的职业技能资格后，不能止步不前，还应加强继续教育，让养老从业人员掌握各种新的知识、技能。对于已获得上岗证的养老从业人员进行继续教育，进一步提高其服务水平，使养老从业队伍的整体职业素质水平能够可持续提升。目前养老护理员的继续培训偏重医护，忽视生活照顾的内容，对此可以借鉴日本等发达国家在养老护理员培训方面的经验，它们的操作性更强，如具体怎样使用轮椅、怎样省时省力地移动老人、不同性别的老年人便器如何使用等。因此继续教育可包括让从业人员掌握日常按摩推拿、康复训练、四肢护理、皮肤护理特殊老年设备的使用等基本操作技能，而且养老护理员在实际工作中可能会遇到各种慢性病护理方面的专业问题，因此还要加强对慢性病的预治等培训，更要着重提高养老从业人员的综合素质。在重庆市第一社会福利院，经培训获得上岗资格证书的养老从业人员，需要每两年参加一次在职培训。在教育方式上，由于从业人员很难脱离工作岗位，可以采取开展远程教育的方式，为养老从业人员学习、教育、培训提供方便，然后参加人力资源和社会保障部门举办的测试，检验学习成果。

3. 开展职业技能竞赛

随着社会进步与“白发浪潮”高涨，从业人员的专业技能水平直接关系到养老行业的服务质量与可持续发展，其从业人员职业化、专业化、正规化已成为必由之路。因此鼓励支持行业内开展形式多样的养老护理技能大赛活动，能够有效促进广大养老服务从业人员提高职业技能。一方面，赛事氛围可带动全社会弘扬爱老敬老的传统文化；另一方面，赛事平台也会展示养老从业人员的职业风采，彰显这支职业队伍平凡而崇高的价值，加深社会对养老护老职业的认识和理解。例如，由民政部、人力资源和社会保障部定期主办的全国养老护理员职业技能竞赛，竞赛以《养老护理员国家职业标准》为依据，密切结合养老护理工作实际，设置实际操作技能考核、理论知识考试和个人职业展示三个环节，分为半决赛和总决赛两个阶段。在大赛中表现合格的选手在赛后可获得相应等级的职业资格证书。举办养老护理员技能大赛，进一步激发了广大养老护理员学技能、比贡献的热情，培养了人才、发现了人才、激励了人才，促使越来越多技能精湛的养老护理服务人才不断涌现，有力地推动了养老护理人才队伍建设。

4. 采用“送出去、接进来”方式

所谓“送出去”是指将养老从业人员送到本地专业培训机构或院校进行职业素质培训，进一步扩大“送训”人员的范围，提高持证上岗率；“接进来”是将相当资质的高素质专家接进养老机构，对养老从业人员授课充电、实地培训，增强培训效果，在时间、地点上便于养老从业人员接受培训，提高养老从业人员参训学习的积极性。机构养老可以依托专业化的培训机构或已开设养老服务专业的高校，建立养老服务培训基地，与这些机构联手实行资源共享。机构养老中患有糖尿病、阿尔茨海默病的老年人较多，但护理员却对这方面专业知识缺乏深入了解，尤其在疾病的中晚期，护理员在照护这类老年人时普遍存在经验不足、无从着手的现象。机构养老可诚邀医院专家或培训师对护理员开办专题讲座、进行专业指导，使照护者能够发现老年人的一些异常表现，进行日常照料和心理护理，逐步改善老年人的身体情况，预防并发症，促进健康。

四、机构养老服务质量控制

（一）机构养老服务质量控制体系的界定

1. 机构养老的服务质量内涵

在界定机构养老服务质量控制体系之前，需要明白机构养老的服务质量。所谓服务质量，按照国际质量认证组织的ISO8402：1994的定义，服务质量是指服务满足规定或潜在需要的特征和特性之总和，通常是指产品生产的服务或服务业满足规定或潜在要求

（或需要）的特征和特性之总和，是服务工作能够满足被服务者需求的程度。特性是用以区分不同类别的产品或服务的概念；特征则是用以区分同类服务中不同规格、档次、品位的概念。服务质量最表层的内涵应包括服务的安全性、适用性、有效性和经济性等一般要求。又或者从市场经济的角度简单解释服务质量是企业为使目标顾客满意而提供的最低服务水平，也是企业保持这一预定服务水平的连贯性程度。

机构养老的服务质量可以简单地理解为：老年人提供服务且持续、稳定满足老年人养老需求的最低服务水平。机构养老的服务质量包含几个方面的内涵：一是机构养老服务的服务对象是老年人；二是机构养老服务是满足老年人的特定养老需求；三是机构养老服务是为满足特定老年人养老需求所提供一系列养老服务，包括生活照料、医疗、护理、康复、心理慰藉、危机干预等多个方面的服务[①]。

2. 机构养老服务质量控制体系的运行及意义

服务质量控制体系也可称为服务质量监控、服务质量管理、服务质量保障体系，即为了保障一定的服务水平而在体系内部所采取的一系列保障、控制、管理措施。通常，服务质量控制体系是一个动态的管理机制，通过循环往复的运行，以提高服务质量。为了促使服务质量控制体系有效运作，从确保服务质量入手，在体系内部建立起发行、运输、投递、监督的服务质量环节，使服务质量保证体系得到良性循环。同理，机构养老的服务质量控制体系作为保障养老服务水平的有效方式，通过一系列的保障、控制、管理措施，形成机构养老服务质量的动态管理机制，在循环往复的运行中保证、改善、提高机构养老服务质量。为促使机构养老服务质量控制体系的有效运作，服务质量控制需要渗透进入到提供养老服务的每一个环节，从确定机构养老服务目标、明确岗位职责和权限、完善服务流程管理，到制定质量保证、质量评估及质量改进措施，都应体现质量控制的有效性，形成有效的动态管理机制和运行机制，以确保机构养老的服务质量控制体系良性运转。机构养老服务输出与老年人服务输入是一个共同参与、双向互动、同时进行的过程，体现了服务提供与服务接受的不可分离性，服务提供的过程就是服务接受的过程，因而机构养老服务质量必然会通过老年人的体验感受被认知，老年人对服务质量必然也会有认可与否的评判与反馈。从这一角度来说，服务质量是老年人直接感受的对象，机构养老服务成效如何，机构养老服务是否契合老年人需求，机构养老服务是否精准满足老年人需要，都是从老年人对服务的直观体验中体现出服务质量。因而，通过保障、控制、管理等措施确保养老服务质量的质量控制体系，就显得至关重要，提高机构养老服务质量，需要在机构养老内部形成有效的管理和支持系统。

（二）机构养老服务质量控制体系的内容

机构养老的服务质量控制同企业的服务质量控制既相同而又不同，其相同之处在于，二者都同属于社会服务质量管理范畴；其不同之处在于，前者大多具有非营利性的社会福利属性，后者全部具有营利性的商业市场化属性。机构养老的服务质量控制包含服务定位、服务规范、服务监督、服务评估、服务改进五个板块的内容，形成机构养老服务

① 杨胜普，2018. 全人照顾视角下机构养老服务概论[M]. 北京：中国社会出版社.

质量管理的一个动态循环。机构养老要想强化服务质量管理，一是确定机构养老服务的服务目标、服务宗旨，为机构养老服务提供方向上及理念上的可及性指引；二是确定岗位职能及权限，从服务操作规范上明确每一个岗位的基本要求、基本遵循；三是完善服务质量管理流程，包含服务流程的监督、服务质量的评估、服务改进措施三个方面，并使其有效运行。机构养老服务质量管理需要机构养老内部全体员工参与实施，需要投入一定的人力、物力、财力，可以说，推进质量管理水平体现出了服务质量管理流程的健全完善程度和整体有效运行的动态状况，有效推行服务质量管理则是一项长期而持久的系统工程。

（三）机构养老服务质量控制体系的服务规范

1. 机构养老服务规范的制定

在养老服务提供的过程中，容易产生服务质量差距的另一个重要原因，就是机构养老并没有设计或提供一个能够满足老年人期望的服务质量目标，并将这些目标转换为切实可行的标准。然而，设定目标和将养老服务工作转换为系列指标，形成标准化技术应用和管理机制，大可弥补这一差距，并可通过制定岗位专业标准和操作规范，以提升服务队伍专业化水平。机构养老服务操作规范是指机构养老服务应达到的统一标准，要求机构养老工作人员必须在规定的条件内按照标准提供相应养老服务，也就是将机构养老服务质量目标转换为切实可行的服务标准或服务规范。为此，在机构养老的服务质量控制体系中，必然要求加快制定和完善养老服务相关标准，建立健全养老服务标准体系，不断提升养老服务的规范化和标准化水平。通过制度施行、流程修订、方案制订等措施，逐步建立和完善内部质量控制标准和服务流程体系；通过内部控制标准和服务流程的有效应用，使服务工作形成一个完整的链条，各个环节之间紧密配合、协同发力、相互支撑、有效整合，形成机构养老内部服务体系，提高养老整体服务质量，提高服务品质层次。

2. 机构养老服务规范的内容

机构养老服务操作规范的内容，包含所制定服务操作规范本身的文本内容，对机构养老服务标准明确了详尽、细致、具体的相应规定；同时，也包含如何有效贯彻、实施、落实机构养老的服务操作规范。

首先，服务操作规范是依据服务目标定位制定的服务提供标准，以老年人的不同需求为依据而提供不同的服务事项，对不同的服务事项以规范化方式予以统一标准，并将每一类服务事项的内容予以细化、量化、操作化。机构养老服务应制定切实可行的服务规范、服务提供规范、质量控制规范，建立健全服务质量体系结构，编印机构养老服务质量手册，将提供服务所有阶段服务质量的有效控制、评价和改进等内容悉数入册，形成具体实践的操作指南。服务操作规范的内容主要包括服务提供者的基本要求、岗位职责，服务提供的基本要求、工作要求，服务流程的制定、制度化，等等。

其次，服务操作规范只有真正被贯彻实施才能实现对机构养老服务质量的有效控制，服务操作规范的执行也是最难管理的服务质量问题之一。对于机构养老而言，机构的养老规模、老年人数量及养老服务工作人员服务越多样、服务环节越细致，保持服务水平的一致性就越难；机构养老的服务质量越依赖于工作人员的服务行为，机构养老服务水平的不一致性也就越大。因此，机构养老的服务质量控制体系需要在管理上加强对标准的宣贯，进行全面、系统、生动的宣讲，使员工队伍能够掌握和应用养老服务标准化的系统思想和科学管理方法，从而提高机构养老服务工作人员的业务素质、服务水平。同时，也需要制定机构养老服务质量内部管理制度，明确各岗位所提供服务的质量水平，从系统上保证服务质量的水平。

（四）机构养老服务质量控制体系的服务监督

1. 重视过程监督

在机构养老服务的过程中，即使有清晰的服务定位，有明确的服务操作规范，依然会出现机构养老服务质量差距。这是因为机构养老的实际服务过程并不一定达到了机构养老的服务定位、服务操作规范要求。因此，在机构养老的服务质量控制中应建立服务管理保证体系，加强对机构养老的服务监督。机构养老的服务监督应包含两个方面：一方面是外部的，从老年人的维度评判服务执行效果；另一方面是内部的，即对养老服务执行监督，从管理的维度对养老服务执行的效率和效果进行评判，及时发现问题、分析问题和解决问题，不断提升服务质量。如果没有一个完善的服务监督则很难保证高质量的机构养老服务产出。外部监督与内部监督是有差异的，外部监督以老年人的服务结果、服务成效为导向，主要从老年人的服务反馈、服务评价中发现养老服务执行的问题；内部监督是以机构养老服务过程为导向，主要从内部管理的角度在养老服务执行过程中发现问题，发现内部管理中深层次影响服务质量的原因，去分析并解决问题。

目前，机构养老对服务质量内部流程的监督大多相对缺乏。一是对养老服务过程质量的控制体系不完善，少数机构养老虽构建起了相关指标来反映养老服务执行情况，但大多忽视构建体系化、适时化的机构内部服务质量监控系统，其后果是发现了不少养老服务质量方面的问题，但都是事后的，事前和事中的控制监测严重滞后，而不能在问题发生之前去防范，失去了机构养老服务质量管理本身的意义。二是内部服务监督的意识不足、方法和手段不多。在机构养老的管理层面上缺少对服务质量过程监督或者全程监督的意识，在机构养老内部缺乏依职责权限的量化或定性来管理、监督服务过程中的服务质量；过程监督方法、手段单一，有的甚至流于形式，并未充分发挥服务过程监督在保证服务质量上应有的作用。

2. 机构养老服务监督的具体做法

一是确保组织保障。优质机构养老服务的提供，需要机构养老各个部门的高效协调运行，需要一线、后台管理各部门的共同参与、协同与落地执行。机构养老服务质量的监督首先需要由专门的组织部门来负责，明确责任部门和责任人的职责及权限，从管理层着手贯彻全程控制理念，加强各部门沟通、协作，通过服务流程中的质量监控、质量管理、质量提升来保证服务质量的落实。

二是制定管理办法。机构养老应制定机构养老服务质量管理办法，具体指导机构养老服务的实施。其中，机构养老服务质量管理办法应在服务过程中对所有相关人、事、物进行管理，保障服务提供需有序进行，其内容包含对机构养老服务操作规范的贯彻要求、对养老服务提供的设施要求、对养老服务提供的服务质量要求、对机构养老服务人员素质和服务方式的基本要求以及对机构养老服务违反管理办法的警示、问责及处理等内容。通常，服务质量管理流程的设计需要经过人员培训、组织准备、质量职能分配、确定质量方针和目标、编制质量体系程序文件、编制质量手册、编制作业文件七个步骤。

三是采取监督措施。在机构养老的服务过程监督中，需要采取切实可行的一系列监督措施，才能实现对服务质量的流程控制。诸如，建立起自上而下的服务质量监督检查体系；在日常管理中监控服务指标和关键流程的运行情况，了解流程运行效率及存在的问题，形成闭环式流程监控管理模式；在管理层面建立和实行服务质量监督组织的责任制；在机构养老服务提供层面，建立以品德、能力、业绩为导向的业务评价和技能等级评价制度，激励机构养老服务人员提高服务水平，完善机构养老日常检查、定期巡查制度，监测服务执行中的问题，支持服务执行中的有效服务及有益尝试、探索创新并视需要采取适当的严厉或激励举措。

（五）机构养老服务质量控制体系的服务评估

机构养老的服务质量评估是继机构养老的服务监督之后的服务评价，依据机构养老的服务定位。评价养老服务是否达到一定的服务水平、是否符合服务操作规范以及最终是否满足老年人的需求，既包含服务过程中的评估，也包含服务结果的成效评估；既有一系列定量评估，也有以老年人主观感受为评价标准的定性评估。

1. 机构养老服务评估的目标

机构养老的服务质量评估是指由一系列相互联系、相互制约、相互作用的评估要素构成的科学和完整的总体，具有整体性、系统性、协调性的内涵特征，基本构成要素涉及评估目标、评估原则、评估内容、评估方法等，核心强调以老年人为本。机构养老的服务质量评估将以老年人为本，这是由于养老服务需求由老年人产生，具有多样性和多层次性，服务供给主体为机构养老员工，要求遵循和满足服务需求，并实现供求平衡。因此，机构养老的服务质量评估不仅可以方便、准确地分析、测量、控制、评价服务质量状况，而且可以有效推进和保证服务质量的全面管理。简单来说，机构养老服务质量评估的目标，从过程目标上来说是为了评估养老服务提供是否符合操作规范要求与是否符合一定的质量服务标准，评价、分析养老服务各方面的状况；从结果目标上来说是为了在养老服务质量评估的过程中发现影响养老服务质量的因素，提出改进及完善的建议、措施，进一步提高养老服务质量，最终目标是满足老年人的养老需求，树立以老年人为本的服务质量评估目标。

2. 机构养老服务评估的原则

首先，机构养老的服务质量评估要坚持科学性与实用性一致。科学性是指评估目标、内容和方法，既要建立在充分认识和系统研究的科学基础上，能够客观地反映养老服务质量的实际现状，又要在具体实施过程中能够简便操作、简单明了、资料可靠、容易理解。

其次，机构养老的服务质量评估要坚持系统性和层次性一致。养老服务质量涉及不同层次、不同性质要素，包括人员、组织、各自行为、相互关系等，养老服务质量评估必须进行系统性分析和层次性考察。可根据系统结构分出层次，使评估体系结构清楚、使用方便，有效实现系统性和层次性一致。

再次，机构养老的服务质量评估要坚持全面性和代表性一致。养老服务质量要素具有多元化特征，为能客观、有效地评估机构养老的服务质量状况，通常遵循全面性原则，对构成的多要素进行综合评价。实际操作过程中，由于养老服务供求客观存在差异，为了能及时反映局部养老服务质量状况，需要对代表性或典型性养老服务质量进行评估，力求全面性和代表性保持一致。

最后，机构养老的服务质量评估要坚持动态性和静态性一致。养老服务具有动态发展特征，养老服务质量既是目标也是过程，因此机构养老的服务质量评估必须兼顾动态变化特点；而在一定时期以内，服务质量指标及其评估内容不宜频繁地变动，应保持其相对稳定性，力求实现动态性和静态性一致。

3. 机构养老服务评估的内容

机构养老的服务质量评估要求清晰地界定评估对象和评估内容。机构养老的服务质量评估可以简单地分为外部评估和内部评估。其中，外部评估主要是针对服务对象即老年人的评估；内部评估主要是针对服务提供者即养老机构的评估。针对老年人的评估可从老年人对服务的直观感受效果评价以观察、沟通等方式获知；针对机构养老的评估可从服务设计、服务提供人员、服务质量管理以及服务所需的软硬件环境等多个角度入手展开评估，进行自我分析与自我调整。机构养老服务质量评估的内容选择、对象确定，在遵循服务质量评估基本原则的基础上，应结合机构养老服务质量评估的内涵特征要求。有针对性地选择评估要素，并正确设置相关评估。全人照顾视角下的机构养老服务质量评估应当以老年人为主要评估对象，以老年人对质量的评估为主要内容，而内部的机构养老的自我评估也应以老年人需求为准绳，评估服务提供、服务管理的每一个环节是否符合相应的养老服务水平，是否满足老年人的养老需求。

4. 机构养老服务评估的指标

首先，机构养老服务质量评估需要构建一个评估指标体系。通过分析、整理机构养老内部养老服务提供、养老服务管理中的数据，筛选出可以用来评估老年人对服务感知变化的相关数据；同时分析关键的服务流程，甄选出能反映养老服务质量的关键数据指标，以便建立一个先导性的即时服务水平指标体系。其次，机构养老服务质量评估可基于养老服务链特征设计评估指标。机构养老服务质量评估的指标设计，应兼顾服务链特征，按照科学理论对养老服务产生、维系、实现、改进、提高的全过程进行研判。从某种程度上说，机构养老服务链特征是机构养老服务质量评估设计的基础，通过建立服务质量评估的全过程描述，可及时了解和掌握养老服务设计、提供、接受等全程情况，从而可全面、客观、正确、真实地反映机构养老服务质量。

5. 机构养老服务评估的标准

机构养老的评估对象不同、具体的评估目标不同、评估内容的选择不同都会影响评估指标的设计，机构养老服务质量评估标准的侧重点也会有所差异。然而，社会服务都拥有通用的服务质量要素用来判断服务质量，机构养老服务也不例外，服务质量要素的内容主要包括可靠性、响应性、保证性、移情性、有形性五个方面，同样适用或作为参考运用在机构养老的服务质量评估中。老年人从这五个方面将预期的服务和接受的服务相比较，最终形成自己对服务质量的判断，期望与感知之间的差距是服务质量的量度。从满意度看，既可能是正面的，也可能是负面的。

第一，可靠性是可靠、准确地履行服务承诺的能力。可靠的机构养老服务行为是老年人所期望的，它意味着养老服务以相同的方式、无差错地准时完成。可靠性实际上是要求机构养老避免在养老服务过程中出现差错。

第二，响应性是指帮助老年人并迅速有效地为老年人提供养老服务的愿望。在为老年人提供服务的过程中是否能够第一时间或在规定时间为老年人提供服务，是机构养老服务效率的体现。研究表明，服务传递的效率对于老年人对服务的感觉、印象、机构养老形象及服务满意度有直接的影响。同时，在为老年人提供服务的过程中出现服务差错是否能够及时有效地采取措施解决，回应老年人在服务过程中产生的问题，而迅速解决服务过程中产生的问题，会给质量感知带来积极的影响。对于老年人的各种需求，机构养老能否及时地给予满足，将表明机构养老的服务导向，即是否把老年人的利益放在第一位。

第三，保证性是指机构养老服务人员所应具备的工作素质，包含基本的服务态度和工作胜任能力。老年人在享受服务的过程中通过与机构养老服务人员的沟通、交流、观察，对机构养老的服务质量形成一定主观印象的评价。因而，机构养老的服务人员礼貌尊敬的态度、有效的沟通以及对老年人需求的真诚关心，会让老年人产生对机构养老服务的信赖和安全感。机构养老服务人员的胜任能力也是必不可少的，机构养老服务人员必须拥有一定的从业资质，即经过专业的培训，以及掌握一定的养老服务知识、方法和技能，才能为老年人提供有实效的服务，拥有让老年人可信赖的服务能力。

第四，移情性也可称为同理心，是设身处地地为老年人着想和对老年人给予特别的关注。机构养老服务人员在提供服务的过程中能够与老年人建立良好的人际关系、专业关系或者服务关系，迅速地取得老年人的信任；能够在与老年人初始接触的过程中，通过细心的观察、倾听、沟通，敏感地察觉到老年人的真实需求，理解到老年人的感受，在心理上与老年人站在同一理解视角上。

第五，有形性是指有形的设施、设备、人员和沟通材料的外在表象。具体到机构养老有形的环境表征，就是在提供养老服务过程中所使用的设施、设备、工具，服务场地的功能性配置、服务环境的营造。有形性是机构养老服务人员对老年人更细致的照顾和关心的有形表现。

6. 机构养老服务评估的方式

机构养老服务质量评估的方式，既要有客观方法加以制定和衡量，更多的则要按老年人的主观认识加以衡量和检验。既然是机构养老的服务质量评估，且是以老年人为本的服务质量评估，在评估方式的选择上也应以老年人为出发点，定性地、直接地、面对面地与老年人进行个别访谈或集体座谈，定量的需求评估及满意度问卷调查。这些都是机构养老服务质量评估的很好方式。机构养老在服务质量评估的过程中更应注重老年人的需求、老年人的感受以及老年人的满意度。通过不同老年人的真实反馈进行分析总结，得出机构养老服务质量评估的核心评价。机构养老服务质量评估的方式也应当遵循一定的科学性、可操作性，能够为机构养老内部管理体系中如何完善服务质量控制、提高服务水平提出有参考有意义的评价、建议。在评估方式的选择上可结合服务管理过程中可收集到有效的服务数据，通过自我评估、会议总结、数据定量分析等方式得出机构养老的服务质量的内部评价。养老服务质量评估的具体评价、分析、统计、呈现方法包含但不限于：第一，统计调查表法，即利用专门设计的统计表对质量数据进行收集、整理和粗略分析质量状态的一种方法；第二，分层法，即将调查收集的原始数据，根据所体现不同的目的和要求，按某一性质进行分组、整理的分析方法；第三，排列图法，即利用排列图寻找影响质量主次因素的一种有效方法；第四，因果分析图法，即利用因果分析图来系统整理分析某个质量问题（结果）与其产生原因之间关系的有效工具；第五，直方图法，即将收集到的质量数据进行分组整理，绘制成频数分布直方图，用以描述质量分布状态的一种分析方法；第六，控制图法，主要用于过程分析，即分析生产过程是否稳定及过程控制，控制生产过程质量状态；第七，相关图法，即在质量控制中是用来显示两种质量数据之间关系的一种图形。

第三节　机构养老服务人才的培养与管理

如何打造梯次分明且结构合理的养老服务人才队伍成为新时代社会重要研究方向之一。着眼于当前养老服务人才队伍建设的困境，一线护理人员、中高层管理人员的短缺以及尖端技术人员的挖掘与培养困境均需要对策以填补缺口。相对完善的技能培训体系可以在一定程度上缓解养老护理人员短缺的现状，但想要彻底解决制约养老服务人才发展的问题，仅靠传统服务方式与技能培训体系是不够的。养老服务人才队伍的建设应夯实基础，再多方向延伸发展①。

一、养老服务人才队伍建设方向

面对新时代养老需求的多元化发展，优化养老服务人才队伍成为迫在眉睫的建设任务。首先，细化养老服务人才队伍的组成部分是建设基础。目前，养老服务人才队伍的培养对象着重于照护服务人员、后备管理人员以及专业技术人员三类，其中以负责照护工作的养老护理人员为培养主体。其次，借鉴日本“富士山形”人才队伍结构，对我国养老服务人才队伍数量结构规划提出参考性建议：下层由照护服务人员提供基础力量支撑，中层为后备管理人员，上层为专业技术人才，由下至上对人才队伍成员专业素养的要求逐步提高。国家既要致力扩大基层养老护理人员队伍，也要着力挖掘中高层次人才资源，为稳定人才队伍结构打下坚实基础。

① 游雪滕，蔡德发，2021. 养老服务人才队伍建设现实困境及对策探析[J]. 大学教育，（9）：154-156.

二、养老服务人才队伍建设现实困境

（一）人才队伍结构及阵容不合理

养老照护服务人员是养老服务人才队伍的主体力量。截止到 2020 年底，我国失能和半失能老年人数量已接近 4250 万人，按照养老服务人员与老年人 1∶3 的比例，2020 年我国养老服务人员对应数量应为 1400 万人左右，但是数据显示，当前我国养老服务的服务人员还不足 100 万人。据 2019 年全国民政职业教育教学指导委员会发布的《老年服务与管理人才现状和需求专题调研报告》，全国养老服务人员中，养老护理人员年龄偏大，40 岁以上的从业者占比 79.1%，18～29 岁的从业者仅占 6.5%；投身养老产业的毕业生第一年流失率为 40%～50%，第二年为 60%～70%，第三年为 80%～90%以上；护理人员受教育程度低，有大学及以上学历的仅为 6.8%①。养老护理员在数量配比、年龄结构、受教育程度及专业水平结构上均不合理。此外，相较于受教育程度低或无证上岗的养老服务从业人员，养老服务相关专业的毕业生通过更全面的理论知识学习，对老年人生理和心理需求的理解更为深入与透彻，并且青年人在掌握老年技术方面，更加可能成为专业技术人才。从当前养老服务队伍结构现状可以看出，养老服务业缺少“新鲜血液”的注入。

（二）养老服务业人力资源开发与管理困境

在养老服务业的人力资源开发过程中，缺乏人力资源开发理念与手段，养老机构缺乏对员工的专业技能培训和公正的选拔机制。在人力资源管理过程中，存在人才激励机制缺乏、人力资源在各岗位分布不均衡、人才效能难以发挥、人力资源管理规划不足等一系列问题。

首先，目前从业人员与失能老人数量配比失调，造成员工的工作强度大，且养老服务业的社会保险覆盖率低，福利保障少，养老服务业发展空间较小，从业人员社会地位受不到公平对待；其次，较低的职业待遇和职业规划的缺乏使养老服务相关专业毕业生对养老服务业失去信心，并且使相关从业人员对职业的满意度降低；最后，每年养老护理员的流失率均为 30%以上，“护工荒”问题仍未缓解，养老服务相关专业面临着“招人难”“留人难”的困境。职业环境存在的漏洞以及人才开发手段缺乏力度的现状，均不利于养老服务业人力资源的开发与管理，如何运用更有效的手段吸引从事养老服务业的人才成为社会迫切需要解决的问题。

（三）培养和培训体系未健全

首先，由于当前养老服务层次大多停留在以传统方式服务的阶段，其存在的问题包括服务内容更新速度滞后于养老需求的多元化增长，缺乏对养老需求和人才需求的评估、养老服务设施资源利用率较低，信息通信技术在养老服务领域的应用少，养老服务内容

---

① 陈凯丽，2022. 积极人口老龄化背景下养老服务人才队伍建设存在的问题及对策[J]. 黑龙江人力资源和社会保障，（10）：106-108.

由传统化向现代化、科技化转变的进程较慢。

其次，养老服务人才队伍的培养与培训体系的建设在职业教育体系、培训课程体系、培训效果评估、培训管理体系方面均存在有待于完善的地方。

最后，针对中高端养老服务人才队伍建设现状，养老服务管理人员及尖端技术人员的培养力度不足，养老机构对于中高端技能人才重要性的认识不足。此外，社会对养老服务中高端从业人员的激励机制力度小，福利项目单一。可见，社会仍需进一步探究对养老服务人才队伍中高端群体的培养与培训方式，思考如何根据细分化的养老服务需求，向养老服务人才队伍引入专业度层次分明的人员供给流量。

三、养老服务人才队伍建设的发展

（一）优化人才队伍结构

1. 人员分配与安排

民政部印发的《关于进一步扩大养老服务供给 促进养老服务消费的实施意见》指出，2022年底前需培养培训1万名养老院院长、200万名养老护理员、10万名专兼职老年社会工作者①。着眼于当前养老服务人才队伍的数量配比、年龄结构及专业水平结构不合理的现状，达成这一目标存在一定的难度。相关部门应针对多元化养老服务需求，制定养老服务业各个岗位如何分配相应人员数量的明确规划，其中包括根据失能老人的健康状况、年龄等多项指标建立信息数据库，并将其转化为不同层级的养老需求，归类至适配的岗位进行服务；推进“互联网+养老”服务新模式，通过养老护理员与卫生保健人员、信息系统管理人员等多专业背景的知识技能人才服务内容的衔接与融合，达到系统化和便捷化的服务与管理；拓宽养老服务业的岗位配置和加强职业知识技能培训，需分别完善养老服务内容中护理、管理、专业技术三个层级的人才培养规划，旨在以更高效率优化人才队伍基础结构及提高人才职业素养。

2. 人力资源开发

拓宽社会来源是重中之重。可以通过提高职业培训补贴、普及职业发展规划等方式鼓励农村转移劳动力、城镇就业困难人员、失业人员、退休人员等群体参与养老服务职业技能培训，进而从事养老服务业，提倡被照护者身边与其关系紧密的亲属、朋友或街坊邻居积极参与被照护者的基础护理工作。但是，养老服务业人力资源的开发不能单靠劳动力市场供给双方的自由选择，还需要政府的力量来进行调节。除了发布具有导向性的政策，引导人才流入养老服务业之外，还要健全人才招募机制，可以对社会形成持续稳定的职业吸引力。养老服务人才招募机制包括三个步骤：一是结合线上与线下平台发布招聘信息，运用信息技术手段宣传从事养老服务业的优惠政策与职业前景；二是根据不同任职资格对求职者进行评估和培训，以任职资格作为筛选标准，有效促进人岗匹配，从源头上解决养老服务业基层人员不足的问题；三是通过分门分类的岗前培训与成果评估，安排与养老服务应聘人员的职业素养相匹配的工作岗位。通过建立标准化的招募流

① 民政部，2019. 民政部关于进一步扩大养老服务供给 促进养老服务消费的实施意见[EB/OL]. https://www.mca.gov.cn/article/gk/wj/201909/20190900019848.shtml[2019-09-23].

程，将人才的引进过程规范化，并且在加快形成长效人才引进机制的同时，促进养老服务人力资源的开发和人才的高效利用。

（二）提升人才队伍素质水平

1. 知识技能水平的提升

良好的教育环境是养老服务人才知识技能储备的坚实基底。一是契合养老服务行业需求与专业课程内容，通过结合养老服务需求及职业技能等级要求，统一编制且积极更新养老服务相关专业课程教材；在行业需求、职业精神、养老文化方面横向拓展课程内容，在教育程度和学术水平方面纵向延伸学术研究层级。二是借鉴现代学徒制人才培养模式，放大合作效应，吸引社会资本的流入，鼓励以学校自办、校校联办、校企合办、政校合办等不同形式建设实训基地；注重对学员的职业道德、责任意识和专业技能水平项目的培训与考核，以使学员在实习操作中通过理论联系实践提升综合素质。三是提升师资水平。在养老服务职业教育中，教师在学生的社会责任感和专业技能培养方面起着至关重要的作用。应注重继续实践教育，完善继续教育机制，鼓励教师将养老服务行业职业需求融入实际教学。四是探究养老服务人才协同创新培养模式。信息技术的快速发展及广泛运用丰富了远程教育这一知识传播途径，学校和培训机构可充分利用线下与线上教学内容的互相补充，促使养老服务知识与技能学习便捷化。

2. 加强中高端人才队伍培养研究

国家应有效引导养老服务专业技能人才的发展落到实处。一是健全多渠道投入机制，确保中高端人才培养资金充足。二是提高中高端人才的薪资待遇、福利保障和社会地位。完善学历证书、职业资格证书和薪酬待遇相挂钩的机制，加大对有突出贡献的专业技能人才的宣传和表彰的力度，彰显“行行出状元”的良好社会氛围。三是健全教育体系。使用不同的教学方式，以取长补短；增加毕业生和教师继续深造的机会；加强企业、培训机构与学校关于专业技能人才培养的合作力度。四是鼓励同行业之间、跨专业领域、国际的交流与学习，支持养老服务人才定期参加国内外调研和考察活动。例如，选派优秀教师对养老服务教育需求深入调研，业务骨干收集信息与分析养老服务业的实际发展情况及迫切需求。增加人才队伍跨专业之间的学习交流以及出国考察、学习的机会，提升养老服务人才队伍对于国内先进集体和其他国家优良经验的学习与借鉴效能。

（三）健全人才队伍管理与评估机制

1. 管理机制

人力资源和社会保障部门取消了养老护理员的职业资格，放宽了养老护理人员的入职要求，但这并不意味着市场对养老服务从业人员的专业素养要求降低。首先，评估人员要判断从业人员掌握的技术理论知识和实际操作能力是否达到职业需求标准时应理性分析与监督；明晰岗位晋升通道，统一和健全养老服务业各等级的职业技能标准、不同岗位的专业素养评估标准和培训机构的人才培养机制。其次，出台和普及等级化补贴制度以鼓励养老服务从业人员参与职称评定；评估结果与人才的晋升、奖惩机制相结合，使考核成为员工岗位调配及薪资分配的重要依据。

2. 管理机制

一是树立现代人力资源管理开发理念，转变现有管理人员的工作理念与思路。以创新性与专业度为工作重心，调动人员工作的积极性；提高培训中心、机构、企业对于人力资源管理工作的重视程度，加强对学员、职员潜能的挖掘与激发，形成良好的竞争机制与分配机制，促进人力资源管理活动的顺利开展。二是完善管理体系。从宏观角度考虑，管理内容的重点为养老服务业的人力资源管理。借鉴日本建设经验，建立养老服务人才中心，可划分为中央养老服务人才中心和各地方养老中心，前者负责人才中心的业务规划、监测分析养老服务人才的供给需求、人员的信息收集与提供、各岗位补贴制度与工作费用补偿额度制定的指导建议；后者负责落实业务的完成度、人员的分配与研修方向、养老服务业的引导与宣传等。人才管理工作项目实施过程应充分运用信息技术手段，利用大数据、舆情监测等信息技术手段健全养老服务从业人员及失能老人的信息数据库，旨在有效监督业务实施情况，使联合惩戒的工作更具主动性、科学性、客观性，避免操作和执行太过主观和随意。

（四）建设养老服务人才队伍的培养环境

1. 内部环境

提升养老服务相关专业和养老服务业的社会影响力需要国家强有力的宣传与引导。支持新媒体平台的搭建，通过利用微课程、公众号、养老服务类学习网站等网络平台的推动作用，进一步加大对现代化养老服务思想的宣传力度及养老服务业的职业前景与发展空间的认知度。营造敬老爱老的社会氛围，积极推进新型养老模式和养老理念，引导公众正确认识养老服务业，转变人们认为养老服务业社会地位低以及缺少职业发展空间等传统观念。

2. 外部环境

1）创造综合性学习环境

以培养综合性强的养老服务人才为目标，为创造综合性学习环境指明方向。降低学习门槛，增加招生名额，完善招生制度，推出优惠性助学制度。注重教学内容和培训教材的时代性，科学构建教学体系，按需施教，聚焦养老服务差异化的需求以期对教学内容及时革新。积极将信息技术研究成果运用于教育领域，旨在通过教育信息化手段提供给教育者和教学者更加便捷化、系统化的学习方式。增加学员实训锻炼的机会和提升学习质量，引入社会资本，创新实训基地建设形式。

2）开创现代化职业环境

企业管理者要树立良好的人力资源管理理念。合理安排员工的工作时间和假期，促进人才有序流动。畅通职业晋升通道，以按劳分配为主体、多种分配方式并存的分配制度为依据，按照不同岗位提供等级制薪资待遇。完善薪酬、职称评定等激励机制，提高员工的服务积极性。制定改善养老服务从业人员待遇的政策，规定养老服务行业相关单位要为员工提供职业生涯规划，加强对养老服务人才队伍的保障。

第八章　医养结合养老服务管理

第一节　医养结合养老服务的内涵及其实践

一、医养结合养老服务的内涵

（一）医养结合概念界定

医养结合并非一种独立的养老模式，而是指从老年人多元化需求出发，通过将养老和医疗资源有机整合、服务功能有效衔接，在基本生活照料基础上，为老年人提供检查诊断、医疗护理、康复疗养、健康管理和保健教育、临终关怀等一系列专业化、持续性健康照护服务的养老供给方式。它重新审视了养老和医疗服务关系，实现了“医”“护”“养”三者策略性协同，为健康和患病老年人提供了全面、综合性支持[①]。

医养结合是为满足老年人多元化需求，通过医疗资源和养老资源有机结合形成的新型养老服务供给模式，是持续性、专业性的服务供给方式；是医疗和养老两个领域在管理理念、服务能力和专业人才多重层次的深度融合，在养老过程中实现医疗服务可及性和连续性，扩展医疗和养老的共融发展模式。

在新的健康老龄化理念中，老年照护服务融入整个生命历程的公共卫生体系当中。老年人的功能能力和内在能力水平差异很大，在不同的健康阶段里对医疗和照料护理的需求重点和程度是不同的。随着年龄增长和健康功能下降，只有在综合性的“医疗、照护与环境”体系中才能在生命的不同阶段中获得相应的生活或医疗服务。特别是对处于能力衰退阶段，能力严重受损阶段的老年人，单纯的医疗或单纯的养老都难以应对生活自理能力下降带来的种种问题。因此医养相结合的模式就成为一种现实选择，尤其是在老年长期照护方面，医养结合被认为是能够满足老年人对长期、持续医疗和照护需求的理性模式，因为接受长期照护者所需要的服务正是“社会照护和医疗照顾相结合、正式支持和非正式支持相结合的服务”[②]。

医养结合是对传统养老服务概念的延伸和创新，区别于传统的单纯为老年群体提供日常照料的养老服务，它将医疗与养老两种资源整合，最大化地利用社会资源来为全体老年人提供全方位的综合性的新型养老服务。医养结合包括传统的“养”的范畴，如对老年人的日常生活照料、老年人的精神服务、老年人的文化服务等，同时对老年人在“养”的基础上增加了“医”，主要包括健康管理、疾病诊治和康复护理等服务，将专业的医疗护理资源供给养老领域，实现养老系统与医疗系统的相互融合和互相协作，满足老年

---

① 邓大松，李玉娇，2018. 医养结合养老模式：制度理性、供需困境与模式创新[J]. 新疆师范大学学报（哲学社会科学版），39（1）：2，107-114.

② 杜鹏，陆杰华，何文炯，2018. 新时代积极应对人口老龄化发展报告·2018[M]. 北京：华龄出版社.

人多元的养、护、医的需求。医养结合是在人口老龄化程度加深的当下，对养老服务重新思考并进行适时调整的需要。医养结合社会养老服务模式是将医养结合的服务理念具体应用到实践中，通过养老与医疗两种服务资源的有机整合、相关功能的无缝衔接，满足老年群体的多元需求，在基本的日常生活照料基础上，为老年人提供健康管理、医疗诊治和康复护理等一系列的持续专业的养老服务。区别于传统养老模式，它主要有以下几个方面的特点：首先，在参与主体上，医养结合的主体更加多元。医养结合涉及“医”与“养”各方面的内容，将专业的医疗资源引进养老系统，进而提供日常生活照料、健康管理、疾病诊治、康复护理等一系列专业、持续、系统的服务，这不是单一的责任主体所能承担的，所以提供医养结合服务的载体既包括社区养老服务中心、养老机构、福利院，也包括基层医疗机构和公立医院。其次，在服务对象上，医养结合的范围更加广泛，由之前身体健康、生活能够自理或者基本能够自理的老年群体，扩大至整个老年群体，特别是包括长期患病、失能或半失能等需要持续医疗护理服务的老年群体。最后，在服务内容上，医养结合的内容更加全面，在社会养老服务提供的一般性养老服务和简单的医疗保健的基础上，医养结合将服务范围进行扩展，更注重老年群体的疾病预防保健、康复护理和临终关怀等。

（二）医养结合的目标

医养结合的总体目标是通过推进医养结合体制机制建设，健全相关政策法规体系，构建完善的医养结合服务网络，整合优质资源，提高养老、医疗机构服务能力，促进个体健康养老，激发养老市场活力，优化养老产业链，提升国民健康水平，努力实现健康老龄化。医养结合的阶段性目标是根据不同类型老年群体的健康需求特点有针对性地提供个性化健康服务，缩短老年人的患病周期，保证其晚年生活质量。

（三）医养结合的特点

第一，多元化供给。一方面，医养结合不是一种独立的养老模式，也区别于传统的居家、社区和机构养老，主要是将医疗资源引入养老服务，实现生活照料、精神慰藉、疾病预防、病中干预、病后护理疗养、保健康复等整合服务持续性、体系化供给；另一方面，医养结合的责任主体和服务载体并不单一，既包括社区、养老机构、福利院，也包括基层医疗卫生服务中心、大型公立医院等。第二，整合性保障。医养结合，并非简单将养老和医疗服务纳入同一体系，而是在结构、功能性整合基础上为老年人提供内容丰富、层次鲜明的全面照料。这种服务保障建立在“医”“养”服务规划与供给系统重构、科学耦合基础上，能实现服务单元横向衔接和垂直照料体系的纵向跳转，在很大程度上保证了服务的连续性。第三，经济和社会效益突出。医养结合以全体老年人为服务对象，以提升老年人的健康福利为宗旨，通过医养资源的优化配置和整合，极大地满足了老年人的医疗需求，降低社会养老负担和服务成本。

（四）医养结合模式的构成因素

“医养结合”这一概念是在当今人口老龄化严重、养老压力巨大、养老资源与医疗资源未能充分结合的背景下产生的。其中“医”是指医疗康复保健服务，“养”包括生活照护服务、精神心理服务、文化活动服务等①。

“医养结合”养老模式主要包括五个方面的因素，具体如下。

1. 服务主体

服务主体是指提供医养结合养老模式的主体。目前主要包括带有医疗保健功能的养老院，能够提供养老服务的二级、三级医院，社区卫生服务中心，以及居家养老服务中心等。

2. 服务客体

服务客体即享受医养结合养老模式的老年人，包括健康、基本健康、不健康三类老年人，但重点是面向失能、半失能的老年人。

3. 服务项目

服务项目是指为老年人提供的具体服务，主要提供日常生活照料、精神慰藉和社会参与等生活方面的服务以及预防、保健、治疗、康复、护理和临终关怀等方面的医疗护理服务。

4. 服务方式

服务方式主要包括整合照料、联合运行和支撑辐射三种。其中整合照料包括医疗机构内开设养老机构和养老机构内开设医疗机构等；联合运行指医疗单位和养老机构合作，综合性医院提供医疗服务，养老机构提供康复期或稳定期的护理服务；支撑辐射指社区养老服务中心与医院或社区卫生机构合作，为居家或社区养老的老年人提供健康服务。

5. 服务机制

服务机制是指医养结合养老模式的管理及相关政策制度，包括服务管辖部门、政府扶持政策、管理方式等。该模式涉及政府民政、卫生、人力资源和社会保障部等部门，其中民政和卫生部门要切实落实好医疗机构与养老机构的密切合作和明确分工，人力资源和社会保障部部门负责老年人医疗保险费用报销等事宜。各部门明确职权，相互合作，共同促进新型养老模式的发展。

二、医养结合养老服务政策的实践

医养结合政策的出台是政府以解决健康养老问题为宗旨或达成健康老龄化这一政策价值目标，通过部门权责整合、社会经济环境的有效互动而形成的一种理性制度选择。科学、合理的医养结合政策设计和层次性、渐进式的医养结合政策实践不仅有利于实现宏观的社会治理与干预，保证政治理性，也能通过有益的智力探索，保证老年人福利改进的技术理性。

（一）政策演进

第七次全国人口普查数据显示，我国 60 岁及以上人口已达 2.64 亿人，预计“十四五”时期将突破 3 亿人，我国将从轻度老龄化进入中度老龄化阶段。我国 70%以上的老

① 王梅欣，2019. 新时代养老服务体系构建研究[M]. 北京：人民出版社.

年人患有一种以上慢性病，还有 4000 万失能和部分失能的老年人，他们不同程度地需要医疗护理服务[①]。“十四五”期间，我国将深入推进医养结合发展。目前，全国已建成医养结合机构 6000 多家，床位 170 多万张，一定程度上缓解了失能、半失能老年人的养老难题。“十四五”期间，各地将增加医养结合服务供给，支持规模较大的养老机构设置医疗卫生机构，并按规定纳入医保定点范围；鼓励医疗资源富余的基层医疗卫生机构开展医养结合服务；推动养老机构与周边医疗卫生机构开展签约合作，到 2025 年，养老机构普遍具备医养结合能力。“十四五”期间，国家还将支持 1000 个左右公办养老机构增加护理型床位，引导地方对普通型床位和护理型床位实行差异化补助，到 2025 年，全国养老机构护理型床位占比力争提高到 55%[②]。

可见，医养结合相关政策的出台是一个渐进式发展的过程，旨在建立多层次养老服务体系，推动健康老龄化。一方面，确立了人口结构变动和社会需求多元化下养老服务发展的新思路和新方向，为促进医养结合创造了良好的政策环境，表现为有限理性下的公共选择；另一方面，体现了国家以增进老年人健康福利和生存质量为目标的政治伦理和价值理念，并逐步通过政策文件形式予以保障，展示了政府重视民生的治理诉求，从本质上说是一种制度理性。

2018 年 3 月，国家卫生和计划生育委员会正式更名为国家卫生健康委员会，并成立老龄健康司，专门负责老年健康服务体系建设和医养结合工作，该司成为健康养老领域最重要的主管部门。4 月，国务院印发《关于落实〈政府工作报告〉重点工作部门分工的意见》强调积极应对人口老龄化，发展居家、社区和互助式养老模式，推进医养结合，提高养老院服务质量，并落实到了具体部门。9 月，工业和信息化部办公厅联合民政部办公厅及国家卫健委办公厅印发了《关于开展第二批智慧健康养老应用试点示范的通知》，对智慧健康养老示范基地的企业和街道，以及居家和社区养老服务改革试点、国家级医养结合试点单位所在地的企业、街道（乡镇）和基地予以优先支持。

2019 年 1 月，医养结合相关政策，民政部发布关于贯彻落实新修改的《老年人权益保障法》的通知，不再实施养老机构设立许可，养老机构只需依法做好登记和备案后即可开展服务活动，这大大鼓励了养老机构的建设积极性。3 月，国务院办公厅印发《关于推进养老服务发展的意见》，进一步提出要充分发挥医疗卫生机构和养老机构的互补优势，简化医养结合机构设立流程，促进农村、社区的医养结合，鼓励医护人员到医养结合机构执业，提升医养结合服务能力，促进养老服务高质量发展。5 月，民政部等四部门联合印发《关于做好 2019 年养老院服务质量建设专项行动工作的通知》，强调各级卫生健康部门要及时排查并解决医养结合机构医疗卫生服务质量问题，保障养老机构医疗卫生安全和质量，继续推进医养结合，进一步提升养老机构医疗卫生服务水平。随后，国家卫健委等四部门联合印发《关于做好医养结合机构审批登记工作的通知》，指出深化医疗和养老服务“放管服”改革，优化医养结合机构审批流程和环境，进一步促进医

① 国家统计局，国务院第七次全国人口普查领导小组办公室，2021. 第七次全国人口普查公报（第五号）——人口年龄构成情况[EB/OL]. http://www.stats.gov.cn/xxgk/sjfb/zxfb2020/202105/t20210511_1817200.html[2021-05-11].

② 佚名，2022. 深入推进医养结合发展 我国将实施老年医疗护理提升行动[EB/OL]. https://m.gmw.cn/baijia/2022-05/14/1302946481.html[2022-05-14].

养结合发展。

2020 年 7 月 23 日，《国务院办公厅关于印发深化医药卫生体制改革 2020 年下半年重点工作任务的通知》提出要制定医养结合机构管理指南，实施社区医养结合能力提升工程。

2020 年 12 月 31 日，《国务院办公厅关于促进养老托育服务健康发展的意见》指出深化医养有机结合，有效利用社区卫生服务机构、乡镇卫生院等基层医疗资源，开展社区医养结合能力提升行动。

2021 年 6 月 17 日，《国务院办公厅关于印发深化医药卫生体制改革 2021 年重点工作任务的通知》把推动老年健康服务体系建设，增加医养结合服务供给纳入其中。

2021 年 9 月 27 日，《国务院关于印发中国妇女发展纲要和中国儿童发展纲要的通知》则提到，除了要保障妇女享有基本养老服务外，还要加快建设居家社区机构相协调、医养康养相结合的养老服务体系，大力发展普惠型养老服务。

2021 年 11 月 18 日，《中共中央、国务院关于加强新时代老龄工作的意见》提出要构建居家社区机构相协调、医养康养相结合的养老服务体系和健康支撑体系，大力发展普惠型养老服务，促进资源均衡配置，2025 年底前，每个县（市、区、旗）有 1 所以上具有医养结合功能的县级特困人员供养服务机构。支持医疗资源丰富地区的二级及以下医疗机构转型，提供康复、护理以及医养结合服务，鼓励医疗卫生机构与养老机构开展协议合作，进一步整合优化基层医疗卫生和养老资源，提供医疗救治、康复护理、生活照料等服务。

2022 年 2 月 21 日，《国务院关于印发“十四五”国家老龄事业发展和养老服务体系规划》明确提出支持社会力量建设专业化、规模化、医养结合能力突出的养老机构，推动其在长期照护服务标准规范完善、专业人才培养储备等方面发挥示范引领作用。推动养老机构与周边医疗卫生机构开展签约合作，做实合作机制和内容。到 2025 年，养老机构普遍具备医养结合能力，落实医师区域注册制度，鼓励医务人员到医养结合机构执业。同时，文件还鼓励大型或主要接收失能老年人的养老机构内部设置医疗卫生机构，将养老机构内设医疗卫生机构纳入医疗联合体进行管理，根据服务老年人的特点，合理核定养老机构举办的医疗机构医保限额，健全医养结合标准规范体系，等等。

（二）国内部分地区医养结合模式的探索

一项健全、有效的政策实施离不开实践的有益探索和积极反馈。医养结合政策颁布至今，地方试点通过多年探索已积累了丰富的实践经验，形成了一些特色模式，在很大程度上为医养结合进一步发展提供了行动和技术支持。

1. 天津市：养老机构内设医疗机构

截止到 2022 年，天津康泰老年公寓总建筑面积 9800 平方米，拥有床位 550 余张，入住率已超过 85%。康泰老年公寓与长江医院携手，设立了面积近 1000 平方米的门诊部，开设了“国医堂”、内科、外科、检验科、B 超科、心电图室、治疗室、康复理疗室和药房，在满足老年人的日常身体检查、常规化验、购买药品和康复治疗等多方需求的同时，也能对突发急症老年人进行抢救。养老公寓的服务项目分为自理、半护、全护及特护，根据老年人的身体状况及需求分别进行护理和服务①。

2. 合肥市：医院内设养老机构

合肥滨湖医院依托现有医疗平台，开设无陪护老年科，首次将老年无陪护病房发展成集健康教育、医疗、护理、康复、养老和临终关怀于一体的病房模式，老年人在疾病加重期或治疗期进入住院状态，在康复期和病情稳定期可转为休养状态。合肥滨湖院区老年科开诊以来，规模不断扩大，截至 2022 年 2 月，已拥有五层病区，共开放床位 236 张，日均住院病人量达 220 人。老年无陪护病区已发展成 4 层病区，共 180 张床位；资深护士、资浅护士、助理护士和医生组成责任小组对入住老年人实行护理包干制和整体护理制，将老年人划分为自理型、半自理型、全护理型和临终关怀四种类型，根据不同护理需求确定不同服务内容，入住老年人的住院费和护理费纳入医保②。

3. 郑州市：养老机构与医疗机构联手

2012 年底，郑州市第九人民医院联合河南省 36 家养老机构成立了“河南省老年医养协作联盟”。郑州市第九人民医院依托老年医学专业的技术与服务优势，为全省各地区的养老机构提供人才培养、心理辅导、义诊巡诊和健康教育等方面的专业技术帮扶。同时，各成员单位可通过绿色转诊通道随时将患病老年人转入医院住院治疗，经医院治疗好转或痊愈的老年人再送回养老院，形成了完善的双向转诊机制。医养协作联盟的形成实现了养老机构与医疗资源的整合和共享，最大限度提高了医院床位的周转率和养老床位的利用率③。

4. 长沙市：社区居家养老服务中心与医疗机构整合

长沙天心区坡子街街道依托天心区人民医院的专业医疗设备、医疗技术和医护人员队伍的资源优势，建立了生活照料、医疗护理、康复服务和临终关怀为一体的馨园老年人关爱中心。馨园老年人关爱中心设立日常管理办公室、医疗组和生活护理组，通过打造“居家式”的温馨环境，开展专业化的医护服务，为 55～95 岁的自理、半自理及患有慢性病的老年人提供社区居家养老服务。

5. 青岛市：对老年参保患者试行医疗专护管理

青岛市建立了长期医疗护理保险制度，将残疾、半失能和失能等需要长期护理的参保老年人医疗费和护理费纳入护理保险基金支付范围。护理保险费主要通过调整基本医疗保险统筹基金和个人账户基金比例的方式筹集，财政给予一定补助，用人单位和个人不另行缴费。参保人经评估达到半失能和失能标准并需医疗护理后方可享受护理保险待遇。目前主要有三种护理方式：一是入住定点护理机构接受长期医疗护理；二是居家接受医疗护理；三是入住二级、三级定点医院接受医疗专护。护理方式不同，护理保险基金支付和个人负担各有不同。同时，保险经办机构与定点护理机构之间实行“定额包干结算，超支不补”的费用控制管理办法。青岛市的养老模式有助于优化配置医疗卫生资

---

① 黄佳豪，2014. 关于“医养融合”养老模式的几点思考[J]. 国际社会科学杂志（中文版），31（1）：7，11，97-105.

② 黄佳豪，2014. 关于“医养融合”养老模式的几点思考[J]. 国际社会科学杂志（中文版），31（1）：7，11，97-105.

③ 唐文聃，耿蓄芳，张文秋，等，2020. 我国医养结合养老服务的发展现状及困境分析[J]. 质量探索，（1）：77-81.

源，减轻医保基金的支付压力以及老年人及其家庭的经济负担和护理压力，推动医院、社区、患者和医保多方共赢。

第二节　医养结合养老服务高质量供给的标准

“十四五”时期，我国养老服务发展的核心问题是人民日益增长的多样化、多层次养老服务需要与供给发展不平衡不充分之间的矛盾。实现养老服务高质量发展既符合马克思社会发展理论中社会发展与人的发展辩证统一思想及共享发展理念，又是经济发展、国民消费能力提升的现实需要，是落实新的发展观、促进人的全面发展的理性选择①。

著名质量管理专家朱兰认为，产品/服务质量就是其适用性即产品或服务在使用时能成功满足用户需要的程度；质量管理大师戴明提出的“PDCA 循环”将质量控制划分为计划、执行、检查、处理四个阶段②。西方发达国家在长期的养老照护实践中，提出了“整合照料”理念，注重对老年健康服务整个过程的整合，将疾病诊断、治疗、照护、康复、健康促进一系列服务全部纳入一个系统，并对服务的输入、传递、组织、管理、输出各个阶段进行统筹规划和管理，实现机构之间的协同整合。目前，我国社会保障制度改革已进入系统集成、协同高效的阶段，因此医养结合养老服务供给也需要坚持系统整合、主体协同、管理高效及需求导向的系统发展理念。

医养结合养老服务是指提供嵌入医疗、康复、护理、健康管理、临终疏解等项目的养老照护服务的总称。医养结合养老服务高质量供给应该是坚持以人民为中心、以实际需求为导向、资源高度整合、流程高效协同、环境配套完善的服务供给。其中，高质量体现在医养服务供给的输入、递送、输出的全过程中，最终要落脚到提升老年人居家养老的健康、尊严与幸福的目标上。为此，医养结合养老服务供给高质量可以从资源、流程、需求、环境四个方面建构衡量标准，具体体现为资源整合、流程高效、需求回应及环境友好四个维度。

一、资源整合

资源整合体现系统论的思维模式，即通过组织和协调，把医养服务供给相关却相互分离的资源要素整合成一个为老年人服务的系统，取得“整体大于部分之和”的效果。对医养服务的资源整合就是要对不同来源、层次、结构、内容的各类医疗和养老资源进行识别与选择、汲取与配置、激活并加以有机融合，使其具有较强的灵活性、条理性、系统性和价值性，创造出新的服务资源的一个复杂的动态过程。整合就是要优化资源配置，就是要进退留转、取舍并举，达到整体最优。一方面，保证社会人财物、政策、信息、技术等服务资源保质保量进入社区；另一方面，对已有的家庭、社会资本、知识、设施等资源进行进一步优化配置，做到物尽其用，从而保障为老年人提供可持续的高质量医养服务。

① 转引自李丹，李丽萍，2022. 社区医养结合养老服务高质量供给研究[J]. 中州学刊，（3）：59-66.

② 李丹，李丽萍，2022. 社区医养结合养老服务高质量供给研究[J]. 中州学刊，（3）：59-66.

二、流程高效

医养服务从资源配置到满足需求的过程应该是高效能和高效率的。流程决定绩效，医养结合养老服务供给包括治理流程和服务流程，二者最终共同决定医养服务的供给质量。其中，治理流程的规范化程度决定着服务的绩效，服务流程的精细化程度决定服务的水平。从治理流程来看，其规范化程度主要强调流程的完备性、规范性和标准化程度。首先，规范化程度体现在流程的完备性上，完备的流程是效率的基础，医养服务供给流程应具有一般流程的“输入、活动、关系、客户、价值、输出”六大要素。其次，规范化程度体现在流程的规范化和标准化上，这主要是保证流程运作的统一性，避免非相关因素的干扰，最终保障养老服务供给的质量和公平性。从服务流程来看，其精细化程度具体体现在服务主体协同、服务内容多样、服务方式灵活、服务对象普惠等方面，医养结合养老服务主体、内容、方式和对象的结构，即各个组成部分的搭配和排序，会影响服务供给精细化程度和服务流程的效率。

三、需求回应

高质量的医养服务供给必须是以需求为导向的供需平衡的供给，这是服务供给的最终落脚点。需求是引领供给的决定性力量，需求具有层次性、多样性与发展性。老年人对于医养结合养老服务的多样化需求决定了医养服务供给的结构和数量，也决定了养老服务产业的发展趋势，并最终形成一定的养老服务产业结构。简单地说，“以需求为导向”的医养结合养老服务供给就是根据老年人的生理、心理与健康需求，从细节着手打造不同需求的医养康护一体化养老服务，以提高老年人的养老质量，维护老年人的生命尊严。

四、环境友好

环境是医养结合养老服务供给能够长久存续并得到长远发展的重要保障，医养服务需求的有效回应和服务高效治理等目标的实现会受到多变的外界环境因素的影响。环境友好最重要的是宏观制度性环境的营造，制度环境要素是医养结合服务高质量供给的改革动力，能更好促进医养服务供给侧结构性改革。可将制度环境要素划分为政治法律制度、经济资源制度、社会文化制度、医养科技制度四个维度。改善制度供给质量，通过制度建设推动统一的国内养老服务市场的形成，可进一步提高医养服务的质量，从而为老年人提供持续、综合的医养服务。这就要求各项制度设计理念领先，制度内容系统完整、无缝对接和清晰精准，制度执行机制完善且环境优化。

第三节　医养结合养老服务体系的建设与管理

一、医养结合养老服务体系的政策环境

（一）构建并完善分级诊疗制度，加强基层医疗卫生服务能力建设

《全国医疗卫生服务体系规划纲要（2015—2020 年）》《关于推进分级诊疗制度建

设的指导意见》提出建立并完善分级诊疗方式，逐步实现基层首诊、双向转诊、上下联动、急慢分治，并于2020年实现这一目标；《关于城市公立医院综合改革试点的指导意见》要求完善与分级诊疗相适应的医保政策，实行差别化的医保支付和价格政策；《中华人民共和国国民经济和社会发展第十三个五年规划纲要》提出以提高基层医疗服务能力为重点全面建立分级诊疗制度；《全国医疗卫生服务体系规划纲要（2015—2020年）》提出要严格控制公立医院床位规模、建设标准及大型设备配置，支持社区卫生服务机构等基层卫生服务机构的标准化建设；《关于城市公立医院综合改革试点的指导意见》提出推动医疗卫生工作重心下移，并通过推进和规范医师多点执业等具体措施推动优质医疗资源下沉到基层；《关于推进分级诊疗制度建设的指导意见》提出要提升基层医疗卫生机构中医药服务能力和医疗康复服务能力分级诊疗制度的逐步构建以及对公立医院规模的控制，将促使医疗卫生资源下沉，基层医疗卫生服务能力得到提升。因而，社区卫生服务中心等基层医疗卫生服务机构在医养结合今后的发展中能够发挥更重要的作用①。

（二）推动GP作为家庭医生签约服务

《全国医疗卫生服务体系规划纲要（2015—2020 年）》《关于城市公立医院综合改革试点的指导意见》《中华人民共和国国民经济和社会发展第十三个五年规划纲要》均提出推动建立家庭医生制度，由 GP 作为家庭医生签约服务；《关于推进分级诊疗制度建设的指导意见》提出在基层医疗服务机构建立签约服务制度，由签约医生团队为签约家庭提供基本医疗、公共卫生和健康管理服务；《关于推进医疗卫生与养老服务相结合的指导意见》中提出推进基层医务人员与老年人家庭建立签约服务关系，为老年人提供连续性的健康管理服务和医疗服务。

家庭医生制度的逐步建立，将打通医养结合的“最后一公里”，推动医养结合服务延伸至家庭、社区，家庭医生将成为老年人健康的“守门人”。

（三）鼓励多种形式的医养结合，发挥社区医疗机构的作用

《国务院关于加快发展养老服务业的若干意见》中提出支持有条件的养老机构设置医疗机构，要求有条件的二级以上综合医院为老年人提供康复护理及慢性病疗养服务，并提出在社区医疗机构建立家庭医生为老年人提供上门诊视、保健咨询等医疗服务；《全国医疗卫生服务体系规划纲要（2015—2020年）》中提出通过支持有条件的医疗机构设置养老床位、支持有条件的养老机构设置医疗机构、发展社区健康养老服务开展医养结合服务；《关于推进医疗卫生与养老服务相结合的指导意见》提出鼓励养老机构与周边医疗机构开展协议合作，有条件的医疗卫生机构可以通过多种形式、依法依规开展养老服务。

《国务院关于促进健康服务业发展的若干意见》提出要提高社区为老年人提供慢性病管理、康复护理、健康教育和咨询等服务的能力；《全国医疗卫生服务体系规划纲

---

① 滕炜，2016. 医养结合服务体系的重塑[D]. 成都：西南财经大学.

要（2015—2020 年）》鼓励医疗机构将护理服务延伸至家庭，推动社区健康养老服务的发展；《关于推进医疗卫生与养老服务相结合的指导意见》将推动医疗卫生服务延伸至社区、家庭作为医养结合的一项重要任务，推进基层医疗卫生机构和医务人员与社区、居家养老结合，鼓励社区医疗机构与老年人建立签约服务关系，提供定期体检、上门巡诊、健康管理等医疗服务。

（四）医养结合的发展坚持“保基本，广覆盖”

《国务院关于加快发展养老服务业的若干意见》提出坚持保障基本原则，着力保障特殊困难老年人的养老服务需求，确保人人享有基本养老服务；作为医养结合发展的专门性、总揽性指导文件，《关于推进医疗卫生与养老服务相结合的指导意见》中提出“保障基本，统筹发展”的基本原则，把保障老年人基本健康养老需求放在首位，通过医养有机融合，确保人人享有基本健康养老服务。可见，医养结合服务在今后的发展中需要强调普惠性。

（五）推进医疗卫生信息化建设

《全国医疗卫生服务体系规划纲要（2015—2020 年）》《关于城市公立医院综合改革试点的指导意见》《关于推进分级诊疗制度建设的指导意见》均提出要加强医疗卫生服务信息化建设，构建区域人口健康信息平台，建立标准化的电子健康档案及病例数据库，实现健康档案和电子病历的动态更新、信息共享；《关于推进医疗卫生与养老服务相结合的指导意见》中提出推动社区养老服务信息平台与区域人口健康信息平台对接，整合信息资源，实现信息共享。

二、医养结合养老服务体系的构建

“医养结合”面向的对象是全体老年人，将医疗资源与养老服务资源相融合，针对不同阶段、不同健康状况的老年人，医养结合模式是有区别的，比如对于失能、半失能老年人，主要以机构为载体，做好康复护理相关服务，尤其保障特殊困难老年人的健康养老服务需求；对多数老年人，以居家和社区养老为主，通过医养有机融合，确保人人享有基本健康养老服务。

然而从目前实践来看有三种形式，分别是在养老机构中设立医疗机构，在医疗机构中设立养老机构，养老机构与医疗机构合作。这三种形式仅局限于机构养老，实际上医养结合更应该在居家社区养老方面努力探索，加强发展。接下来将分别从居家社区养老和机构养老来分析新旧动能转换背景下构建医养结合健康养老服务体系①。

（一）以居家社区为载体的医养结合健康养老服务体系构建

受我国传统孝文化的影响，绝大多数老年人选择居家养老，一方面可以得到子女的悉心照料；另一方面可以和老邻居、老街坊交流互动，排除寂寞，心情愉悦，有益于身

① 李彧钦，2018. 新旧动能转换背景下“医养结合”健康养老服务体系构建[J]. 劳动保障世界，（35）：17-18，22.

心健康。居家养老与社区密不可分，本书暂且把居家养老和社区养老相结合，统称为居家社区养老。

1. 居家社区养老医养结合服务对象

1）服务对象

按照国际标准，60～79 岁为中低龄老年人，这部分老年人是社区居家养老的主要人群，他们一般是健康状况良好，生活能够自理或者部分自理，主要倾向养生保健、疾病预防、健康管理、文化娱乐、社会参与及社会交往等。

2）服务对象特点

60～69 岁的低龄老年人多数刚从工作岗位退休，身体较为健康，头脑比较清楚，经济独立生活自理，一般与配偶或者未婚子女居住在一起，不但不需要人照顾，反而可以上伺候父母，下照料子女。70～79 岁的中龄老年人，一般和配偶居住或丧偶独居，他们的父母多数已不健在，孙辈逐渐长大不再需要照看，因此上下都没有负担，而自身的身体素质水平开始下降，各种慢性病、常见病出现，更注重保健养生。

2. 居家社区养老医养结合服务内容

以疾病预防和干预为主要内容，将健康管理、康复护理与家庭便民服务相结合。健康且能力较好的老年人主要学习健康知识，获得健康生活方式，进行疾病预防，锻炼身体，养成良好的生活习惯；健康状况较差、能力衰退的老年人，需要进行疾病干预、慢性病诊疗以及康复保健，以便维持自理能力，避免依赖他人。

1）签约社区家庭医生

居家社区老年人与社区医院签约家庭医生，为每位老人建立健康档案，定期上门为老年人服务，进行体检或者诊疗，加强对老年人慢性病和常见病的健康指导和综合干预。

2）健康咨询服务

在社区医院、养老驿站等地点设立专门的健康咨询服务台，方便老人咨询健康方面的知识与问题；定期开设医疗保健培训班，进行老年人健康教育，将健康老龄化理念和医疗养生保健知识宣传进社区和家庭，帮助老人增强和提高自我保健意识与能力。同时，对老年人健康的生活方式和健身活动加以指导，提升老年人健康素养水平。

3）康复护理服务

社区医院、养老驿站，医疗机构将康复护理服务延伸推送到居民家庭，通过上门护理、家庭病床为老人提供康复护理服务。此外，将中医技术和中医药与养老结合，发展中医药养生保健服务，如针灸、按摩、拔罐、刮痧，中医在调理体质，预防保健养生方面疗效显著。

4）“互联网+”远程健康管理服务

围绕养老需求，加强老年健康领域科学研究，研发老年人可穿戴医疗设备和健康支持技术，运用“互联网+”技术，依托社区各类网络服务信息平台，发展数字化诊疗，进行健康监测，推进远程医疗、移动医疗，建立电子健康档案，通过呼叫服务系统和应急救援机制，构建老年健康管理网络，为居家社区老年人提供持续性健康管理和医疗服务。

3. 居家社区养老医养结合服务形式

居家社区医养结合服务形式主要为社区医院、社区卫生服务中心、老年人日间照料中心、养老驿站、老年活动中心及互助式养老服务中心等。

（二）以机构为载体的健康养老服务

1. 机构养老医养结合服务对象

1）服务对象

80 岁以上的高龄老年人，包括 90 岁以上的长寿者，独居者较多，他们中多数子女不在身边，或者工作繁忙，无暇照顾老人，因此托付给机构进行养老。

2）服务对象特点

步入高龄阶段的老年人，身体机能开始下降。尤其进入机构养老的高龄老年人失能、半失能、失智情况比较多，生活难自理或自理能力较差，需要长期护理和医疗服务，基本不能继续为社会服务；他们中大部分已丧偶，并且女性多于男性，经济收入比较薄弱，文化程度整体偏低。

2. 机构养老医养结合服务内容

对于不能自理、失能的老年人主要以长期照护为主，对于半失能老年人侧重疾病干预、康复护理、康复训练及生活照料，在生命的最后阶段需要临终关怀（安宁疗护）和哀伤辅导等相关服务。

3. 机构养老医养结合服务形式

医养结合机构养老主要有三种形式，在养老机构设立相关医疗机构，在医疗机构设置养老机构，养老机构和医疗机构进行合作。大型养老机构有条件设立医院、护理院、康复院；中小型养老机构可以设置配套医务室或护理站；小微型医疗机构可以与周边的医疗机构合作实现医养结合。积极发展各种康复医院、护理院、老年病医院、临终关怀机构等医疗机构。

三、构建医养结合服务体系需要的配套机制

医养结合服务体系，为老年人提供持续、协调、方便、有效的医疗与养老服务，不仅需要“医”“养”跨部门协作，还需要来自“医”“养”机构及其他组织的 GP、护士、社会工作师、理疗师、养老护理员等相互协作，实现老年人生活照料、医疗、护理服务上的协调，实现“医—养—护”一体化。这就要求在重塑的医养结合服务体系中有相应的协调机制和配套制度来保证“医”“养”的有效衔接与运转。

（一）构建医养结合服务序列

按照老年人的身体健康状况将医养结合服务的对象划分为五类，其中每一类老年人在医疗、护理、生活照料方面的需求较为相似。在对医养结合所服务的老年人进行分类的前提下，构建出相应的医养结合服务序列，提高医养结合服务的针对性和有效性。根据老年人在医养结合服务中需求的相似性及层次性，将医养结合服务序列分类如下。

第一类：身体健康状况较好，生活能自理的老人。对这类老人提供的医疗服务以预防保健为主。若这类老人在社区养老，则主要通过社区医疗服务来满足其服务需求。若这类老人在机构养老，则根据养老机构医养结合的具体方式由养老机构或医疗机构提供相应的医疗服务。

第二类：失能、失智，但无病患的老人。这类老人的医养结合服务应以生活照料、日常护理、预防保健、健康管理为主。在社区内养老的这类老人的生活照料、日常护理需求可由家庭提供，也可以通过社区日间照料中心来满足，预防保健、健康管理等基础性医疗服务主要通过社区医疗卫生服务来满足。在机构养老的这类老人，由养老机构提供生活照料与日常护理，预防保健、健康管理等基础性医疗服务根据养老机构医养结合的具体方式由养老机构或医疗机构提供。

第三类：患有慢性病或其他常见老年病，但生活能自理的老人。这类老人在养老过程中的医疗服务以基础性医疗、慢病管理、健康管理、预防保健为主。在社区养老的这类老人主要通过社区医疗服务来满足。机构养老的这类老人，根据养老机构医养结合的具体方式由养老机构或医疗机构提供基础性医疗、慢性病管理、健康管理、预防保健等医疗服务。

第四类：患有慢性病或其他疾病、病后康复，且生活不能自理的老人。需要为其提供生活照料、日常护理、医学护理、健康管理等较为全面的“医”“养”服务。在社区养老的这类老人的生活照料、日常护理需求可由家庭提供，也可以通过社区日间照料中心、托老所来满足。社区养老老人的医学护理、健康管理等医疗需求根据病情严重程度、经济状况等可选择社区卫生服务来满足，也可通过护理院、护养中心之类的具备医学护理能力的医疗护理机构来满足。在机构养老的这类老人，根据养老机构医养结合的具体方式由养老机构或医疗机构提供医学护理、健康管理等医疗服务。

第五类：绝症晚期、临终关怀老人。对这类老人的医养结合服务以生活照料、日常护理、心理慰藉为主。在社区养老的老人可以通过家庭满足以上需求，也可以通过社区日间照料中心或社区卫生服务机构来满足。机构养老老人的以上服务需求则由养老服务机构来满足。

（二）构建医养结合服务需求评估制度

要准确全面地了解老人需要哪些养老医疗服务，就要求有一个科学的评估标准。只有根据科学的评估标准进行全面、准确的评估后，才能对老人需要的各种医疗、养老服务进行分类“打包”，从而提高医养结合服务的针对性、实用性。目前对老年人护理需求进行评估的标准主要有各类日常生活活动能力量表、护理分级标准，但不够全面，“医”“养”评估不协调，缺少对服务需求的纵向层次划分以及横向的分类整合。

完整的医养结合服务评估应当能够评估出老人在生活照料、医疗、护理方面的需求情况。具体而言，评估的内容应包含：①日常生活自理能力情况，包括躯体生活自理情况、工具性日常生活能力情况等；②患病情况，包括病史情况、慢性病患病情况等；③经济情况；④养老环境，包括养老方式、居住环境等。

有了医养结合服务评估制度，那么由哪些人对老人进行医养结合服务的需求评估呢？医养结合服务强调老年人医疗、护理、生活照料服务之间的协调性、无缝隙性、持续性，以提高服务的有效性。因而，老年人医养结合服务需求的评估应由 GP、护士、社会工作师、理疗师、养老护理员等多元化、专业化的人员组成评估小组进行评估，从而保证对医养结合服务需求评估的准确性、全面性。

就医养结合需求评估人员的组成而言，可以从医养结合服务体系的组成单位中挑选多位合适的 GP、护士、社会工作师、理疗师、养老护理员组成需求评估委员会，每次需要进行评估时可以从评估委员会随机抽选评估人员组成需求评估小组进行需求评估，这可以看成是一种第三方需求评估。当然，也可以由为老人提供医疗、养老服务的“医”“养”机构分别派人组成一个临时评估小组对老人进行医养结合服务需求评估，这种组建评估小组的方法较为简单，但可能影响评估的准确性。

（三）构建完善的健康信息管理制度

在重塑的医养结合服务体系中，为老年人提供医养结合服务的“医”“养”机构需要协作，来自“医”“养”机构及其他组织的服务人员也需要协作，针对老年人提供的医疗、护理、生活照料各类服务之间需要协调。这就要求建立完善的健康信息管理制度，实现老人健康、诊疗相关信息在遵守相关保密规定的前提下在医养结合服务体系内部共享，这样能对老人的病史及身体健康状况有更为详尽的了解，以减少重复检查，提供精准有效的各项医养结合服务。老年人的健康档案信息要尽可能地记录详细并保持动态更新。此外，还需利用互联网技术或信息处理平台，加强对健康档案中定性、定量数据的分析利用。

（四）构建完善的“双向转养”、双向转诊制度

双向转养是指根据老人身体健康状况的变化或意愿让其能够在生活照料型养老机构（包括日间照料中心）、长期护理型养老机构、医学护理机构（康复院、护理院）之间双向流转。

双向转诊，是指下级医院在患者病情危重或无法确诊时转诊至上级医院进行诊疗，上级医院在患者病情稳定进入康复期时转诊至下级医院，实现“小病在社区，大病进医院，康复回社区”。双向转诊制度虽然已经存在，但在具体实施中存在“转上之后难转下”等问题，因而需要完善。开展医养结合服务，还应开通针对老年人的危急重症“绿色通道”，保障老人的生命安全与健康。

（五）由 GP 作为家庭医生签约服务

医养结合不仅要解决机构养老老年人的医疗护理问题，还要覆盖广大家庭养老、社区居家养老老人。我国老年人中 90%以上选择家庭养老、社区居家养老，这就需要将医疗卫生服务延伸至社区、家庭。GP 作为“多面手”，能够进行全科诊疗，由 GP 担任家庭医生，通过上门巡诊、健康教育与咨询、用药指导等服务方式，能够为老人提供便捷有效、综合持续的医疗服务。家庭医生对签约老人的健康状况进行持续跟踪观察，不仅

能做好老年人健康保障的“守门人”，还能够提高诊疗的有效性。

（六）形成个性化的医养结合“服务包”

第一步，全面的医养结合服务需求评估。

在老年人申请医养结合服务或入住养老机构时，先要对老人生活照料、医疗、护理三方面进行全面、综合的服务需求评估。评估的内容包括健康状况、患病情况、自理能力、精神智力情况、经济状况、养老环境等。

第二步，根据需求评估结果为老年人制定医养结合“服务包”。

评估完成后，根据评估结果为老年人勾选相应的生活照料、医疗、护理方面的服务项目，从而形成个性化的医养结合“服务包”。在为老年人制定医养结合服务方案时要综合考虑老年人的身体健康状况、经济能力、养老方式、家庭情况等影响因素。同时，还要尊重老年人的自主选择权利与意愿，只有综合考虑了以上多个因素后形成的医养结合“服务包”才是老年人的有效需求所在。医养结合服务需求评估完成后，要将评估中获得的相关信息记录在老年人的健康档案中，方便以后为老年人再次进行需求评估或对老人进行诊疗时查阅、参考。

1. 由不同主体提供个性化的医养结合服务

重塑的医养结合服务体系融合医疗机构、养老机构中的多个服务主体，从而形成完整的“医—养—护”服务体系。因而，在老人的医养结合“服务包”制定完成后，还需要将医养结合“服务包”的各项服务内容按老人的养老方式、需求门类、需求层次、个人意愿分门别类地“分派”给合适的服务主体。

在社区养老老年人的日常生活照料、非治疗性护理主要由家庭、社区日间照料中心来提供，基础性医疗服务主要由社区卫生服务机构来提供。机构养老老人的基础性医疗服务需求，可由养老机构内的医务室提供或“医养联盟”的医疗合作单位提供。危急重症老人则通过双向转诊、危急重症“绿色通道”送往大型综合医院进行救治。

2. 对医养结合服务进行评价、反馈

某项医养结合服务进行了一段时间或服务结束后，由接受医养结合服务的老人或其家属对该项服务进行满意度评价，评价的内容包括服务的有效性、服务态度、收费情况以及意见建议等方面。在评价完成后，通过相应的传递机制将评价结果与意见建议反馈给服务的提供主体，以便对服务进行改进或调整。并在对服务人员进行奖惩时将医养结合服务评价结果作为一个参考因素。

3. 对老年人服务的持续跟踪与动态调整

在老年人的整个养老过程及接受医养结合服务的过程中，应对老人的身体健康状况、养老方式、家庭基本情况等进行持续跟踪，定期或不定期地对老人进行医养结合服务需求评估，从而了解老人在生活照料、康复护理、医疗保健等方面的需求变化，并根据评估结果对医养结合服务的内容及时进行调整，以保持医养结合服务的持续性、动态性和有效性。

第四节　医养结合养老服务人才管理

一、医养结合养老服务人才现状

《2021年中国卫生健康事业发展统计公报》的数据显示，截止到2022年7月，全国两证齐全（指具备医疗机构执业许可或备案，并进行养老机构备案）的医养结合机构共有6492家，医疗机构与养老机构建立签约合作关系的有7.8万对①。在医养结合养老服务模式下，医疗、护理、康复、信息化等实用型专业化高素质养老服务人才已成为巨大刚需。

（一）老年医学人才

截至2021年12月，我国超过1.9亿老年人患有慢性病，患有一种及以上慢性病的比例高达75%②。这表明我国养老服务产业对老年医学、全科医学等医疗人才的需求与日俱增。老年病具有发病缓慢与隐匿、病情变化突然、多病共存、病因复杂、治疗难、预后差等一系列临床特点。而老年医疗卫生服务需要多学科、多专业人才联合协同，其中最关键的是老年医学专科医生。我国亟待培养满足现代养老体系需求的老年医学及全科医学等专业人才，建立一支具备老年病防治知识的专业医疗队伍。截至2022年6月，国内从事老年科工作的医师不足5000名，且均来自其他专科，尚无人获得老年医学专科医师资质，相对于我国两亿多老年人健康与医疗的巨大需求，只是“杯水车薪”。然而，老年医学专业对于绝大多数医学生而言并不是一个具有吸引力的专业，甚至存在老年医学专科医生流失的问题。我国尚未形成针对老年医学专业的综合性教育政策体系，更没有为其构建专有的人才选拔与培养体系、职称职位晋升机制及专项福利薪酬待遇；同时，我国还未建立起完善的医生多点执业制度③。以上皆为制约我国养老服务体系医疗人才发展壮大的重要客观因素。

（二）老年护理人才

医养结合服务的短板在医，但缺乏的是护理人才。2019年10月，人力资源和社会保障部、民政部联合发布的《养老护理员国家职业技能标准（2019年版）》指出，确保到2022年底前培养培训200万名养老护理员；然而，全国养老院服务质量建设专项行动统计表明，我国养老护理员仅30万名，远不能满足现行养老服务需求。如果按照国际标准来计算，每3位失能老年人需配备1名护理人员，我国需要的养老护理人员则在1300

① 国家卫生健康委员会，2022. 2021年我国卫生健康事业发展统计公报[EB/OL]. http://www.nhc.gov.cn/guihuaxxs/s3586s/202207/51b55216c2154332a660157abf28b09d.shtml[2022-07-12].

② 人民网，2021. 我国1.9亿慢性病老人面临长寿不健康问题 国家卫健委开“良方”[EB/OL]. http://health.people.com.cn/n1/2021/1209/c14739-32303746.html[2021-12-09].

③ 冯运红，李小平，胡德华，等，2021. 医养结合模式下中国养老服务人才培养策略[J]. 中国老年学杂志，41（11）：2444-2447.

万名以上，人才供给与养老需求严重失衡[①]。专业照护人才短缺是构建养老照护体系的瓶颈性问题。养老护理员具有收入待遇低、社会地位低、劳动强度高、流动性高的特征，因此护理人才引入难度大、护理员队伍不稳定。我国医养结合养老机构的养老护理员的专业技能和素质良莠不齐，大多年龄大、学历低，且持证率低。持证养老护理员人数少，护理人才资源匮乏、质量低下及能力不足导致康养护水平和养老服务质量大打折扣，致使老年人的生活质量得不到强有力的保障。培养具备现代养老服务技术和理念，以及具有较强实践技能的社会实用型专业护理人才是大势所趋。

（三）康复医学人才

随着年龄的不断增长，老年人身体的各项机能日渐衰退，受社会环境和心理等多重因素的影响，多种疾病与功能障碍并存，若不及时有效地进行康复干预与治疗，易使局部或者全身功能废用，导致老年人生活无法自理甚至失能。老年人慢性病发病率逐年上升，失智失能老人数量不断激增，使日益壮大的老年人群对康复医疗的需求越来越大。2017 年 10 月，《国家卫生和计划生育委员会关于印发〈康复医疗中心、护理中心基本标准和管理规范（试行）〉的通知》规定，设置住院康复床位的，应按每床至少配备 0.5 人的标准配备卫生专业技术人员，其中医师、康复治疗师和护士比例不低于 1∶2∶3；康复医疗中心未设置住院床位的，应配备医师不少于 1 名，康复治疗师不少于 2 名。按照国外养老相关经验，养老机构每 100 名老人需配备至少 1 名康复治疗技术人员，我国养老机构将需要 7.353 万名以上的康复治疗技术人才。根据国家卫健委要求的人员配备标准，尚需康复医师 5.8 万名/治疗师 11.6 万名，同时还需社区综合康复人员 90.2 万名，而现有康复人才不足 1/10，存在巨大的人才缺口[②]。2017 年 3 月，国务院关于印发《“十三五”国家老龄事业发展和养老体系建设规划》的通知强调要支持和加强康复医师、康复治疗师、康复辅助器具配置人才的培养。这为我国康复医学人才的培养提出了宏观规划，也为康复医学人才队伍的发展壮大带来了机遇和挑战。

（四）医学信息人才

“互联网+”大环境下，为适应国民经济发展和生产力配置需要，依托网络推进养老进程是实现新型养老服务的必然途径。必须切实加强老年弱势群体的信息服务，着力改善老年人生活品质。在医养结合养老模式进程中，信息化管理服务人才必不可少。信息化智慧养老服务包括智能养老设备的开发和使用，信息化的健康管理与诊疗技术，对老年人行为健康远程监测和跟踪，满足老年人精神需求与心理慰藉等，相较于传统的养老服务模式，减少了不必要的人力物力资源，能及时接收到老年人日常的健康行为反馈，很大程度上保证了老年人的生命安全，提高其生存质量。因此，应大力培养信息化管理人才与技能人才积极投身于医养结合养老服务机构当中。

---

① 冯运红，李小平，胡德华，等，2021. 医养结合模式下中国养老服务人才培养策略[J].中国老年学杂志，41（11）：2444-2447.

② 佚名，2017. 国家卫生和计划生育委员会关于印发康复医疗中心、护理中心基本标准和管理规范（试行）的通知[EB/OL]. https://www.scart.org.cn/portal.php?aid=137&mod=view[2017-11-10].

二、医养结合养老服务人才的培养与管理

（一）政府

政府应从顶层设计、总体规划、宏观调控、精准施策方面着手。政府部门要充分行使其政府职能，不断完善顶层设计和总体规划，制定有关养老服务人才培养的具体政策方针，培养出数量和质量兼收的优质人才；出台相应的法律法规保障养老服务人员的权益，使社会大众对其工种的误解和偏见有所改观，引领社会舆论方向，提高养老服务人才的社会地位及其职业优越感，激励更多更广的人才跻身于养老服务产业。市场在资源配置中起决定性作用，国家或政府在宏观调控的同时，要以市场需求为导向，做到统一部署、分步实施，防止政策碎片化、管理部门化。尤其是各级监管部门，要严格执行监管任务，行使监督职权，使其相关的培养培训政策、就业指导方针、职业资格评定、职称晋级晋升、薪资福利待遇等权益真正地得到落地落实。另外，各级各地政府部门还要制定并形成规范的院校培养机制，建立并完善包括中职、高职、本科、硕士、博士等在内的多层次、高素质的养老服务人才培养体系，规范包括医疗人才、护理人才、康复人才、医学信息人才、健康管理人才等多元化人力资源培养的教学标准体系，着力培养符合当前社会发展和市场需求的养老服务人才。国家还应将从事养老服务人员的信用严格纳入征信体系，避免不确定性因素引发人才的随时变动与流失。

（二）院校

院校应从对接需求、多元优质、完善专业人才培养体系方面着手。各级院校是培养养老服务人才的主要阵地，发挥着举足轻重的作用。要充分发挥和利用各级院校的独特优势，加大对教育教学人力、物力及财力等资源的投入，培养多元化多层次高质量养老服务专业人才。首先，完善相关课程标准设置，编写相关专业教材，开展相关教学改革，增设家政服务、健康管理、社会工作等相关专业；校企合作，产教融合，发展实训基地，构建实践平台，使理论教学与实践实训教学相结合，致力打造一支具有高水准社会实践知识与技能的专业化养老服务人才队伍。其次，打造养老服务专业师资队伍。鼓励高校教师深入临床医疗和社会养老机构，不断积累养老教学经验，开展科学研究，创新教学理念与方法；引进临床实践经验丰富的资深专业教师进行一线教学，充实壮大师资力量；重视教师队伍的学历教育与继续教育，加强“双师型”教师队伍建设；支持青年教师“走出去”，把国内外先进的养老理念、教学经验、人才培养路径“带回来”；聘请心理咨询师、公共营养师等专业型教师人才，为养老师资注入新鲜力量，提升师资综合水平。再次，创新招生宣传方法，吸引招揽学生报考，缓解养老服务专业招生难题。通过各种宣传平台对院校现状、专业前景、就业需求、成长成才典型等进行剖析，引导学生、家长及全社会认识社会服务产业的远大前景；加强对优先录取、学费减免、定向就业、奖助学金等政策的宣传，吸引社会关注、学生报考。最后，在着重培养养老服务人才的专业知识和技能的同时，强调人文关怀对提高老年人生活质量的重要性，切实加强专业人才人文理念的培养；开设人文医学、医学伦理学、人际沟通与交流等学科，充分发挥课程思政的作用，培养学生良好的职业认同感、归属感和荣誉感，提升其人文素养和综合

素质。

（三）机构

机构应明确双方职责，健全协作机制，防止人才流失。医疗、养老机构在养老服务人才的培养上都起着举足轻重的作用。无论医养结合养老服务是以何种模式建立，相关机构都应该明确双方职责，健全协作机制，建立起合适的人才选拔机制和激励机制，制定出一系列规范的人才培养方案，广揽人才，留住人才。一是按照人力资源和社会保障部、民政部共同颁布的《养老护理员国家职业技能标准（2019 年版）》开展执业职能等级认定，制定岗前培训、在职培训和终身学习的培养规划。依据不同专业人才的特点特长，结合传统的教学培训方式，运用现代网络信息科学技术，开展多元化、多样化的培养模式，启发受训人员的发散思维和创新意识，增强其学习与服务的积极性与主动性，保证培训效果及后期服务质量。二是鼓励执业医生到养老机构设置的医疗服务点进行多点执业，支持 GP、老年科医生、中医康复医师等专业人才在养老机构开展疾病预防、养生保健、营养健康等养老服务，并将其纳入绩效考核评估标准体系，在激励人才不断优化自身知识与技能的同时，又使其服务行为切实得以实施而不仅局限于形式。三是针对养老服务人才离职率高、流失率大及流动性强等特点，建立医疗机构和养老机构服务人员轮流进修培训机制，促进人才有序有计划流动；相关机构还应加强入职教育，按照国家相关规定，依法签订劳动合同，明确机构与从业人员的相关权利与义务，减少人才流失。

（四）社会

制造良好舆论，尊重知识与人才，支持养老产业发展。社会服务行业如家政服务人员、心理咨询师、公共营养师、社会工作者等朝阳行业人才，要充分了解国家的大政方针和发展动态，正确认识养老服务产业的职业前景和社会地位，转变择业就业观念，为养老事业注入更多的新生力量，实现自身的人生价值和社会价值。社会大众要改观对养老产业及其养老服务人员的误解和偏见，在全社会弘扬尊重劳动与知识、尊重科技与人才的良好社会风气，制造良好的社会环境，营造良好的服务氛围，同时对养老服务人才的培养和养老产业的发展做好社会舆论监督，推动养老事业不断发展。

综上，要坚持由国家或政府统一部署、整体规划进行顶层设计，各级院校与医疗机构、养老机构及社会严格贯彻执行相关的方针、政策和路线，构筑合作联盟，切实做到校企结合，医养结合，协同发展，发挥合力优势，不断优化人才结构，整合人力资源，深层次培养和挖掘人才，实现市场需求与人才资源的合理配置和有效对接，只有这样，才能充分发挥人才资源在养老服务产业中的生力军作用，提升养老服务水平，提高老年人生活质量，使医养结合模式下的养老服务产业日趋走向成熟。

第九章　智慧养老服务管理

当前，严峻的老龄化趋势为每个家庭带来了巨大的养老压力，在信息技术持续给社会各领域带来深刻变革的今天，利用信息技术优化养老资源配置，创新养老服务模式是应对养老困境的必由之路。传统养老向智慧养老服务转型，既是单个养老方式的智慧化转型，更是养老服务中各主体相互协作、发挥各自优势满足多层次需求的过程。

第一节　智慧养老服务概述

人类社会正在由工业社会走向信息社会，人类社会生产体系的组织结构和经济结构正在经历信息革命带来的巨大变革。信息技术在各行各业有极其广泛的应用前景，养老服务业也在经历信息技术带来的变革，智慧养老正在成为一种新的发展方向，其基于智能工具的个性化服务正在为老龄服务业的发展开辟一片新的天地。

随着信息技术对养老产业的不断渗透和融合，涌现出一系列与养老信息化相关的概念，如“数字化养老”“网络化养老”“智能养老”“智慧养老”等。这些概念的出现与信息技术和养老产业的融合密切相关。其中，“智能养老”指的是将信息技术叠加到原有养老服务模式之上，在不改变原有模式的前提下提高效率；“智慧养老”则更注重利用大数据、云计算、物联网等技术，实现老年人需求的自动识别并加以满足，同时满足政府部门管理的需要并提供决策支持，帮助涉老企业低成本获取老人需求。

一、智慧养老的内涵①

在结合众学者见解的基础上，本书认为智慧养老是指利用信息技术和智能设备（如互联网、社交网、物联网、移动计算等），围绕老人的生活起居、安全保障、保健康复、医疗卫生、娱乐休闲等方面，建立系统服务与互动平台，支持老年人的生活服务和管理，通过整合公共服务资源和社会服务资源来满足老年客户在安全看护、健康管理、生活照料、休闲娱乐、亲情关爱等方面的养老需求，对涉老信息自动监测、预警甚至主动处理。

总体而言，智慧养老服务是利用感知化、智能化手段，构建实时监测、智能预警、快速响应的适老生活环境，保障老年人安全；通过以整合技术为基础的信息化服务平台，集成多方主体，共享老年人信息，有效调配监护资源，精准匹配多层次服务需求，实现医养护融合；通过多种数据挖掘技术，对老年人个体的全数据进行长周期的追踪建模分析，发现其身心健康的演化规律，并生成改善方案；建立畅通的服务反馈机制，

---

① 李彩宁，毕新华，2018. 智慧养老服务体系及平台构建研究[J]. 电子政务，（6）：105-113.

关注老年人的声音，发挥老年人在平台建设中的积极作用；以人性化、专业化、智能化的方式提高老年人生活质量，践行积极应对老龄化的理念，帮助老年人保持健康、幸福、独立。

基于上述论述，智慧养老是多主体相互联系而构成的一个服务体系。在传统认知上，中国人以血缘和人情为价值观基础，讲究“孝道”，信奉“养儿防老”，注重家庭观念。网络调查显示，选择依托社区居家养老的超过 50%[①]，智慧家居和智慧社区建设是智慧养老服务体系的首要内容。同时，家庭小型化、人口流动加速，以及老年群体高龄化、空巢化等发展趋势为专业化的机构养老带来需求空间，提供居家化的养老服务是智慧机构养老的发展趋势。养老服务是社会责任的一部分，政府针对老年群体的政策保障和制度安排是养老产业发展的重要条件，智慧养老服务的发展离不开智慧政府构建的养老社会基础。

智慧家居是基础。智慧家居是指根据老年人居家需求进行设计改造的宜老家居环境，在减少对老年人日常活动干扰的前提下，预测非正常行为并对潜在的危险行为做出警告，其建设内容包括环境状况智能监测、生理指标智能监测、活动情况智能监测和慢性病自我管理。老年人普遍存在对环境变化反应迟缓的问题，实时监测温度、湿度、烟尘、煤气、光照、压力等物理环境指标，可实现环境智能调控和出现异常状况及时报警；老年人器官组织老化、发病率增加，定期自动收集体温、体重、心率、血压等基本生理指标，可实现自动检查健康状况，按需及时提供帮助；老年人肢体活动和社交活动均对其身心健康的保持有重要意义，在对肢体活动（如行走步数、活动范围等）、社交活动（考虑隐私问题只记录声音分贝）信息进行记录分析的前提下，可判断出老年人行动、社交活力并给出改善意见；老年人患慢性病、多病共存现象普遍，通过智能血糖、血压仪及用药提醒系统，可以帮助老年人进行慢性病的日常自我管理。

智慧社区是依托。针对社区老年人群体提供相关服务，包括紧急救助服务、智能物业服务、文化娱乐服务、日间托管服务等。老年人日常活动范围较小，在家中或周边发生意外情况时，依托社区的服务支持系统可以快速采取措施进行紧急救助，第一时间处理危机，将伤害降到最小；同时，老年人需要应对各种烦琐的生活服务，如水电费、物业费、故障报修等，智慧社区应简化流程，主动服务；通过组织社区老年人开展文化娱乐活动，满足老年人社会交往、社会参与需求；建立空巢、失能老人的日间托管系统，提供用餐、洗漱、护理等日常照料服务。

智慧机构是补充。机构养老方式具有服务专业化、集体生活排解孤独等优势。传统的机构养老由于其封闭式管理和缺少人性化的弊端遭到了大部分人群的抵制。智慧机构养老提供开放式陪护服务、专业化健康支持、品质化生活照料，培养老年人归属感和社会认同感。缺乏亲情滋养是机构养老的一大劣势，养老机构应运用互联互通的信息技术改变服务模式，打通家庭和社区养老隔阂，提供开放式陪护服务；最核心的养老需求正是健康护理，智慧养老机构配备专业的护理和康复人员为老年人提供健康支持；养老机构应改善公众认知，从粗线条的生活照料服务向品质化多方位服务转型，须从饮食、生

---

① 李彩宁，毕新华，2018. 智慧养老服务体系及平台构建研究[J]. 电子政务，（6）：105-113.

活用品、环境设施到健康、运动、娱乐活动等方方面面进行改造，提供标准化、人性化的日常生活照料服务。

智慧医疗是要点。针对老年人群体多病共存、变化快等患病特点，建立动态健康档案，实行远程健康指导，重视康复护理服务。收集老年人生理数据和诊疗记录，建立个人健康档案，定期生成分析报告，评估老年人健康水平应针对老年人行动不便的特点，提供远程诊疗服务；老年医疗保障以预防保健为主、治疗干预为辅、功能康复为目标。

智慧政府为保障。政府应当健全社会保障体系，建设老年宜居环境，完善老龄产业法规，积极应对人口老龄化。以多方位、全覆盖的方式保障老年人基本生活、医疗和护理服务；推动公共设施无障碍改造，加强老年服务设施的安全隐患排查和监管；完善老年用品和服务市场的准入标准，整治不良商家利用老年群体牟取非法利益的行为，促进老龄产业健康发展。

多种养老方式在进行自身智慧化改造的同时，以整合技术为基础，相互配合和集成，共同协作，发挥各自的优势和功能，从而形成全方位、一体化的智慧养老服务体系。

二、智慧养老与传统养老服务信息化的差别①

智慧养老与传统养老服务信息化的最大区别是智慧养老服务平台可以起到综合性的枢纽作用，对服务的供给与需求进行对接，对服务质量进行监督和管理。随着智慧养老的不断发展，智慧养老服务平台的枢纽作用越来越明显。

从市场角度来看，智慧养老服务平台是养老服务需求的集散与分发枢纽，其连接了老年人或其子女的呼叫终端与护理人员、志愿者、医院等服务实体的接入终端，有效地将周边的养老服务资源整合起来，有效地利用智慧养老服务平台的枢纽作用来提高养老服务资源配置的合理性和高效性。智慧养老服务平台运用的技术不仅覆盖了物联网和互联网技术，还将海量需求数据按照紧急程度和先后顺序进行分类处理，再结合对养老服务资源的整合，从而实现按照老年人终端发出的不同需求配置出合适、快捷、高效的养老服务。

从监管角度来看，智慧养老服务平台是串联省、市、区县、街道、社区各级政府养老事业的枢纽。在平台体系下，省/市级政府主管部门能够及时掌握全省/市养老事业的发展状况和数据信息，实现统抓统管，同时能够将管理触角有效下延至业务末梢，实现垂直透明；区县级政府主管部门能够通过平台对全区县养老政府购买和市场行为信息进行实时监控，并对相关资源进行有效调度；街道/社区级政府主管部门能够以平台为管理服务抓手，将养老事业各方面工作有效落实到位。

三、智慧养老的意义②

智慧养老以用户需求为基础，以互联网思维为指引，结合云计算、大数据、物联网、

① 沙勇，周建芳，白玫，2019. 养老服务管理[M]. 北京：社会科学文献出版社.

② 沙勇，周建芳，白玫，2019. 养老服务管理[M]. 北京：社会科学文献出版社.

人工智能及量子通信等新技术手段，实现数据采集、存储、挖掘、服务自动化、服务智能化。智慧养老服务平台使用户需求、政府监管、服务响应和资源调度在统一的平台框架下进行交互，实现信息的高度汇聚，成为用户寻求养老服务的一站式入口，成为养老服务企业提供服务化中心的一站式展示平台、政府监管的综合数据分析展示渠道、资源调度的一体化平台、从而可以积极应对我国人口老龄化情况的迅速恶化，特别是2030—2050年人口老龄化高峰期的严峻挑战。切实从老龄化社会这一基本国情出发，把应对老龄化社会的挑战列为未来中国发展战略之一。因此，建设一个依托现代信息技术的智慧养老服务体系，具有以下几点重大意义。

（一）满足老龄化社会的服务需求

国外一些国家和我国一些地方的实践表明，智慧养老的主体支撑是信息科技。老年人对信息科技的需求是多层次、多方面的。尤其是生活自理困难或失能老年人，更需要智能化养老服务的技术支持。我国的养老服务业发展必须与现代信息科技紧密结合，才能走上高水平发展的道路。以智能化引领养老服务方式转变，是养老服务业发展的新方向。

（二）推动养老产业结构升级

"智慧养老"平台通过线上平台与线下服务资源聚合，发挥线上平台在用户引导、资源调配和服务管控方面的优势，与线下服务主体结合，使用户及社区居民能够以社区为基础就地享受身边的养老服务。及时、充分的需求信息推动服务提供商通过规模化效应提高效率、强化服务质量，鼓励专业化分工，让最合适的人做最合适的事情。原本割裂的服务供给通过平台的串联能够形成一个整体性的服务解决方案，进一步实现资源效率最大化，强化供给侧结构性改革能力。服务通过平台统一标准审核后均可以进入平台提供服务，其中不但涉及养老从业企业，还涉及与民生服务相关的各个产业，如餐饮业、家政服务业、医疗健康产业、智能制造产业、农业等，具有极强的带动效应。

（三）促进老龄大数据的生成

以信息技术为手段，以智慧养老服务平台为纽带，将需求和服务资源引导至平台进行撮合和资源调度，在服务过程中的关键点采集服务数据，通过多数据一致性比对实现对全过程的服务质量监管，通过多样化数据采集和挖掘，分析用户潜在需求，引导养老企业改进服务质量，增加服务内容，从而进一步强化供需匹配，带动产业实现良性和可持续发展。据估算，当"智慧养老"平台进入稳定运营期，服务用户规模达到500万人时，每天仅从用户层面产生的异构化数据量将达到8亿～10亿条，如果将物联网设备及系统日志等产生的数据也统计在内，每日数据量可达到50亿条①。用户、养老企业、政府决策的数字化分析与挖掘将得以在互联网层面进行全面细致的展示与分析。

① 沙勇，周建芳，白玫，2019. 养老服务管理[M]. 北京：社会科学文献出版社.

（四）推动“时间银行”的进程

把“时间”与“公益”挂钩，卡恩（Edgar Cahn）提出并倡导的“时间银行”是指人们将参与公益服务（如为老年人服务）的时间存入时间银行，当自己需要服务时，可以从中支取服务时间。该理念提出后，得到了世界各国的认同，但是，“时间银行”没有大面积得以实施的原因是它必须具备一体化的国家信用。运用国家信息技术、国家计算标准和国家管理网络，建立全国一体化的智慧养老服务平台和智慧养老云服务体系，可以解决“时间银行”无法大面积实施的问题，带动志愿者，以老助老，充分发挥各级社会资源的作用，形成良性互动，使年轻人、中年人和低龄健康老年人动起来，实现服务互换，有效缓解了养老现实服务需求和有效需求的不对称现状，弘扬了社会主义核心价值观，造就了现代社会迫切需要的志愿精神，促进了社会的和谐发展。

（五）养老体系标准化和规范化的需求

标准化对养老服务业务普及、模式创新、管理规范及质量评估起到了至关重要的作用。智慧养老服务平台从系统的复杂性角度来看会和不同层次、不同阶段及不同体系结构的系统进行整合和集成，如全国公共卫生服务平台、区域公共卫生服务平台、国家社会保险系统、家政服务系统以及各类金融数据库和统计数据库等。因此，数据的来源呈现多元化、异构性、粒度分层、可重用性等特征，这在很大程度上对智慧养老服务平台的顶层设计和管理提出了更高的要求，从而为老年人提供标准化、专业化、亲情化、人本化的服务。

综上所述，智慧养老充分响应党和政府的方针政策，满足中国老龄化现状的社会需求，符合互联网经济的时代特征和国家大数据发展战略的要求，通过顶层设计的规划思路，加强标准化和规范化的建设，培育和推动现代化老龄产业的发展和成熟，从根本上解决供给侧和需求侧碎片化的集约整合问题，真正让中国的老年群体老有所养、老有所医、老有所为、老有所学、老有所乐。

第二节　智慧养老服务载体①

一、“物联网+互联网”的智慧养老

物联网的概念最早可以追溯到 1998 年美国麻省理工学院自动标识中心提出的产品电子编码系统，该系统曾被认为是互联网在物品的连接和识别方面的拓展。随着国际电信联盟等组织对物联网概念、技术和市场应用的研究、阐述和标准化建议的出现，物联网的范畴已经显著拓宽。如今我们既可以认为未来的物联网是面向全球的连接物品的信息基础设施，也可以认为它是物与物之间、人与物之间的信息交换网络。继互联网之后，物联网急速扩展，渗透到人们生活的每一个角落。传感器在移动终端、养老专用设备中的部署越来越普遍，老年人与周围的环境相互连接，物联网可以实时感知老年人的体

① 沙勇，周建芳，白玫，2019. 养老服务管理[M]. 北京：社会科学文献出版社.

征状况、行为动态，并协助老年人更顺利地达成行动目标或完成平时难以完成的行为，也支撑政府将传统养老模式下的被动承接转化为基于海量数据挖掘、获取及分析的主动服务。

在不远的将来，传感器将渗透到社会的每一个角落，覆盖个体的全生命周期。全面透彻的感知是智慧养老信息集成的基础，物联感知对象无疑是以老年人个体为主的，感知数据的采集和应用是当前研究的重点。养老服务的数据采集方法有两种：一种是人工采集；另一种是基于机器或物联网（传感器）的自动采集技术，而物联网作为接入工具，其应用于养老领域服务将具备两大特点，一是提供“无处不在的连接和在线服务”，二是主动提供服务。

在智慧城市建设运行的大背景下，物联网络应用于智能家居、定位防走失、体征监测预警等单项产品，不仅需要满足产品单一的功能需求，而且需要充分整合信息，集成多项功能，这就要求物联网应用从分散的、面向碎片化需求的模式向综合统一、开放共享的模式转变，真正破除“信息孤岛”，实现面向老龄人群物联传感网络的统一运营管理。全方位物联感知的实现有赖于统一的智慧养老物联数据融合平台的建设和运行。作为面向老龄人群的物联感知系统的中枢，智慧养老物联数据融合平台在纵向上为各类感知系统提供统一的接入端口，在横向上为各类业务应用提供融合数据共享的服务，最终实现统一标准、集中安全和高效配置，衍生出丰富的物联感知应用，实现“物联即服务”。

二、“大数据+云计算”的智慧养老

大数据具有“4V”的绝对特征，即规模性（volume）、多样性（variety）、高速性（velocity）和价值性（value），这不仅是一种技术手段，数据本身与技术的结合也将成为重要的新生产要素之一。各种类型的传感器以及与之联系和开展业务的物联网和互联网应用系统成为大数据，尤其是成为动态数据和业务信息的主要来源。随着大数据应用的普及，养老这一传统行业也产生了新的增长潜力。

只有建立以大数据、云计算及智能化为基础的智慧养老数据库和监控中心，才能有效整合老人的需求，通过数据化存储形成老人的信息数据库并加以完善，预测老人未来的需求，从而解决养老服务的供需不平衡的问题。因此，需要基于云平台建设包括基本信息、服务需求、健康档案、养老资源等在内的基础数据库系统，并在此基础上建立持续运营模式。

通过对老龄人群所融入的社会生活环境和各方面业务需求进行观察，得知智慧养老的数据来源主要包括物联传感数据、互联网络数据和业务系统数据。物联传感网络传入的实时数据包括老人体征数据，如心率、体温、血糖、血压、血氧等；也包括老人运动轨迹信息，如实时位置信息、运动矢量、运动速度和加速度等；还包括环境感知数据，如环境温度、湿度、照度、大气监测数据等。互联网络接入的实时信息包括老人用户在城市智能门户上的行为数据，如交通轨迹、水电燃气缴费信息、城市一卡通使用信息等；也包括老人用户在互联网和移动互联网上的行为数据，如消费习惯、浏览习惯、关注热点等；还包括老人用户在社交网站上留下的信息痕迹，如微博、微信、脸书（Facebook）、

QQ 等。与业务系统数据库进行对接而获得的信息包括政府的实时数据和历史数据，如工商、税务、社会保险、医保、交通、医疗、住房、旅游等。

全方位数据融合应用的实现有赖于统一的智慧养老业务数据服务平台的建设和运行。作为面向智慧养老服务应用的汇聚中心，智慧养老业务数据服务平台可通过数据分析挖掘、机器学习、深度学习等模块完成用户偏好的画像；通过对老年用户进行实时行为数据搜集和跟踪，感知和预测用户的行为特征和行为趋势，提升用户体验，提供更好的增值服务；等等。智慧养老服务平台除了解决实时、离线数据接口，用户画像，以及行为趋势感知等问题外，还应以数据运营为核心，帮助养老服务机构增加用户数、激活用户、增强用户黏性、提升产品转化率。智慧养老业务数据服务平台在物联汇聚数据的基础上，使数据产生更大的价值，使业务得以智慧运行，使养老服务与老龄人群之间的关系更加紧密。

三、“线上+线下”的智慧养老

（一）线上线下服务融合

老年人可通过手机应用软件（App）、电话、线下等多种方式进行自身所需的养老服务项目的订购，订单生成后，智慧养老服务平台将根据订单信息，将服务需求派发至居家养老服务中心、日间照料中心或其他相应的养老服务机构，由服务中心提供相应的线下服务。服务人员进行服务时须严格依照各项服务的标准规范，以确保服务质量。

通过App进行服务订购的老年人,可在服务结束时通过App对服务人员的服务质量、服务态度等方面进行评价;对于通过电话订购或者线下直接前往机构享受服务的老年人，智慧养老服务平台可通过回访的方式，了解老年人对服务的评价情况。通过服务回访，智慧养老服务平台对服务人员的服务过程进行监管，保障服务质量。

老年人的直接评价数据、回访评价数据将被作为评估服务商、服务人员服务质量的依据，各服务中心、养老服务机构的服务数据（如提供的服务种类、服务人次等）及其所接入服务商的评估数据将被作为服务中心和养老服务机构评星评级的依据。

此外，老年人进行服务订购时产生的业务数据将被统一汇聚至智慧养老服务平台，平台通过对数据进行分析，优化服务项目，实现养老服务的供需匹配，并对老年人的潜在服务需求进行研判，进行服务信息的智能化推送，优化老龄用户的服务体验，提高用户满意度。

（二）线上线下管理闭环

居家养老服务中心（含日间照料中心、农村幸福院）是智慧养老的末梢服务节点，也是居家养老工作的重要阵地。就当前现状而言，虽然智慧养老发展迅速，但街道、社区等基层单位和服务中心运营机构对智慧养老的理解能力不一，服务水平参差不齐，建设标准千差万别，建设运营效果不甚理想，最直接的弊端就是底层数据结构不统一，数据难以有效汇聚到上级平台，导致服务中心游离于智慧养老体系之外，难以真正做到可管可控。

通过线下服务点的信息化建设，实现各类养老服务与管理数据的实时采集与汇聚，进一步凸显居家养老服务中心的核心节点作用，解决“最后一公里”的数据收集、信息汇聚、资源整合、服务提供、用户运营问题，实现养老服务线上线下的管理闭环。

第三节 智慧养老服务平台的构建与管理①

智慧养老不仅是新型信息通信技术的集中应用，更是一种新的养老模式，这一模式是以云计算、物联网、大数据和互联网等技术为支撑的，面向老龄服务业务，同时也是智慧城市的一个重要组成部分。将社会养老服务模式视为单纯的“居家养老+社区养老+机构养老”并未厘清社会养老服务与家庭、社区、机构之间纵横交错的关系及各自的功能定位，是一种认识误区，应以智能设备为基础设施，以老年人服务需求信息为要素，以线下服务圈为支撑，共同构成一个闭合的供给与需求链。为形成可持续发展和可供商业运营的养老服务生态圈，智慧养老物联数据融合平台和智慧养老业务数据服务平台需要在智慧养老服务平台的基础上有机地结合成一个整体，一方面汇聚老龄人群的相关信息数据；另一方面聚合各种类型的养老服务，并为两者提供信息挖掘分析、数据整合服务的开放共享渠道。

智慧养老“云+物+大+互”平台是一个综合性的信息聚合平台，也是一个开放式的能力共享平台。它是养老服务机构、老龄事务管理部门和老龄人群的业务连接桥梁，一方面支持各类养老服务业务系统的快速部署，并跨领域接入物联传感设备；另一方面支持多元异构信息的清洗、融合和存储，通过挖掘分析和基于神经网络的机器学习，产生新的数据价值。智慧养老服务平台将面向各类不同的养老服务机构提供具有实时性、移动性、综合性特征的泛在信息，以及基于这些信息融合产生的新的知识和智慧，使老龄人群获取更加智能、主动和定向的服务，产生新的细分市场和新的业务品类。

各种类型的物联传感信息通过设备接入单元接入智慧养老服务平台，无论其所使用的通信网络的制式如何，平台都将其视作传输通道，并适配主流的物联网协议。平台同时提供具备隐私安全保障功能的私有协议，可植入远端的芯片或智能网关，以确保业务开展的安全性和可靠性。智慧养老服务平台对接入的各种物联传感设备进行统一管理，包括模型抽象、群组管理、附件管理、状态管理、远程控制、软件管理等，并提供设备级别的统一鉴权认证，以及基于策略的业务授权，以便更好地管理和控制远端设备。平台对采集到的信息进行解析、监控、分发等处理，并设立一系列规则，对设备和信息进行全生命周期的管理，以及采用随需而变的信息采集和处理模式。当所有的动态数据和静态数据统一接入和沉淀至智慧养老“物联网+大数据”平台时，基于海量数据的处理技术将成为业务实现的关键，包括数据清洗、数据过滤、数据转换、数据分类、实时分析、交互分析、离线分析等，并分别应用于结构化数据和非/半结构化信息中。当智慧养老创新业务产生新的场景和服务时，仅有历史数据不足以支持智慧化决策和智能化行为，因此平台提供机器学习的技术和辅助能力，以实现基于大数据的创新业务。为提升支持第

① 沙勇，周建芳，白玫，2019. 养老服务管理[M]. 北京：社会科学文献出版社.

三方智慧养老应用的大数据业务能力，平台计划嵌入人工智能平台，提供支撑机器学习算法、统计函数算法和指标评价算法的技术能力，协助用户配置、观察和训练。对各种类型和各个层次的智慧养老服务供应商，平台提供业务运营支持和能力开放服务，平台协助供应商提升用户信息管理能力、合作伙伴管理能力、服务和订单的全生命周期管理能力、定价和计费能力、支付和账单管理能力等，使智慧养老服务的供应商得以融合管理数据，高效开展业务。

综上，基于“云+物+大+互”的智慧养老服务平台为中国社会老龄问题的解决提供了新的思路，它同时面向政府机构、企事业单位及老龄人群提供综合性服务。平台汇聚来自不同行业领域的老年服务所产生的物联网信息，通过大数据平台对信息和数据进行整合、存储、分析，为各类专业化应用提供规范和高效的应用支撑。这些智慧养老应用建立在信息、数据和知识的基础上，是信息整合、归纳、分析之后的知识升华。在物联网云计算、大数据的共同支持下，平台为老龄人群提供快速、准确、及时有效的智慧化、综合性服务，为养老服务机构提供可快速部署和高效管理的智能应用系统，为政府管理部门提供制定发展规划和应急响应决策的依据，为中国老龄事业的发展提供具体的技术手段和创新的业务模式。

一、智慧养老服务平台内涵与特征

智慧养老云服务平台既是一个技术体系，又是一个服务体系。从养老服务的视角来看，根据业务目标、业务主体和业务环境的差别，平台业务可分为三个方面：在行政管理和行业指导方面，相关行政管理部门在老龄大数据集中的基础上对全社会养老事业开展顶层设计和集中管理，建设覆盖全国和省、市、区县、街道、社区五级行政机构的行业管理信息化平台；在老龄产品和服务产业方面，供应商通过物联网、互联网技术升级老龄产品，养老服务机构利用信息化应用和智能化产品升级养老服务，形成依托大数据的互联网老龄产业集群；在老年消费者方面，老年人学习和利用互联网，加强自理能力，丰富社会生活，全面提升老龄人口的物质和精神满足感。

基于“云+物+大+互”的智慧养老具有与传统养老体系完全不同的特征，可以概括为以下几点。

第一，基于知识的服务。基于“云+物+大+互”的智慧养老是建立在信息采集、信息整理、信息利用和信息服务基础上的一种养老体系。对数据和信息的管理，以及对知识的升华应用是信息社会的典型特征，依托于数据、基于知识的增值服务是任何传统养老体系无法比拟的。

第二，技术的多样性。“云+物+大+互”的养老体系是多种信息通信技术的综合应用，包括传感技术、存储技术、计算技术、通信技术、数据分析技术和人工智能技术等，这些信息通信技术的集成应用使多元异构信息汇聚和数据融合挖掘成为养老服务体系的基础。上述养老体系的实现是多种信息通信技术的综合体现和共同支撑，不是一种或一类技术能够代表的。

第三，业务的综合性。“云+物+大+互”的养老体系是综合集成的业务集群。传统养老以居家养老、社区养老、机构养老区分，而“互联网＋大数据”养老体系依托网络和数据，脱离了空间性，模糊了时间性，它使老年人在任何时间、任何地点、任何场景都能得到服务，满足用户实时性的需求，甚至发掘出用户潜在的需求。

以居家养老中的健康体征监测为例，系统使用可穿戴设备实时监测老年人的个人体征数据，包括心率、血压、血糖、血氧等，从终端发送数据至系统后台，通过分析数据，反馈有针对性的医学建议，这一业务过程涉及医学、通信、计算机科学等多种学科，也涉及设备制造、数据通信、医疗保健、数据存储、情报分析等多个行业。

第四，行业的融合性。“云+物+大+互”的养老体系带动行业之间的融合与产业的集群式发展。“云+物+大+互”养老涉及的行业几乎涵盖所有已知的传统服务行业和以信息技术为代表的新兴产业，如智能建筑、智能家居、智慧医疗、网络金融、在线交易等。通过信息融合和数据挖掘，这些看似相距甚远的行业和领域得以交叉并产生新的业务和共享用户。

二、智慧养老服务平台的架构

（一）智慧养老服务平台管理维度

根据服务对象的不同，养老信息化平台的建设可分为三个维度。

一是满足政府管理的需要，建设全国性老龄信息决策服务系统。该系统汇总了全国老年人的各项基础数据，为老龄事业决策提供信息支持；实现了老龄信息数据传输、存储、管理、监控和统计分析，为各地老龄决策机构提供充分的信息支持。这将有助于科学编制养老服务事业规划，统筹确定养老机构，确定社区服务点的数量、布局、规模，等等，避免规划不合理和资源浪费。

二是为老年人的具体养老需求提供技术支撑。通过网站、自助服务终端、无线终端设备等技术手段，为老年人及其家属提供养老信息的查询服务；方便老年人选择养老服务机构、服务方式及选购老年用品；基于智慧养老服务平台，开发医疗、保健、教育、娱乐等各种应用软件，丰富养老服务的范围与种类。

三是为老龄产业发展提供技术支撑和相关服务。开放平台接口，鼓励老龄产业相关企业、组织和个人开发应用系统接入平台，合理运用数据库信息。为养老服务行业研究、行业机构考核评估和资质认证、专业队伍建设等提供信息支持，也为行业管理、质量监控提供基础依据。

（二）系统总体架构

智慧养老服务平台项目建设包括信息基础设施层、信息数据资源层、信息服务平台层、信息应用系统层、信息交互展现层五个建设层面，辅以标准规范评价体系和信息安全保障体系建设。智慧养老服务平台的建设，要围绕为老年人、老龄事业、老龄产业服务这个中心，通过信息技术，充分发挥涉老信息数据的效用。服务功能的先进性具体体现在：①统一管理、动态服务、功能强大、扩展性强的业务支撑；②集中存储、完备丰富、共享利用的原始数据资源支撑；③基于大数据分析的趋势预测、科学决策、政策制定；④海量涉老信息资源的有序开放、深度开发、创新服务；⑤提供具备数据汇聚处理、大数据分析挖掘、信息资源共享与交换，以及应用系统的协同开发和快速部署能力的共性基础支撑平台；⑥提供真实、准确、实时数据与历史数据相结合的老龄信息积累、信息呈现、信息服务和信息互动渠道，汇聚友好互动的智龄生活界面。

（三）系统建设内容

1. 信息基础设施层

信息基础设施层是智慧养老服务平台建设的硬件基础，为智慧养老服务平台提供网络、存储与计算资源，并负责协调不同类型的异构系统数据在传输层的融合，这些资源包括基于北斗卫星导航系统、基于云计算技术的数据中心、基于紫蜂（ZigBee）等技术的无线/有线传感网络、基于长期演进（long term evolution，LTE）技术的移动数据网络，以及兼容多种类型通信网络的传输系统和通用/专用数据通道。同时，信息基础设施层还配套相应的能源、安全、环境系统。

信息基础设施层的建设内容包括数据中心、容灾备份中心、云计算中心（资源配置）、专用数据通道、传感网络、卫星定位终端，需要对接的网络包括北斗卫星导航系统/全球定位系统、互联网、移动互联网、各种制式的蜂窝移动通信网络等。

2. 信息数据资源层

信息数据资源层是智慧养老服务平台建设的信息资源基础，主要为系统收集、梳理、整合、分类涉老数据和信息，其内容包括地理空间信息、老年人基础信息、老年服务产业相关信息、老年服务事业相关信息，并在此基础上面向应用主体，建设业务信息仓库，支撑各类业务系统的建设与运营。信息数据资源层所汇集的信息和数据来源于老龄委及其相关部、厅、局、委、办接入的政务数据，平台本身建设的物联服务系统感知并上传的物联感知数据，以及与老年服务企业、事业单位对接的第三方信息数据。

信息数据资源层的建设内容包括老龄基础信息库、老龄政务信息库、老龄产业信息库、地理空间信息库、视频存储信息库、音频存储信息库，以及为综合应用与专项应用设置的面向主题的业务信息仓库、专题数据库和索引库等。

3. 信息服务平台层

信息服务平台层是智慧养老服务平台统筹资源的集成核心，能够为智慧养老服务平台的各项应用与服务提供公共信息支撑，包括系统内部及与外部系统之间的数据共享和交换，对大数据进行清洗、整理、存储、分析、挖掘，对物联感知设备和终端进行统一接入和信息传输，面向混合组网方式的云服务，以及不同领域的应用服务，抽取其共性并为集中呈现提供支撑。

信息服务平台层的建设内容包括数据共享与数据交换平台、大数据分析挖掘服务平台、物联感测与控制汇聚平台，以及可支撑混合云形式的云服务支撑平台。在这四大服务平台的基础上，建设一系列面向具体应用的领域共性支撑平台，包括业务聚合平台、智能门户平台、养老信用平台、养老支付平台、老人卡管理平台、信息服务平台和管理服务平台等。

4. 信息应用系统层

信息应用系统层是智慧养老服务平台响应业务需求的应用呈现，是智慧养老服务平台为用户提供的产品和服务，主要有直接面向老人的养老服务业务，包括开放式的泛媒体云服务，以及以自营为主的物联网系统服务；面向老龄产业服务的业务，包括用户分析、定向营销、渠道和用户共享，以及支付和征信等；面向老龄事业服务的业务，包括电子政务、移动办公、决策支撑等。

信息应用系统层的建设内容包括政务办公系统、养老服务系统、产业信息服务系统和泛媒介云服务系统等，需要对接的应用系统来自第三方提供的涉老服务和产品。

5. 信息交互展现层

信息交互展现层是智慧养老服务平台直接面向用户的交互终端和界面，智慧养老服务平台为终端用户提供适合各种终端和媒介的业务服务和交互界面，并在统一的接口和标准下组织形成泛媒介服务网络，使第三方提供的涉老服务和产品得以获得渠道、入口及创新整合，且适应各种主流的操作系统和显示器。

信息交互展现层的建设内容包括交互式触摸屏系统、政务服务专用终端、大屏幕显示系统、广播系统等，需要对接通用型移动终端、电脑终端、笔记本电脑，以及智慧养老服务平台外部的各类传播媒介系统。

6. 标准规范评价体系

标准规范评价体系是智慧养老服务平台持续发展的基石，是智慧养老服务平台配备的系统通用接口协议和共性服务支撑标准，为系统架构提供参考依据，为应用标准提供索引指南，为评价模型提供指标和方法，对不同来源的术语进行统一和定义。

标准规范评价体系的建设内容包括总体标准、支撑技术标准、共性平台标准、基础设施标准、应用服务标准、安全管理标准，以及建设管理标准等。

7. 信息安全保障体系

信息安全保障体系是智慧养老服务平台的技术保证，为智慧养老服务平台的数据安全、信息安全、网络安全、系统安全、流程安全、管理安全提供制度保障。

智慧养老服务平台建设还应制定政务数据资源目录管理办法，规范政务数据资源目录体系和运行模式，明确数据资源从采集提取到整理利用的全流程中各相关政府部门和机构的职责分工，其中，数据资源提供方负责政务数据资源目录中直接相关的数据资源的编目、注册、维护等；数据资源管理方负责政务数据资源目录的审核、发布和管理，以及目录管理服务系统的日常运行维护，确保数据资源使用方对获取的政务数据资源在可授权和已授权的范围内合法使用。

智慧养老服务平台涉及的非政务数据资源包括商业数据资源和个人健康数据资源等，因涉及商业秘密和个人隐私，亦需制定相关数据资源目录管理办法，规范数据资源目录体系和运行模式，明确数据资源从采集提取到整理利用的全流程中各利益攸关方的职责分工。以完整的基于数据生命周期的全面覆盖智慧养老服务平台所涉及的数据资源的目录管理办法集合，统筹组织落实信息安全保障体系，确保智慧养老服务平台长期、健康、稳定、合法运行。

三、智能化平台的运营和维护

养老信息平台的运营需要大量人力和物力，需要全社会的共同参与。只有建立合适的运营模式，才能理清权、责、利的关系，才能让政府、企业、用户及其他机构等形成合力，实现利益共享，从而保证其持续、安全、高效运营。一般来说，智慧养老服务平台运营采取政府主导、企业建设、公众参与的运营模式，三者的具体职责如下：政府是智慧养老服务平台建设的主导者，负责体制机制的建立，协调各方资源，统筹各方力量，通过部分引导资金与优惠政策，带动社会方面的力量参与，推动相关法规政策的制定等；企业是养老服务平台建设运营的主体，电信运营商提供基础通信与宽带网络，平台运营公司负责运维养老服务平台及其相关应用系统和信息服务，通过转售或租给政府使用，提供完整的行业应用解决方案、行业咨询与规划、项目建设方案及技术支持等；公众是养老服务平台的参与者、体验者和维护者。城乡居民参与智慧养老服务平台的建设，直接体验、使用智慧养老服务平台的建设成果，监督、反馈和提升养老服务平台的服务内容和服务质量。

（一）运营维护原则

智慧养老服务平台的运行维护所涵盖的系统和技术范围广且相互交叉，既包括设备器件等硬件，又包括程序应用等软件，更为复杂的部分集中体现在数据中心等综合系统中。智慧养老服务平台的运行维护应遵循以下原则。

1. 制度化原则

智慧养老服务平台的运行维护应以完善的制度和流程为基础，为保障运行维护工作的质量和效率，需要制定全面完善、切实可行的管理制度和服务规范，固化各项运维活动的标准流程和岗位设置，使运维人员在制度和流程的规范和约束下协同操作。

2. 集成化原则

智慧养老服务平台的运行维护应以先进且成熟的运维管理平台为技术手段，通过建设统一、集成、开放并可扩展的运维管理平台，实现对不同层级、不同类型的运维事件的采集、处理和分析，使运维工作实现智能和高效。

3. 人才保障原则

智慧养老服务平台的运行维护离不开高素质的运维服务人员，只有以综合型、创新型人才队伍为保障，持续提高运维服务队伍的专业化水平，才能正确使用先进技术工具，确保平台正常高效运营。

（二）运营维护目标

运维管理就是为确保平台正常运行而对系统中的人与物进行有效管理。运维管理要符合以下四项重要标准。

1. 合规性

在运维管理过程中避免违反任何法律、法规、标准与合约文件等，即在运维管理框架设计与执行的全过程（包括人员使用、流程设计、产品部署与厂商管理等）中充分考虑有关文件的要求，并在运维管理的过程中留下相应的记录，建立起相应的管理评估机制，以向利益相关方证明自身能达到合规性的目标。

2. 可用性

在运维管理过程中保证数据中心各功能组件具有支持既定功能的能力，即在运维管理的过程中能准确识别相关功能组件，了解该组件的设计能力，定义与该组件技术特点相匹配的监控指标，最大限度地保证数据中心各管理组件的可用性。

3. 经济性

数据中心在整个运维管理周期中能实现预先要求的财务目标。一方面，通过合理的财务预算、会计、成本分析等手段，准确、及时地分析、记录运维管理过程中的各项支出；另一方面，要制定相应的计价模式，对运维过程中的成本合理地分摊。此外，要通过财务管理，在运维管理方面实现成本与其他管理目标的相对平衡。

4. 服务性

建立服务导向型的运维管理框架。从服务的角度出发，分析客户与数据中心的各种交互界面，并以此为源头构建各种管理流程，最终形成整体管理框架。通过建立服务平台、服务水平管理、业务关系管理等流程，驱动后台运维管理工作开展。

第十章　养老服务管理实践

随着我国老龄化程度的日益加深，养老服务需求与老龄服务业发展滞后的矛盾逐渐凸显。面对日益增加的养老服务需求，我国从中央到地方、从政府到社会，在构建老年人口养老服务管理体系，发展居家养老、机构养老以满足老年人生活照料、精神慰藉、护理照料需求等方面进行了多种方式的探索和实践。

目前，我国的养老方式主要包括居家养老、社区养老和机构养老三种模式，养老服务主要集中为生活照料服务和医疗保健服务，而针对这些服务，尚未形成规模化、可复制、成体系的养老服务管理模式。因此，需要在充分了解和总结我国各地养老服务管理经验的基础上，进一步构建可持续发展、多样化的养老服务管理体系，全面提升老年人口的养老服务质量，真正惠及老年人，使其安居乐业，共享改革发展成果。

以下将系统介绍目前我国老年人的生活照料服务管理、医疗服务管理、康复服务管理、精神和心理服务管理、临终关怀服务管理五个方面的实践状况。

第一节　生活照料服务[①]

国家卫健委老龄健康司数据显示，2021 年我国失能失智人数约为 4500 万人[②]。年老以后，人体的各项器官功能衰退和身体机能下降，体力和精力大不如前，身体平衡能力和活动能力逐渐降低，老年人更易罹患慢性退行性疾病，也更容易摔倒、跌伤，老年人身体机能的下降会影响他们的基本生活能力，在刷牙、洗脸、洗澡、上下楼、洗衣服、做饭等日常活动中会遇到困难，影响生活质量。一些老年人甚至可能成为失能或者半失能老年人，这些情况使老年人对生活照料服务产生巨大需求。目前，社会上针对老年人的生活照料服务包括基本生活上门服务、社区老年人日间照料中心、老年人食堂或助餐服务等，下面将主要介绍前两种。

一、基本生活上门服务

针对部分年龄偏大、行动不便的老年人，多数地方通过政府购买服务的方式，为这些老年人提供基本生活上门服务。

（一）北京市的实践

2016 年，北京市民政局等部门联合下发了《关于支持养老照料中心和养老机构完善

---

① 沙勇，周建芳，白玫，2019. 养老服务管理[M]. 北京：社会科学文献出版社.

② 杨维格，2022. 老吾老，幼吾幼，简单又不简单[J]. 新民周刊，（40）：50-53.

社区居家养老服务功能的通知》，提出未来各照料中心在辐射的区域内为老年人提供短期照料、助餐、助洁、助浴、助医、精神关怀等十类上门服务。其中，短期照料服务要求为辐射区域内的失能、高龄独居以及其他需要临时短期托养的老年人提供就近全托服务，按照有关定价收取托老费用；助洁服务则可根据服务需要配备家庭保洁、洗衣服务人员和有关设备，制定助洁服务流程，制定、公示收费价格，根据老年人需求，及时提供上门助洁服务。此外，照料中心还将设立专业上门助浴服务队伍，建立助浴服务安全操作规程，为居家生活老年人提供上门助浴服务。北京市级政府通过一次性项目补助的方式，对全市养老照料中心和养老机构完善社区居家养老服务功能给予支持。北京市民政局根据区县申报所属养老照料中心和养老机构的年度项目情况，审核确定支持的项目清单，并会同北京市财政局按照每个项目 20 万元的标准，拨付区县一次性项目补助，一个养老照料中心和养老机构享受市级补助累计不超过 200 万元。

（二）南京市的实践

2017 年，江苏省南京市玄武区民政局委托江苏省华采招标有限公司，就其关于玄武区 90 岁以上高龄老人生活照料服务项目进行公开招标采购，选取三家社会组织承接服务。整个过程严格按照招投标程序进行，确保为高龄老人进行上门生活照料服务的机构能够提供高质量的服务。

（三）重庆市的实践

重庆市社会福利指导中心首次举办四期失能、半失能老年人家庭照护者公益培训班，时间为 2018 年 7 月 16～19 日，每期 25 人，每期培训时间为 1 天。四期培训开展心理疏导和护理知识两大类培训，采用理论教学与实际操作、长者体验等多种形式相结合的方式进行教学，其中第一期和第三期侧重在失能、半失能老年人的身体护理、安全起居等方面进行培训，第二期和第四期侧重在失能、半失能老年人的清洁卫生护理及卧床老年人的洗浴方法等方面进行培训。

二、社区老年人日间照料中心①

社区老年人日间照料中心是指为社区内生活不能完全自理、日常生活需要一定照料的半失能老年人提供膳食供应、个人照顾、保健康复、休闲娱乐等日间托养服务的设施，是一种适合半失能老年人的“白天入托接受照顾和参与活动，晚上回家”的社区居家养老服务新模式。社区老年人日间照料中心的服务对象为社区内所有 60 岁以上的老年人，重点服务高龄老人、空巢老人、残疾老人、优抚老人、低保或低收入老人，以及社区内需要日间照料的所有老年人。

老年人日间照料是一种介于专业机构照料和家庭照料之间的形式，许多老年人，特别是独居、“空巢”老年人，由于退休金不高，加上恋家思友的街坊情结，他们宁肯“独守空房”，也不愿到养老院。一些家庭中有老人的子女，因为工作关系，白天没办法照

① 沙勇，周建芳，白玫，2019. 养老服务管理[M]. 北京：社会科学文献出版社.

顾老人，这时“日间托老”就不失为一种“排忧解难”的良好选择。目前，社区老年人日间照料中心为老年人提供的日间照料服务项目越来越多，除了传统的为老年人提供用餐、午休、康复等服务外，还有医疗保健、书法绘画、歌舞培训、打牌下棋、科学养生、家庭教育等新的服务项目。老年人可以早上过来，晚上回去，中午在社区老年人日间照料中心吃饭、休息，其余时间可以在社区老年人日间照料中心聊天、看电视、打牌，社区老年人日间照料中心还可以派人陪老年人外出散步逛街。如果老年人身体不适，社区老年人日间照料中心还会邀请社区医生给老年人治疗，以及邀请志愿者为老年人提供各种义务服务，等等。

深圳市发布《社区老年人日间照料服务规范》，对社区老年人日间照料服务机构、服务人员、基础设施、基本服务等做了详细规定，要求日间照料中心设立无障碍设施，将室内家具用具的边缘做成圆角，非自理老人如厕时应有护理人员陪护，还要建立防止老人意外死亡或走失等安全运行应急预案，等等。在膳食方面，根据服务对象的需要提供送餐、喂食服务，应注意营养、合理配餐。在清洁方面，应做到床褥、枕芯定期晾晒，床单、被罩、枕套每周定时清洗消毒，等等。

第二节 医疗服务管理

人到老年，各项生理机能逐渐衰退，各种病症也会接踵而至，因此老年人最大的希望莫过于祛除疾患、缓滞失能，尽可能地推迟患病和生活不能自理的时间。这一切都离不开老年医疗服务体系的发展和完善。近年来，我国养老服务体系快速发展，以居家为基础、以社区为依托、以机构为支撑的养老体系已经初步建立。但是，符合老年人特点的医疗服务体系尚未形成，机构、专业之间壁垒严重，服务缺乏有效衔接，医疗服务和养老服务不能有机结合的问题突出。随着失能、部分失能老年人口的大幅度增加，老年人的医疗卫生服务需求和生活照料需求叠加的趋势越来越显著。目前，“看病的地方养不了老，养老的地方看不了病”，有限的医疗卫生和养老服务资源以及彼此相对独立的服务体系远不能满足老年人的需要。

一、慢性病服务管理

（一）我国老年人口常见慢性疾病

（1）心脑血管疾病类：常见有高血压、冠心病、脑卒中等。

（2）代谢性疾病类：常见有肥胖、糖尿病、血脂异常、骨质疏松等。

（3）恶性病致慢性病：主要为胃癌、肺癌、肝癌、食管癌等。

（4）其他慢性病：如阿尔茨海默病、精神类疾病、过劳症；抑郁症；更年期综合征；口腔疾病如带有遗传性因素的牙周病及各种精神紧张、情绪激动及各种应激状态等的慢性病。

（二）老年慢性病的现状[①]

在老龄化社会中，照顾老人的日常生活成了一个令人担忧的问题，尤其突出的是照顾高龄老人生活的问题。一方面，老年常见病的发病率不断上升，加之老年患者的身体机能逐渐下降，大多数老年人都患有多种慢性疾病，从而使慢性疾病持续的时间更长，这严重影响了老年人的生活质量，同时也增加了健康风险因素的发生。另一方面，由于老年人的心理和生理有其特殊性，加之其生活自理能力不断下降，因此需要持续用药。但是，大多数老年慢性病患者仅在发病期间住院治疗，其他时间都是在家中进行自我治疗，因此很难对其病情进行准确的评定，同时也缺少及时的监测，因此会造成并发症的发生，严重者会危及生命。

自身疾病所带来的困扰及用药所带来的经济负担，都会影响患者的心理状态，造成严重的心理问题，从而加重老年患者的病情。加之老年慢性病患者缺乏适当的体育锻炼，其对自身疾病的认识程度不够，这也会影响患者的病情。当前社会缺乏对老年慢性病的关注，缺少专业性的老年医疗服务机构，并且也没有完善合理的老年护理保险制度，照顾和护理高龄老人的资源相对缺乏，且资源配置不合理，这种现象并不匹配老龄社会的发展需要。而且我国的慢性病健康管理服务尚未形成自己独特的管理模式，内容和模式上基本都是参照西方发达国家的优秀模式，并没有从根本上进行改变。因此，我国的健康管理模式还需要进行进一步的完善和更新，使其内容更加规范。我国目前的健康管理模式还处在不断发展当中，因此，还要不断提高医护人员的健康管理能力和水平，逐步完善我国健康管理的模式。

（三）老年慢性病健康管理的主要内容[②]

老年慢性病健康管理是对老年人的身体健康情况进行全方位的检查、分析和评估，并针对个体的健康问题进行指导提供咨询，除此之外还针对可能威胁健康的危险因素进行干预。老年慢性病健康管理的目的是充分调动个人和社会的积极性，来实现健康效果的最大化，降低疾病的发生率，提高老年人的生活质量。老年慢性病健康管理对预防各种重大疾病的发生起到了非常重要的作用，有利于疾病的早发现、早诊断、早治疗。目前，慢性非传染性疾病是最主要的高发疾病，如高血压、糖尿病、高血脂等，健康管理的目的不仅仅是及时准确地发现身体异常和检测疾病，而且是要采用健康合理的管理方法，针对不同的个体进行个性化的健康维护。在老年慢性病健康管理中，可以通过举办专家咨询、健康讲座等活动，以及制订具有针对性的个性化饮食方案，改变部分老年人不良的生活习惯，并督促其积极自觉地进行体育锻炼，合理饮食，严格控制高脂肪食品的摄入等，使其改正不良的生活习惯，了解导致疾病发生的多种因素，从而获得一个健康的生活方式。

① 翁丹，2019. 老年慢性病健康管理的研究进展与思考[J]. 中医药管理杂志，27（5）：202-203.

② 翁丹，2019. 老年慢性病健康管理的研究进展与思考[J]. 中医药管理杂志，27（5）：202-203.

（四）老年慢性病患者的健康管理模式①

1. 中医健康管理模式

中医健康管理模式采用的是现代中医康复教育理念，将中医内容融入对患者的评估过程中，从而对患者的病情做好准确评估，实施中医辨证治疗。在整个治疗阶段，医生会针对患者的病情程度给予相应的治疗方案，护理人员根据医嘱内容对患者展开治疗和康复护理。从当前的老年慢性病患者特征来看，由于他们的自我约束能力较弱，健康管理意识欠缺，很多老年慢性病患者本身对于疾病的认识不足，治疗态度不够积极。这使很多老年患者对于中医的认可程度不高，往往未按照医嘱要求合理控制药量，病情反复发作。对于这些慢性病而言，如果不能采取长期而稳定的控制措施，会明显增加治疗周期，甚至导致病情恶化，威胁患者生命安全。中医护理健康教育理念可以为患者制订居家延续性护理方案，一方面对患者进行量化管理，监测患者的生活质量；另一方面根据中医辨证治疗理念来改善患者的情志因素等。

2. 社区健康管理模式

社区健康管理模式是一种连续性护理的表现方式，目的在于改善患者的生活方式与生活质量，加强患者和医护人员的沟通联系。特别是在现代信息技术快速发展的背景下，通过微信或其他技术手段可以远程了解患者的信息，并制订后续的治疗和护理方案，对疾病的认识程度与患者健康状况的了解也能更加全面有效，明显提高患者的全程参与和主动配合意识。

社区健康管理模式的效果与患者的配合程度之间有着密切的联系，一些知识水平较高或文化程度较高的患者对于健康教育知识的接受能力比较强，能够与医生或护理人员进行配合。他们也会主动从微信平台或其他手段当中获得健康教育知识。而某些独居的老年慢性疾病患者比较难开展健康教育工作，这说明未来的健康管理模式应该重点关注独居人群或失独人群。有关部门可以采用经济补助或其他方式鼓励这些老年慢性疾病患者参与到健康教育的进程中，提升控制疾病的信心。

3. 行为健康管理模式

行为健康管理模式是从实践的角度对患者的精神状态进行准确评估，在了解疾病相关知识后，改变患者的健康行为。针对不同的认识程度对患者进行行为层面的干预，让患者建立相应的健康管理概念。总体来看，慢性病健康管理工作能够提升患者对疾病认识和自我健康管理的意识，有效的健康管理措施对于患者的作用也非常明显，一方面关注患者的心理状态变化并提供心理安抚；另一方面让患者从被动管理转变为主动管理，使慢性病健康管控发挥更加积极而稳定的作用。行为健康管理模式通常会根据分类系统的要求制订评分标准，这种评分标准是根据患者实际状态建立的概念框架，目的在于确定患者的护理需求和护理效果，针对性地对患者提出护理意见，以便于为患者提供全面和科学的各项优质护理服务。由于慢性疾病自身的特点，护理工作在治疗和预防中所占比例较大，未来在这一方面也应该补充与行为健康管理模式相关的其他内容。

① 卢建荣，2022. 老年慢性病患者健康管理的研究进展[J]. 中国城乡企业卫生，37（4）：39-41.

（五）应对措施

1. 改变医疗服务理念

加大对老年人医疗卫生的投入，老年人是社会成员的重要组成部分之一，随着他们年龄的逐渐增大，其经济收入在不断下降，这使他们在社会上处于一种劣势地位，逐渐成为弱势群体，因此，需要对老年人群实施医疗保障服务。必须牢固树立老有所养、老有所医的观念，在公平、公正理念的指导下完善社会医疗保障制度，不断加大对老年人医疗卫生资金的投入。

2. 开展家庭治疗护理干预

完善随访等级制度，及时了解老年慢性病患者的病情变化，监测患者的用药情况并对其治疗效果进行评估。同时，还要对患者进行心理干预，明确其产生焦虑心理的原因，并找出问题所在，耐心地对其进行引导，鼓励其要积极乐观地面对生活，不能每天沉浸在消极的情绪当中。除此之外，还要对老年慢性病患者的生活方式进行干预，改变其不良的生活习惯和饮食习惯，并鼓励其适当地进行体育锻炼，经常呼吸新鲜的空气，以使其能够保持良好的心情，从而增强患者的抵抗力，降低并发症的发生率。

3. 完善老年医疗保障体系

加大对老年慢性病的预防和治疗，建立全国性的老年慢性病防治基金，为了控制老年慢性病的进一步发展，最重要的是制定老年卫生保健服务的规划，与此同时，还要对老年慢性病进行严格的监督和管理，积极组织相关专家展开讨论，对老年慢性病进行研究。此外，还要建立专门的防治机构以预防和治疗老年慢性病，还要提高医院医护人员的综合素质和专业技能，同时，还要完善相关的医疗基础设施和设备，以扩大服务的范围，加强对老年慢性病的预防的宣传工作。

4. 增强医疗保险基金的抗风险能力

近年来的医疗消费中，老年人的比例呈现出逐步上升的趋势，这造成了医疗保险基金的压力。为了保持医疗基金的收支平衡和增强基金的抗风险能力，需要综合考虑医疗保险的覆盖面、基金征缴比例、费率缴费方案以及基金征缴力等多个方面。通过制订科学合理的政策和措施，实现基金的弹性运营和减少浪费，为参保人群提供更好的医疗保障服务。

5. 满足老年人的不同医疗需求

为了满足老年人的不同医疗需求，构建一个以劳动部门的医疗保险（通常指的是国家建立的基本医疗保险制度，这是老年人医疗保障的基础）为主要内容、以商业医疗保险为补充的保障机制是至关重要的。这一机制旨在为老年人在医疗上的开支提供有效补充，从而减轻老年慢性病患者及其家属的经济负担。实施商业性的医疗保险，从而为有经济能力、能够承担起医疗费用的老年患者提供选择的机会。由于老年人经济能力有限，这在一定程度上限制了老年人的健康需求，因此要针对老年人对医疗的需求设计相应的医疗保险制度，从而更好地完善医疗保障制度。

6. 加大健康管理的教育宣传

健康管理的教育和宣传工作，一方面是患者本身所需要的服务内容，另一方面也是社会应该树立的正确观念。我国健康管理起步时间较晚，且受到传统生物医学模式的影响程度较大，以疾病为中心的服务模式仍然普遍存在。在未来的教育环节，需要让患者进一步认识更多的慢性疾病是由自己不良生活习惯所导致，因此改变这些生活习惯将成为一项艰巨而有效的措施。对于普通居民而言，也应该转变无病等于健康的错误思想观念，树立以预防为主和防治结合的健康标准观念，将健康管理作为改善社会健康水平的关键手段，从根源上进行综合控制。这不仅有利于患者互相交流经验，也有利于人们改进生活质量与健康管理水准。

二、老年健康管理

（一）老年健康管理相关内容

由于慢性疾病的致残率及病死率极高，而开展健康管理服务能尽早发现疾病，早点儿治疗，可以预防疾病的发展，减少并发症，降低致残率及病死率，因此我国“基本公共卫生项目”还要求对“辖区内65岁及以上常住居民”即老年人每年进行一次“老年人健康管理”，包括生活方式和健康状况评估、体格检查、辅助检查和健康指导四项内容，具体如下。

1. 生活方式和健康状况评估

通过问诊及老年人健康状态自评了解其基本健康状况、体育锻炼、饮食、吸烟、饮酒、慢性疾病常见症状、既往所患疾病、治疗及目前用药和生活自理能力等情况。

2. 体格检查

包括体温、脉搏、呼吸、血压、身高、体重、腰围、皮肤、浅表淋巴结、肺部、心脏、腹部等常规体格检查，并对口腔、视力、听力和运动功能等进行粗测判断。

3. 辅助检查

包括血常规、尿常规、肝功能（血清谷草转氨酶、血清谷丙转氨酶和总胆红素）、肾功能（血清肌酐和尿素氮）、空腹血糖、血脂（总胆固醇、甘油三酯、低密度脂蛋白胆固醇、高密度脂蛋白胆固醇）、心电图和腹部B超（肝胆胰脾）检查。

4. 健康指导

告知评价结果并进行相应健康指导。

（1）对发现已确诊的原发性高血压和2型糖尿病等患者同时开展相应的慢性病患者健康管理。

（2）对患有其他疾病（非高血压或糖尿病）的患者，应及时治疗或转诊。

（3）对发现有异常的老年人建议定期复查或向上级医疗机构转诊。

（4）进行健康生活方式以及疫苗接种、骨质疏松预防、防跌倒措施、意外伤害预防和自救、认知和情感等健康指导。

（5）告知或预约下一次健康管理服务的时间。

（二）上海市加强老年健康服务的实践与探索

《2021年上海市老年人口和老龄事业监测统计信息》的数据显示，截至2021年底，上海全市户籍人口 1495.34 万人，其中 60 岁以上的老年人口达到 542.22 万人，占户籍总人口 36.3%，65 岁以上人口占 26.9%，70 岁以上人口占 16.6%，上海人口预期寿命提高至 84.11 岁①。上海的工作思路是要在家门口构建一个便捷、连续、综合的整合型的健康服务体系，除了一系列的规划和实施方案以外，还有国际老年友好城市的建设。

1. 老年健康服务的总体思路

将老年健康和医养结合纳入《"健康上海 2030"规划纲要》《上海市老龄事业发展"十四五"规划》《上海市卫生健康发展"十四五"规划》等重要文件，深化养老服务发展、加强社区健康服务。高质量发展实现高效能治理，构建覆盖生命全过程、便捷可及、综合连续、整合型的老年健康服务体系。整合型即涵盖老年健康教育、预防保健、疾病诊治、康复护理、长期照护、安宁疗护；老年健康服务体系具备针对性，即聚焦失能、失智老年人刚性需求，加强针对性、连续性、专业化健康服务供给；同时具备均等化，即以社区居家为重点，充分发挥社区卫生服务中心医养结合平台功能，为老年人提供方便、有效、可及的"家门口"健康服务。

2. 加强功能平台建设

坚持规划引领。《上海市老年医疗护理服务体系发展"十三五"规划》提出构建"3-2-1"三级老年医疗护理机构布局，即"一大引领、两大支撑、三大托底"。平台建设的金字塔模型就是以上海市老年医学中心为引领；以老年医学专科和区域老年医疗中心为支撑；以护理院、护理站、养老机构设置医疗机构为托底。主要的要求是一定规模的养老机构要设置医疗服务功能，这在"十三五"期间已经进行了布局②。

提升服务能力。金字塔的塔底要进一步夯实，制定实施了新一轮社区卫生服务机构功能建设指导标准。新建社区卫生服务中心按 1～1.5 张/千人口标准设置床位，至少设置 100 张，均为护理床位，增加康复功能。新建社区卫生服务中心与养老机构、社区托养设施等公共服务平台同址或邻近设置。新建的社区中心，一般都要 1 万或 1.5 万平方米，郊区的达到 2 万平方米，对功能性的整合才有实施空间③。

3. 加强服务创新

以家庭医生制度为核心。高质量的发展一定需要技术和信息化的创新，在服务的过程中，借助互联网，上海市实现了一些管理手段的技术创新，打造了基于全面预算管理的社区卫生综合管理平台、家庭医生工作平台、签约服务支持平台、社区卫生综合评价 App、家庭医生费用管理平台。家庭医生签约服务管理平台可以实现"实时展示+动态跟踪+客观抓取+综合评价"的功能，它的工作是实时的、可评估的、可考核的、可比较的。2020 年《上海市国民经济和社会发展统计公报》的数据显示，2020 年上海全市家庭医生"1+1+1"签约老年人超过 800 万，老年照护统一需求评估 2～6 级的失能老年人签约率超过九成④。签约服务支持平台（含优先预约转诊系统）实现了签约管理、预约转诊和延

① 上海市老龄工作委员会办公室，上海市卫生健康委员会，上海市统计局，等，2022. 2021 年上海市老年人口和老龄事业监测统计信息[EB/OL]. https://wsjkw.sh.gov.cn/tjsj2/20220728/23e3fe0692d744a6b994309de7b2493d.html[2022-07-28].

② 吴乾渝，2021. 上海市加强老年健康服务的实践与探索[J]. 健康中国观察，（11）：40-42.

③ 吴乾渝，2021. 上海市加强老年健康服务的实践与探索[J]. 健康中国观察，（11）：40-42.

④ 吴乾渝，2021. 上海市加强老年健康服务的实践与探索[J]. 健康中国观察，（11）：40-42.

伸处方的管理，上海市全市的号源全部可以汇集在这个平台，50%的号源和提前 50%的时间给到家庭医生进行预约转诊，分级诊疗。服务创新，实现了配药更方便、转诊更顺畅、服务更综合。

4. 建设智慧健康驿站

“十三五”时期按户籍人口，现在按常住人口设置病床，把医疗机构的功能向社区延伸，因为要预防，光靠医院是不够的。2019—2020 年，已实现每个街镇至少有一家标准化智慧健康驿站，可以实现健康自助检测（11 项）、体质自助检测（11 项）、健康自我评估（15 项）、健康指导干预①。健康驿站可以进行预约转诊，可以进行接种疫苗的预约，还注意健康管理和促进功能，该创新举措也助力了新冠疫情防控工作。

5. 设立上海社区发热哨点诊室

把发热门诊跨前一步，对发热患者首先进行甄别，诊断明确的疾病在社区就诊，在新冠疫情防控工作中，在社区就诊的发热患者 60%是在社区卫生服务中心进行治疗的。

6. 实施“三个中心”的建设

社区医院的建设不应仅仅是二级或三级医院的“浓缩版”，而是应该与这些医院形成功能上的错位，以更好地满足社区居民的健康需求。重点打造社区医院作为健康管理中心、康复中心和护理中心的功能，是实现这一目标的关键。在 2021 年“为民办实事”工作中建成了 46 个社区示范康复中心，它们的要义是以智能康复装备为标志的中西医相结合的现代康复。如果一个人的膝关节置换，用传统方法一个月是很难康复的，但是用现代康复手段可以做到，它带有传感器，康复效率明显提高。上海市 GP 培训 3 个月就可以开康复处方和运动处方，有效缓解康复师人力资源短缺的问题②。

7. 启动老年认知障碍友好社区建设

2021 年年底，上海市建成认知障碍照护床位 7302 张，建成老年认知障碍友好社区试点街镇 121 个③；同时开展了社区认知障碍的筛查等工作，在相关工作中促进了卫生健康部门与民政部门的有序配合，实现了资源的整合。

8. 开展安宁疗护工作

上海市参加了全国第一批安宁疗护试点，成立了上海市安宁疗护服务管理中心、上海市安宁疗护发展研究联盟。2019 年全市实现了全覆盖，而且列入了公共服务清单。2020 年实现了延伸到所有的养老机构和居家养老家庭。

9. 发展互联网医疗

在互联网的支撑下，搭建了云服务平台、上海健康云和建立了云医院。云医院的概念不仅是医院之间的连通，而且覆盖了所有的养老机构、卫生服务中心和居家养老家庭，云医院的建立实现了居家也可以进行疾病或者复杂性创面处理。

---

① 吴乾渝，2021. 上海市加强老年健康服务的实践与探索[J]. 健康中国观察，（11）：40-42.

② 吴乾渝，2021. 上海市加强老年健康服务的实践与探索[J]. 健康中国观察，（11）：40-42.

③ 张俊，2022. 奋力谱写国际大都市民生服务温暖篇章[N]. 中国社会报，2022-09-20（4）.

三、医养结合

医养结合是国家提升养老服务质量的重要举措之一。医养结合的意义和必要性已成共识，关键是各地如何推动落实。第一，理念清晰。要将养老资源与医疗资源有机结合，共同为老年人服务，实现养中有医、医中有养。第二，模式多样。养是基础，医是保障，医养结合推进方法必须因地制宜。一是养老机构内设医疗机构或护理院；二是兴建具有医养结合功能的老年公寓或养老基地；三是养老机构与医疗机构建立绿色通道。第三，有效解决内在硬件和软件问题。比如，融资模式、人员培养模式、管理模式、功能定位和扩展问题等。第四，充分利用现代化技术，如互联网+、智慧养老、远程医疗等手段。第五，提高质量和实现可持续发展。

（一）庆阳市社会福利院医养结合创新养老服务①

近年来，庆阳市社会福利院以全心全意为老人儿童服务为宗旨，坚持“抓管理、促服务、拓发展”的工作思路，以“康复科学化、管理精细化、服务亲情化”为目标，不断改善基础条件，强化规范管理，创新医养结合服务模式，得到广大服务对象的认可。

2016 年 4 月，庆阳市社会福利院被甘肃省卫生和计划生育委员会、甘肃省民政厅确定为省级医养结合试点单位。同年 6 月，庆阳市被国家卫生和计划生育委员会列为第一批国家级医养结合试点城市。作为全市唯一一所综合性福利院，庆阳市社会福利院始终把标准化建设贯穿于老人、儿童服务的全过程，细化服务标准，优化服务流程，定岗定编定员，完善监管机制，实现了医中有养、养中有医。

1. 抓基础设施建设，搭建好康复训练平台

庆阳市政府成立了由市长任组长，分管副市长为副组长，卫生局、民政局、发展和改革委员会、财政部、人力资源和社会保障部、老龄办等部门负责人为成员的庆阳市医养结合领导小组。庆阳市社会福利院成立了由院长任组长、党支部书记和分管副院长任副组长、康复中心主任及相关部门负责人为成员的医养结合试点工作领导小组，建立了医养结合专家库，下设综合类专家组、医疗类专家组、养老类专家组，主要承担医养结合发展规划、相关政策标准规范制定、相关会议召开、相关培训开展、相关调研和课题研究开展、相关项目评审及重大政策风险评估等任务，为福利院医养结合工作的开展及政策的制定提供理论依据。卫生和计划生育委员会及民政局加强监督检查，确保责任到位、任务落实。通过细化分工，明确职责，形成齐抓共管、协同推进的工作格局。为确保医养结合服务工作顺利开展，增强福利院医疗功能，庆阳市政府在设施布局上下大力气，通盘考虑养老设施与医疗设施建设。庆阳市为革命老区和集中连片特殊困难地区，地方财政较为困难，2013 年，在国家大力支持下，庆阳市政府多渠道筹措资金，按照国家设计规范和建设标准，新建了社会福利院老年人公寓及康复中心。老年人公寓内配有数字电视、独立卫生间、应急呼叫装置等必备品，采光充足，色彩搭配温馨。康复中心设置康复医学科、内科、儿科、中医科、检验科、影像科 6 个专业科室和理疗室、康复

---

① 国家发展改革委社会发展司，民政部社会福利和慈善事业促进司，全国老龄办政策研究部，2018. 走进养老服务业发展新时代：养老服务业发展典型案例汇编[M]. 北京：社会科学文献出版社.

功能训练室，还配备全自动生化分析仪、DR 数字 X 光机、心电监护仪等医疗检查设备。

2. 抓特色医养，建立长期照护模式

庆阳市社会福利院入住老年人大多数患有心脑血管、糖尿病、风湿、腰颈椎等疾病。针对入院老年人的不同需求，庆阳市社会福利院在全面深入普查的基础上进行分类归纳，总结出共性需求和个性需求，制定了科学化、人性化的管理服务工作流程。一是实行分级护理。根据老人身体状况和生活自理能力，制定了特级护理、一级护理、二级护理、三级护理 4 个护理等级，明确了各等级的护理标准，实行了护理人员工资与护理等级挂钩和 24 小时值班制度。截至 2018 年全院 32 名特护老人都能按等级享受到相应护理。二是坚持三级查房制度。每周一由主任医师带领各级医师进行查房，测量血压及其他生命体征，进行体格检查，对老人目前健康状况进行评定，提出治疗方案，由护士、康复治疗师和理疗师执行医嘱，分发药物并进行床边康复治疗或理疗。每周由主治医师组织两次查房，分管床位的医师每日晨间查房，随时观察病情变化，如遇有危重病症，立即与老人家属联系。三是发挥中医药特色。庆阳市社会福利院积极拓展服务领域，开展融入中医药健康管理理念的老年人预防、护理、康复服务工作。截止到 2018 年，康复中心中医科对院内 80 多名患有慢性骨关节疾病和脑卒中后遗症老人开展康复服务，免费为其进行针灸、拔罐、艾灸等理疗，并指导老人进行康复锻炼，以促使慢性疾病的康复。四是注重健康教育和心理疏导。针对患有慢性疾病如糖尿病、心脑血管疾病、脑卒中后遗症等的老年人，不定期开展健康教育。对于性格内向和患有精神疾病的老人耐心开导，鼓励他们树立起生活信心。为糖尿病老人搭配合理饮食，对患有不治之症的老人给予临终关怀，让他们“满足离世”。

3. 抓规范管理，提升医养服务水平

以“设施规范化、服务亲情化、活动常态化、康复科学化、管理精细化、环境家园化、队伍专业化”为目标开展医养服务标准化、规范化建设。全面推行集服务设施、医疗保健、档案管理、安全防患于一体的“四统一”制度。一是入住流程标准化。根据《庆阳市养老服务评估暂行办法》《庆阳市老年人入住公办养老机构评估暂行办法》，结合庆阳市社会福利院各股室的职责分工，社会福利院制定了老年人入住流程图。按照申请、评估、体检、审批、入住的程序，对提交了入住申请书的老人，安排 2 名及以上相关专业的技术人员和管理人员进行入院评估，填写《庆阳市老年人入住公办养老机构评估表》，安排老年人进行体检，对符合入住条件公养的老人通知其入院，与自费代养的老人和家属沟通确定护理等级，签订入住协议书，办理入院手续。二是医疗保健规范化。制定《庆阳市社会福利院医养结合试点工作实施方案》，以老年护理部的代养老人和公养老人为重点服务对象，建立健康档案，制作医养结合个人记录簿，由康复中心康复医师、康复治疗师和护士组成医疗康复服务组，老年护理部护理员为生活起居护理组，两组配合，有序开展老人吸氧、输液、肌肉注射、皮下注射、导尿、拆线、床头换药、床头发药、褥疮护理、床头康复理疗等工作。对各岗位人员职责进行了细化、量化，使管理服务工作有据可依，有章可循，逐步形成科学高效的管理服务体系。此外，每年由康复中心对全院老人进行一次健康体检，建立入院老人健康档案，对老人的健康状况进行逐一摸底并翔实填写，妥善保存病例资料，以备查阅和参考。

4. 抓队伍建设，培养医养结合人才

庆阳市社会福利院重视医护人员队伍建设，聘请了一批具有丰富临床经验的医疗专家作为老年部医师，及时准确地为入住老人诊断。通过邀请专家教授讲座，选派老年护理员参加养老护理培训和远程培训，加强养老护理员医疗保健、中医药技能培训，截至2021年，护理员持证率达到了100%。

（二）广西重阳老年公寓"医养结合"养老服务模式①

"医养结合"的内容之一是医疗资源与养老资源相结合，实现社会资源利用的最大化。其中，"医"包括医疗康复保健服务，具体有医疗服务、健康咨询服务、健康检查服务、疾病诊治和护理服务、大病康复服务及临终关怀服务等；"养"包括生活照护服务、精神心理服务、文化活动服务。利用"医养一体化"的发展模式，集医疗、康复、养生、养老等于一体，把老年人健康医疗服务放在首要位置，将养老机构和医院的功能相结合，把生活照料和康复关怀融为一体。

1. 加大医疗卫生建设投入，为老人健康保驾护航

入住广西重阳老年公寓的老人多数为失能或部分失能，大部分老人患有老年慢性疾病，老人突发疾病的状况也不在少数。为减少老人出院转院治疗的次数，广西重阳老年公寓根据老人的疾病情况需要，于2006年在公寓内率先创建了医务室，为在院有治疗需要的老人进行医疗救治。但随着公寓入住老人数量及老人慢性病发病率的提高，原有医务室已经无法满足老人的医疗、康复需求。因此2014年在广西重阳老年公寓内建立了南宁市重阳护理院，如非特殊情况，老人在院内就能解决基本的医疗保健服务问题，为更多的老人提供更优质的医疗服务，实现足不出院就能接受治疗康复。

2. 以数字化健康管理为核心，全面推进医疗养老信息化进程

"医养结合"的核心价值是健康管理。随着科技的高速发展，数字化健康管理可以为老人提供实时的健康管理服务，为医护人员提供在线远程医疗服务平台，为卫生管理者提供健康档案实时动态数据，并将三方有机结合在一起。公寓为能实时关注老人健康状况，引进了多套养老服务系统，运用数字化平台，将老人的身体健康状况录入系统中，并实时更新老人健康相关数据，能够有效地监测老人身体健康变化情况。

3. 加强专业护理员队伍建设，提升护理服务质量

为提高养老护理员的服务质量，加强养老护理员队伍的建设。广西重阳老年公寓对新入职的护理员进行集中培训，不定期对护理员进行考核，对考核不合格的，再加以培训。广西重阳老年公寓每年还会组织部分护理员参加养老护理员培训及考试，进一步加强养老护理员队伍的建设。

4. 坚持多方位健康管理服务理念，提高老人生活质量

在不断地学习和实践中，广西重阳老年公寓探索了医养融合的养老服务模式。一直坚持预防、医疗、保健、康复、健康教育及临终关怀"六位一体"的健康管理服务理念，

① 国家发展改革委社会发展司，民政部社会福利和慈善事业促进司，全国老龄办政策研究部，2018. 走进养老服务业发展新时代：养老服务业发展典型案例汇编[M]. 北京：社会科学文献出版社.

为老人配备了专职的保健医生、护士、社会工作师、心理咨询师、康复治疗医师、营养师等专业技术人员，采取主动介入的方式对老人的健康进行管理。公寓医生、护士、社工及营养师根据老人生理、心理及社会健康情况进行健康评估，“四位一体”即医生、护士、社工及营养师对老人的方方面面进行全面的评估，记录健康状况，建立健康档案。根据老人的健康评估制订个性化健康计划。在这份健康计划指导下工作人员可积极主动地实施一系列具体健康服务，最大限度地提高老人生活质量。

5. 组建专业的医疗护理团队，全面提高养老服务水平

老人入住公寓，原因之一是想得到更好的医疗护理，以提高生活质量，安享晚年。广西重阳老年公寓配备主任医师、副主任医师等20多名医生及近百名护士，每天定时为老人检测生命体征，监控老人的疾病状况。医生对老年人常见病、多发病、慢性非传染性疾病进行一般性诊断和治疗；对老人突发疾病尽力救治并联系120转诊治疗；对老年人的各种常见病及并发症提供护理及预防性康复指导，由专业技术人员对老人关节、肌力、步态、日常活动功能等多方面进行评定进而制订康复计划。根据康复计划对老人开展康复治疗，如针灸、推拿、中药烫疗、艾灸、关节松动训练、步态训练、站立训练、日常生活训练（穿衣、用餐进食、洗脸、如厕、使用便器等）、认知训练（注意力、记忆力、理解力、操作能力等）、中频治疗、痉挛肌治疗、频谱治疗等；对入住老人进行初步健康评估，记录身体健康情况，建立健康档案。医生护士通过查房、交流、咨询和定期组织健康讲座等形式针对老人的生活卫生、生理和心理卫生、营养和饮食卫生、运动保健卫生、老年病防治等内容进行指导。针对卧床老人，护理人员每天都会定时地为老人进行翻身、擦身等，降低压疮的发生率。对于行动不便的老人，护理员会为他们提供基础护理服务，包括洗脸、洗头、洗手、洗脚、按摩、拍背等，专业人员会针对不同老人给予个性化的护理服务，解决老人在生理方面出现的各类问题，同时对胃管插管、气管切开、腹膜透析的老人进行护理。

（三）贵阳市曜阳养老服务中心“1+5”医养服务新模式①

1. 围绕一条主线

中国红十字会事业发展中心坚持弘扬人道、博爱、奉献的红十字精神，秉承“心系民生、回报社会”的公益理念，着眼乡村社区、着眼西部地区、着眼民生领域，在贵阳开展“曜阳关爱行动——贵州乡村医生培训班”“慰问失能老人”“资助养老机构”“博爱教育”等公益活动，累计投入资金1300余万元。中国红十字会与贵阳市政府合作采取公建民营的方式，建设了贵阳曜阳养老服务公益机构，并围绕“公益养老”这条主线，启动了“曜阳关爱·温暖到家”主题公益活动，设置10个爱心体检和关爱点。同时，中国红十字会已投入曜阳养老关爱资金500余万元，为老人提供义诊、体检、居家陪伴、健康评估等服务，惠及2万余名老人。“曜阳关爱、温暖到家”公益主题活动启动后，中国红十字会将公益面扩大到全市10个区（市、县），每年免费为贵阳市老人提供超过

① 国家发展改革委社会发展司，民政部社会福利和慈善事业促进司，全国老龄办政策研究部，2018. 走进养老服务业发展新时代：养老服务业发展典型案例汇编[M]. 北京：社会科学文献出版社.

1000 万元的医疗养老服务。

2. 抓好两个建设

一是抓好阵地建设。贵阳市曜阳养老服务中心聘请有较强的领导、沟通、协调能力，有高度的事业心和敬业精神的离退休领导干部、高级管理人才、社区工作者、医务工作者等，将北京医疗专家库的主治医生招聘组织成为贵阳市曜阳养老服务中心的专家团队，成立了党支部，加强基层组织建设。

二是抓好队伍建设。坚持以事业留人、感情留人、待遇留人、制度留人的原则，贵阳市曜阳养老服务中心从全国各地的高校招聘引进 200 余名老年服务管理、医疗保健、护理康复、营养调配、心理咨询等专业的大学生，政府免费对新入职的人员进行岗前培训，除了进行专业技能、沟通技巧、实际操作培训外，还将国学教育、礼仪修养、道德规范等中国传统教育融入其中。同时，对表现突出的员工进行物质、精神上的嘉奖，鼓励员工参加国家养老护理职业技能考试，对取得职业资格证书的，政府给予员工所在企业一次性补贴。政府补贴性政策和企业人性化管理稳定了一批有敬业精神、能力强、工作有特色的年轻、专业人才，破解了因养老服务人才稀缺与从业人员大量流失而制约贵阳养老服务发展的难题。

3. 突出三个重点

一是以医养结合为重点。贵阳市曜阳养老服务中心在总结中国红十字会多年养老工作经验的基础上，探索出一种医养结合的新模式，将曜阳的医疗、养老资源辐射到养老机构，帮助养老机构进行标准化的管理和服务，为养老机构提供紧急救助、医疗康复、专家巡诊、养老护理、就诊绿色通道等服务。通过政府牵线搭桥，搭建起贵阳曜阳中西医结合医院与养老机构的合作模式，建立了贵阳曜阳联盟，形成了医养结合特色服务圈，有效地解决了贵阳市养老服务业管理水平不高、服务质量不强、医护技术不足等问题。

二是以引进优质医疗资源为重点。利用贵州天然丰富药材资源优势，将贵州民族医药与北京雄厚的优质医疗资源相对接，搭建与北京天坛医院、北京友谊医院、北京老年医院，以及首都医科大学系列医院、北京大学医学部系列医院等几十所优质医疗机构相合作的平台，建立专科建设、双向转诊、绿色通道、远程诊疗的合作关系，形成养、护、医、学、研相结合的贵阳新型医养结合养老模式。

三是以社区居家养老为重点。建立和完善社区居家养老服务网络，整合社区服务中心（站）、社区卫生院、老年人活动中心等资源，建立健全老人健康档案，为不同阶段的老人设计个性养老方案，将服务贯穿于老人晚年生活的全过程，创新性地打造“一站式”养老服务。截止到 2022 年，中心 200 余名健康小助手已进驻乌当区振兴、创新等 5 个社区，开展医疗陪护、精神慰藉等服务。随着曜阳养老服务的不断深入，曜阳健康小助手将晋升为老人的私人小助手，通过网格化管理，健康小助手将一定比例地为老人进行一对一养老服务，同时，将北京、贵州 36 名副高级职称以上的医务工作者发展为贵阳曜阳中西医结合医院的志愿者，为老人进行一对一医疗服务，实时掌握老人健康状态。

4. 注重四个结合

一是注重政府引导和社会参与相结合。采取政府引导、政策扶持的方式，助推社会力量参与养老服务，每年政府投入养老方面的资金达2000万元。一方面，积极培育社会办养老机构（组织），对登记类的养老机构给予一次性建设补助和年度运营补贴，同时，政府加大规划引导、资金投入、政策扶持、教育培训力度；另一方面，养老企业承担起政府购买服务工作，做好政府的参谋和助手，通过政府搭台企业唱戏方式，建立政府与社会企业合作模式，合力推动养老服务工作的新发展。

二是注重互联网与养老相结合。利用贵阳发展大数据产业，建设大数据基地，推进大数据应用实际，贵阳市曜阳养老服务中心率先搭建了覆盖全国的医养平台——“元气医养”，整合了全国800余家养老服务机构、医疗机构、家政机构、旅行目的地等资源，通过线上订单线下体验的方式，为老年人提供包括生活照料、健康管理、教育培训、精神慰藉、旅居服务等养老服务，做到覆盖老年生活的各个领域，有效地解决了老人居家养老无人陪伴、机构养老医疗差、看病难等诸多问题。

三是注重公益服务与市场运作相结合。贵阳市曜阳养老服务中心留出20%的床位数为“三无”老人、低收入老人、经济困难的失能及部分失能老人提供无偿或低收费的供养、医疗护理服务。贵阳曜阳中西医结合医院按照市场化运作，其结余资金的20%作为贵阳市曜阳养老服务中心的资金补充，用于公益医疗养老。同时，贵阳市曜阳养老服务中心拿出一定比例的资金作为资本金，联合贵阳市红十字会，募集社会资金，建立贫困失能老人、困难护理员的救助基金，对贫困失能老人、困难护理员进行帮扶。

四是注重硬件建设与软件建设相结合。贵阳市曜阳养老服务中心注重软硬件并重，着力硬件设施建设标准化、养老服务规范化、服务队伍专业化，不断提高社会养老服务体系建设水平。

（四）三河市“燕达模式”①

1. 基本情况

三河市燕达金色年华健康养护中心设置了自理区（家居式养护楼）、半自理区和非自理区（宾馆式养护楼），并建有康复中心、远程医疗健康中心、健康档案管理中心、餐饮中心、老年大学、康体中心等功能板块，是集医、养、康于一体的绿色生态老年养护基地，是国内最早开发运营的“医养结合”型全程化持续照护养老社区之一，全程解决自理、半自理老人的各种养老照护及医学康复治疗需求。三河市燕达金色年华健康养护中心作为京津冀养老试点单位，秉承“宾客至上、服务至上”的原则，以树立行业标杆为己任，秉承“提高生活质量，保障健康安全，延长寿命”的宗旨，为入住宾客创建温馨舒适的健康长寿乐园。

2. 主要做法

（1）医养结合，全面保障。其一，设置医疗站，提供医疗服务。三河市燕达金色年华健康养护中心内设医疗站，由专业的医护团队为宾客提供一般性疾病诊疗，集看病、治疗、开药、验血、咨询等于一体。护士定期上门为宾客测量血压、脉搏，随时观察他

① 国家发展改革委社会发展司，民政部社会福利和慈善事业促进司，全国老龄办政策研究部，2018. 走进养老服务业发展新时代：养老服务业发展典型案例汇编[M]. 北京：社会科学文献出版社.

们的健康状况和精神状态，将医疗健康的理念贯彻到点滴生活当中。护士站工作人员24小时在岗，方便为宾客提供及时、全面的医疗保障。其二，设置康复中心，提供康复保障。三河市燕达金色年华健康养护中心设有康复训练大厅、中医理疗室，配置了先进的生活辅助和康复治疗设备，多名具有职业资格、经验丰富的康复师和中医理疗师，为需要康复的患者进行康复训练和综合治疗，预防并发症，提高患者的自理能力和生活质量，减轻家属的负担。其三，升级医疗设备，护航宾客安全。三河市燕达金色年华健康养护中心引进国外生命体征遥感监测设备，可对高危宾客心脏、呼吸、血压等身体指标进行24小时监测，当宾客身体指标出现异常时，遥感监测设备会自动报警，届时医护人员将及时救治，最大程度地保障宾客的生命安全。当宾客突发急病、重症时，只要按下紧急呼叫器，仅需一两分钟，医护人员立即赶到现场，通过“绿色通道”在数分钟内送达附近的河北燕达医院，争取黄金救治时间，最大程度地保障老人生命健康安全。其四，专业诊疗技术，强大医疗保障。在京津冀协同发展的战略布局下，先后与北京朝阳医院、北京天坛医院、北京中医医院等权威医疗机构合作共建，并实现京冀异地医保实时结算。河北燕达医院特设老年病科，以诊治常见多发老年疾病为主，并高度关注老年慢性疾病患者的心理治疗和康复治疗。

（2）生活照护，精细服务。其一，享受舒适的居住服务。户型按照居家型设计，装修风格多样，空间安全私密，居室宽敞明亮、温馨舒适，宾客就像住在自己的家里，并配备适合老人专用的安全家具家电、专业的安防监控设施，实现智能化管理；同时，配备24小时紧急对讲呼叫系统，以便宾客随时获得医护人员的帮助。其二，贴心的生活照料服务。三河市燕达金色年华健康养护中心的护理员均经过各项专业培训，定时为宾客提供居室保洁、衣物洗涤、心理保健、陪同就医等近百项服务。自理区的宾客可通过对讲呼叫系统随时与护理站取得联系并获得帮助；为半自理区、非自理区的宾客提供饮食、穿衣、叩背、翻身、如厕、沐浴等全面的个人生活照料服务。其三，先进的设备介助。在半自理区、非自理区，配有国内首家从瑞典引进的天轨移位系统，可以实现多个房间、走廊、厅堂之间的连接转换，协助失能宾客实现站立、行走、活动、如厕、洗浴、康复训练等，让宾客有尊严地养老。其四，丰富的膳食服务。餐饮团队在营养师建议下根据合理科学的膳食搭配做到低油少盐、荤素相宜、色香味俱全，保证食品在健康和营养方面兼具。每餐菜品有二三十种，主食有十余种，宾客可自主选餐，刷卡结算，或选择包餐、订餐等，就餐形式多样。针对有特殊需求的宾客，还提供清真餐、低脂餐、营养药膳、流食及半流食等特殊菜品。

（3）精神生活，快乐养老。三河市燕达金色年华健康养护中心的中央建有一条多功能大街，设有老年大学、温泉游泳馆、桑拿房、健身房、球馆、棋牌室、心理咨询室、图书馆等，建有天主教、基督教、伊斯兰教和佛教等宗教场所。三河市燕达金色年华健康养护中心重视宾客的精神文化生活，老年大学设有书法、绘画、歌咏、手工制作、时装表演、京剧、太极拳、台球等二十余种课程；定期举办电影放映、健康养生讲座、手工展、书画展、笔会、交谊舞会、诗歌会、集体生日会、节庆联欢会等活动；先后成立了燕达爱晚书画社、燕达金色年华健康养护中心合唱团、燕达东方京剧社等多个文娱社团，宾客根据自身的兴趣爱好和健康状况选择课程、参与活动，发挥特长、结交朋友、充实生活，营造老有所养、老有所乐、老有所为的养老环境，打造集生活、精神文娱于一体的多元服务体系。

（4）独特的宾客管理。宾客管理委员会的成立是三河市燕达金色年华健康养护中心的创新之举，由在住老人和中心领导班子共同组成，通过入住老人的参与，及时了解老人的生活需求，获取老人的意见和建议，及时解决相关问题、改进服务，提高服务品质，提高老人满意度。老人参与管理后，能够更加理解和认同三河市燕达金色年华健康养护中心的发展观念，结合每个人的不同工作经历来协助三河市燕达金色年华健康养护中心解决宾客间的矛盾和问题，体现了老人的社会价值，实现了老有所为。

（5）板块依托，相辅相成。三河市燕达金色年华健康养护中心与河北燕达医院、燕达医学护理培训学院、燕达国际会议中心、燕达医学研究院等健康城板块相互依托、融合，获得人才和技术支持等多重保障，并将医、养、护、康、研有机结合，形成可持续发展的“供给链”，增强了后续发展动力。

（五）东营市亲祥源养老服务有限公司“社区嵌入式医养结合智慧养老”模式[①]

1. 基本情况

东营市亲祥源养老服务有限公司（以下简称亲祥源）于2015年7月正式注册成立。自创建以来，在国家政策的鼓励下，亲祥源将企业使命与社会责任密切相连，抢抓机遇，攻坚克难，着力打造“社区嵌入式医养结合智慧养老”新模式，构筑“一网、多站、一中心、一校”人工+智能的养老运营服务体系，以做好“生态、科技、智慧、自助、精准”之养老五环为指导理念，以“大社区、小居家、大服务”为发展目标，最终实现机构、社区、居家三位一体化养老，满足目前国内养老需求，真正实现养老的市场化、可持续健康发展。

2. 主要做法

亲祥源在养老模式上实现“三位一体”，满足机构、社区、居家多种不同层次的养老需求。亲祥源坚持把“让老年人走进养老院”理念转变成“把养老院开进老年群体之中去”。一是嵌入式医养结合社区建设小型养老机构（中心），通过配套适老化设施、智能化设备和医疗设施，收住高龄、失能、失智、残疾等刚需老年群体，有效解决家庭照护负担。二是嵌入式医养结合社区实现了社区就近化养老，使老年人实现了在熟悉的环境中和熟悉的朋友在一起养老的愿望。三是通过智能化养老服务平台开展居家养老服务，为居家老人提供家政、助医、助餐、助浴、助购等服务，满足了居家老人足不出户养老的需求。亲祥源这种“三位一体”有机结合的养老服务模式从一出现就得到了老年人的充分肯定和广泛好评。截止到2022年，亲祥源养老服务中心累计服务老人已达6000人。

亲祥源在具体运营方式上构建了“一网、多站、一中心、一校”人工+智能的养老运营服务体系。一网，即智能化服务网络平台，负责老年人的各项服务需求，发出服务指

① 国家发展改革委社会发展司，民政部社会福利和慈善事业促进司，全国老龄办政策研究部，2018. 走进养老服务业发展新时代：养老服务业发展典型案例汇编[M]. 北京：社会科学文献出版社.

令，并对老年人需求进行统计分析；多站，即各社区便民养老服务站，依托一中心资源，就近及时为社区养老及居家养老的老年人提供各项服务；一中心，即养老服务中心，负责收住高龄、失能、失智、残疾等刚需群体，为他们提供餐饮、文化、医疗等方面的服务，一中心服务资源同时服务于多站点；一校，即老年护理及养老服务职业培训学校（待建），培养养老服务、管理及老年护理方面的专业化人才，为养老提供人才支撑。

截止到 2022 年，亲祥源有 2 处养老中心，面积均在 3200 平方米以上，集机构住养+医养康复+智慧居家服务于一体，均可容纳 80～100 张床位，内设康复中心、中央餐厅、寿宴厅、公共助浴室、商超配送中心、居家呼叫服务平台、老幼同乐区、活动大厅等；除此之外，还在其他 4 个社区设立便民养老服务站，通过互联网智慧居家服务平台、智能陪护机器人，让老人、子女、服务商、一中心、多站点实现互联互通，就近化、本地化满足居家养老服务需求。

第三节　康复服务管理

根据 2020 年第七次全国人口普查数据，我国 60 岁以上人口达 2.6 亿，占比达 18.7%。据中国老龄协会数据，截止到 2020 年，我国有超过 1.8 亿老年人患有慢性病，且据中国社会科学院数据，全国约 12%老人处于失能状态，预计 25%以上的老人需要全方位照护①。随着老龄化的加剧、人均寿命的延长，高龄人群罹患疾病和丧失生活能力的概率也会随之提升，康复服务的需求也将不断上涨。在老年康复服务方面，随着老龄化加深、经济水平提升、群众健康意识加强，政府对康复医疗的重视程度提升，将康复事业纳入国家发展战略。

当前，我国老年人口规模持续扩大，对健康服务的需求愈发迫切，为解决老年健康服务体系不健全、有效供给不足、发展不平衡不充分的问题，应建立完善符合我国国情的老年健康服务体系，满足老年人日益增长的健康服务需求。根据《“健康中国 2030”规划纲要》，截至 2022 年，老年健康相关制度、标准、规范基本建立，老年健康服务机构数量显著增加，服务内容更加丰富，服务质量明显提升，服务队伍更加壮大，服务资源配置更趋合理，综合连续、覆盖城乡的老年健康服务体系基本建立，老年人的健康服务需求得到基本满足。

《“健康中国 2030”规划纲要》提到，要加强康复和护理服务；充分发挥康复医疗在老年医疗服务中的作用，为老年患者提供早期、系统、专业、连续的康复医疗服务；大力发展老年护理服务，建立完善以机构为支撑、社区为依托、居家为基础的老年护理服务网络；开展中医特色老年人康复、护理服务；加强护理、康复医疗机构建设，鼓励医疗资源丰富的地区将部分公立医疗机构转型为护理、康复医疗机构，鼓励二级及以上综合性医院设立康复医学科，提高基层医疗卫生机构的康复、护理床位占比；支持农村医疗卫生机构利用现有富余编制床位开设康复、护理床位。截至 2022 年，基

---

① 国家统计局，国务院第七次全国人口普查领导小组办公室，2021. 第七次全国人口普查公报（第五号）——人口年龄构成情况[EB/OL]. http://www.stats.gov.cn/xxgk/sjfb/zxfb2020/202105/t20210511_1817200.html[2021-05-11].

层医疗卫生机构护理床位占比达到30%[①]。

一、康复管理内容

（一）药物管理

在康复治疗过程中，康复医师与患者及其看护人员共同制订服药计划，确保计划能如实地进行，制定康复处方时考虑药物治疗计划的可行性并且监护药物相互作用显得更加重要。康复治疗师在多学科病理会诊上能与老年医学专家和药剂师一起合作，将患者健康护理的需求与目标放在首位，避免药品的不良反应或开具不恰当的处方。

（二）营养管理

老年群体中的高死亡率通常与体重下降和低体重指数有关，同时也与营养不良相关。老年人体重下降的几个可能原因有情绪低落、吞咽或咀嚼障碍、经口摄入不足及喂养依赖性。

（三）运动管理

常规的身体锻炼对老年人来说可以提高肌力，改善关节活动度和平衡协调能力，减少心血管疾病、脑卒中、高血压、肥胖症、2 型糖尿病、骨质疏松症等疾病的风险。根据患者的病情诊断与实际情况，康复治疗师应制订一个全面的康复医疗锻炼计划，并且使患者在家里也能独立完成康复医疗锻炼。

有氧运动有助于降低静息心率，降低血压，改善肌肉的摄氧能力，提高心肌保护作用。同时还有一些其他变化，如改善机体内环境、提高血糖控制能力、增加餐后脂肪代谢能力及减缓与年龄有关的骨质密度降低。

抗阻力训练可以提高肌力、肌肉耐力、骨质密度，增强身体成分，如增加肌肉横截面面积、肌肉体积，减少体脂肪。等长运动可以在关节不动的情况下就能激活肌肉，对有关节炎的患者非常有帮助。

大部分关于老年人平衡运动的研究主要参与者通常都存在跌倒或是类似跌倒的受伤情况。可以通过以下这些训练来帮助提高平衡力，如动态站立平衡训练；电脑化平衡训练；生物反馈治疗和有氧运动，如走路、骑自行车、抗阻训练及类似瑜伽、太极之类的综合性运动。同样，还可以用专用的拉伸运动来加大老年人的关节活动度，特别是上肢、下肢和脊椎。而一些柔韧性训练如瑜伽、太极、跳舞有利于力量、平衡及柔韧性锻炼。

（四）辅具管理

老年人步行时可能会需要使用辅助装置。单支点手杖或是四支点手杖，可以缓解老年人患者髋关节疼痛，且有利于保持平衡。为了减少负重，一般选择患侧下肢的对侧控制手杖。拐杖对老年人来说并不是一个非常好的选择，因为使用拐杖的老年人需要拥有

---

① 老龄健康司，2019. 国家卫健委老龄健康司. 关于建立完善老年健康服务体系的指导意见[EB/OL]. http://www.nhc.gov.cn/lljks/s7785/201911/cf0ad12cb0ec4c96b87704fbbeb5bbde.shtml[2019-11-01].

较大的力气与更强的平衡能力。步行器可以帮助老年人保持平衡，步行器上设有篮子、挂钩，方便老年人出行时携带物品。手或腕关节功能受限而不能抓握的老年人患者可以选择平台步行器。若使用轮椅，老年人患者可以在社区内自由移动，而不仅仅只能在家里使用。

二、相关标准

（一）基础康复服务

1. 基本生命体征监测

养老护理员通过专门设备定时为老年人（尤其是糖尿病患者、高血压患者）提供血压、心率、体温以及血糖等重要生理指标的测量服务，并详细记录测量数据。

2. 用药提醒

养老护理员应严格按照康复医师的医嘱要求，为患有脑卒中、高血压、糖尿病等常见病症的老年人提供用药提醒服务，并协助生活不能自理的老年人正确服用药品，确保药品种类、剂量、给药时间、给药途径正确，观察和询问老年人服药后的变化，并及时记录和反馈。

3. 压疮预防

（1）养老护理员应及时清洁卧床老年人的皮肤，使其保持皮肤清洁、干燥。

（2）养老护理员应保持卧床老年人床单的清洁、干燥、平整，无杂屑、无皱褶。

（3）养老护理员对长期卧床和坐轮椅的老年人，应酌情正确使用减压用品；定时更换体位，注意动作轻柔，避免造成老年人身体不适；因病情不能更换体位者，应先上报并在医护人员的指导下积极处理，并做好详细记录。

（二）运动功能康复

1. 基本要求

（1）康复医师和康复治疗师对接受运动康复的老年人进行功能评定，确定康复项目，设计运动量和运动时间。

（2）养老护理员在康复治疗师的指导下，依据康复计划，借助步行器、拐杖、轮椅、哑铃等运动器械，辅助老年人进行主动运动、主动助力运动和被动运动，运动过程中应注意安全防护，防止跌倒或其他意外发生。

2. 康复内容

（1）床上翻身。针对存在肢体障碍的老年人（如偏瘫者），在病情允许的情况下，由养老护理员对老年人进行翻身训练，主要利用健侧肢体力量的帮助，借助惯性向患侧或健侧进行翻身，并注意保障安全。

（2）桥式运动。养老护理员应按照双桥和单桥两种运动形式对老年人进行运动康复，双桥运动形式为老年人仰卧，双腿屈曲，然后伸髋，抬臀，并保持；单桥运动形式为老年人双腿屈曲，伸直健腿，然后伸髋，抬臀，并保持。

（3）坐位训练。养老护理员按照坐位平衡训练、由坐位到站起训练、由站立到坐下训练、坐位下的患肢持重训练、坐位下的上肢训练等方式对老年人进行坐位康复训练。

（4）站位训练。养老护理员按照站立训练、站位下屈膝训练、膝关节稳定性控制训练等方式对老年人进行站位康复训练。

（5）步行训练。养老护理员按照手杖步行、独立步行、上下楼梯训练等方式对老年人进行步行康复训练。

（6）关节活动训练。关节活动训练主要包括老年人在康复治疗师的指导下，由养老护理员辅助进行主动运动训练和被动运动训练；养老护理员动作应轻柔、缓慢，防止出现骨折、肌肉拉伤等继发损伤。活动顺序由远心端到近心端，由小关节到大关节；关节有急性炎症、肿胀、异常活动时，应中止运动与训练。

（7）肌力增强训练。养老护理员按照主动运动、抗阻运动、主动辅助运动三种形式对老年人进行肌力增强训练。

（8）平衡协调训练。平衡协调训练的方式主要包括保持坐位的平衡训练、保持膝手位的平衡训练、跪位平衡训练、单膝立位平衡训练、保持立位平衡训练。老年人进行平衡训练时应注意：在训练时，养老护理员可通过镜子协助老年人进行姿势矫正；养老护理员随时发出指令，如“向左”“向右”等声音刺激；在康复治疗师的指导下，养老护理员可通过诱发姿势反射协助老年人训练平衡能力。

（三）言语障碍康复

1. 基本要求

康复医师应全面了解老年人的身体状况、疾病程度，与老年人及监护人充分沟通，了解老年人言语障碍情况。

养老护理员根据老年人的基本情况与康复医师制订的康复计划，形成适合老年人的言语训练方案，内容包括训练目标、训练内容、方法和时间等。

养老护理员在实施言语训练前，应向老年人说明训练的目的、方法和时间；训练内容及时间安排适当，可根据老年人的反应适时调整训练的内容、训练量和难易程度，使其避免疲劳或出现过多错误。

在训练过程中，养老护理员应观察老年人训练的反应，及时给予反馈，强化正确的反应，发现问题及时纠正和改进，若发现老年人出现异常，应立即停止训练。

2. 康复内容

（1）发音器官锻炼。养老护理员指导老年人进行发音器官锻炼，特别是舌的运动（例如，向前伸舌、舌向左右侧运动、卷舌、舌在口内旋转），以改善舌尖、舌根运动灵活程度。

（2）语言训练。养老护理员指出某一语言的发音部位，示教口型，发出正确读音，引导老年人模仿，在训练过程中查出老年人难发的音和易错的音，进行引导，也可通过个别辅导法，包括音素分解法和拼音法进行训练。

（四）日常生活能力康复

1. 进食

（1）创造良好的进食环境。养老护理员为老年人营造良好的进食环境和愉快的身心状态，去除干扰因素，避免进食过程中进行不急需的医疗和护理操作，调整好进食体位，缓解疼痛。

（2）选择适宜的饮食种类。养老护理员在康复医师、护士的指导下，根据老年人对食物的偏好、疾病种类、咀嚼和吞咽能力及每日康复运动强度等因素合理搭配食物，调配营养丰富、适合老年人的饮食。

（3）使用自助器和协助进食。养老护理员应鼓励老年人借助特殊进食器具自主进食，必要时指导和帮助老年人学习使用专用器具。对不能自主进食的老年人，养老护理员应给予一定帮助，协助老年人完成进食。

2. 排泄

（1）心理辅助。养老护理员应及时了解老年人的心理状态，尊重和理解老年人，给予其合理的解释和安慰，以缓解老年人因排泄需求而出现的窘迫、焦虑等不良情绪，使其积极配合功能训练。

（2）排泄功能训练。养老护理员辅助老年人进行肠道护理和膀胱功能训练，应为不能如厕排泄的老年人提供有利于排泄的便器，并给予屏风遮挡，保持室内空气清新，定期开窗通风。

（3）皮肤清洁。老年人排泄后，注意保持老年人局部皮肤清洁、干燥，经常清洗会阴和肛门周围。

3. 个人卫生

（1）养老护理员对老年人进行个人卫生相关训练前，应向老年人解释训练内容、目的、意义、要求，取得老年人的理解和配合。

（2）养老护理员应督促老年人积极主动参与训练，对于不能独立完成个人卫生清洁者，应协助老年人每天定时清洁口腔、皮肤，保持头发清洁。

（3）养老护理员通过床上洗头、床上擦浴、温水擦浴、浴室洗澡等方式，协助老年人进行洗浴护理和训练。

（4）在个人卫生护理过程中，养老护理员应注意观察老年人的生命体征（包括血压、脉搏、呼吸、体温等）及其他病情变化，发现异常情况应及时报告监护人及康复医师。

4. 穿衣

（1）进行穿衣训练的老年人应具有一定的座位平衡能力和控制能力，座位不平衡时，养老护理员应给予支持。

（2）养老护理员应协助老年人选择宽松、轻便、舒适、方便穿脱的衣物进行穿衣训练。

（3）训练衣物的纽扣、拉链应改造为尼龙搭扣、按扣或松紧带，鼓励使用辅助性用具，如纽扣牵引器、拉链拉环等。

（4）穿衣训练时应按照先脱后穿的顺序进行。单侧偏瘫的老年人穿前开襟的衣服时，先穿患肢，再穿健肢；脱衣时先脱健肢，再脱患肢。

5. 体位转移

（1）根据老年人的用力程度，养老护理员应按照主动转移、被动转移、助动转移三种方式进行体位转移训练。

（2）进行体位转移训练的范围和方式应符合康复方案的规定，在病情允许的情况下，以不妨碍老年人康复为前提，选择符合病情、康复治疗目的和护理需求的体位和体位转移方式。

（3）养老护理员应向老年人及监护人说明体位转移的原因、目的和要求，取得老年人的理解和配合，并注意观察老年人的皮肤情况，如有无压疮、出血点、皮肤温度和色泽的变化等。

（4）体位转移动作应轻稳、协调。养老护理员应鼓励老年人最大限度发挥身体残存功能，在外力辅助下配合完成体位转移训练。对使用导尿管及其他各种引流管的老年人，应事先固定好各种导管通路，以防滑脱、扭曲、打折，影响正常引流。

（5）体位转移后，养老护理员应注意协助老年人保持体位正确、稳定、舒适和安全，可用支撑物保持身体姿势和位置。

（6）体位转移的训练方法如下：一是翻身法，包括向健侧翻身、向患侧翻身两种方式；二是移向床头训练法；三是仰卧位和坐位转换法，包括从仰卧位到平坐位、从平坐位到仰卧位两种方式；四是从椅坐位到站立位训练法；五是床与轮椅之间的体位转移法，包括从床上到轮椅的转移、从轮椅到床上的转移。

第四节　精神和心理服务管理[①]

在现代社会中，精神心理因素已成为威胁老年人心理健康的首要问题，对于这类心理疾病，预防胜过治疗，促进老年人心理健康是预防各类老年人疾病、改善他们健康状态的重要措施之一。

影响老年人精神和心理健康的因素大致有三个方面：一是人到60岁以后，会出现一系列生理和心理上的退行性变化，体力和记忆力都会逐步下降。这种正常的衰老变化使老年人难免有“力不从心”的感受，并且带来一些身体不适和痛苦。尤其是高龄老人，甚至担心“死亡将至”而胡乱求医用药。若在衰老的基础上再出现疾病，有些老年人就会产生忧愁、烦恼、恐惧心理。二是老人退休后，会面临各种无法回避的变故，如老伴、老友去世，身体衰老、健康每况愈下，等等。精神创伤对老年人的生活质量、健康水平和疾病的疗效有重要的影响，有些老年人因此陷入痛苦和悲伤之中不能自拔，久而久之必将有损健康。三是周围环境的突然变化，以及社会和家庭人际关系的影响，老年人对此往往不易适应，从而加速衰老过程。有关研究表明，未婚（丧偶）、文盲、患慢性病、低收入、从事体力劳动的老年人心理健康问题尤为突出。

目前，涉及老年人精神和心理层面的服务形式主要有心理健康评估和咨询指导服务、心理/精神支持服务、社会参与服务、社区老年大学/老年课堂等。

---

① 沙勇，周建芳，白玫，2019. 养老服务管理[M]. 北京：社会科学文献出版社；杨胜普，2018. 全人照顾视角下机构养老服务概论[M]. 北京：中国社会出版社.

一、心理健康评估和咨询指导服务

目前，社区一级经常有志愿者组织与街道、居委会共同建立专业的心理疏导机构，由掌握专业心理学知识的社工、志愿者为社区老年人做专业的心理疏导，在社区为老人构建“心理教育辅导平台”“心理诉求减压平台”等一系列心理教育、心理危机救助体系。他们可以为精神空虚，特别是有心理疾患的老人提供心理关怀志愿服务。通过电话问候、上门慰问、网上聊天等形式，针对老年人的生理特征及心理需求开展心理咨询服务，缓解老年人的心理“空巢”。帮助老人解开心结、快乐生活，鼓励老人积极参与社会活动，摆脱孤独寂寞，保持乐观健康的生活状态。社区志愿者不定期地为精神寂寞和有心理疾患的老人开展精神关爱服务，经常陪老人聊天交流，为老人读书、读报，使他们“巢空心不空”。

四川省南充市社会福利中心开展了针对老年人的团体心理辅导活动，就老年人沟通问题进行了问卷调查，随后通过图片观看、情景模拟、互动交流认知引导层层递进，对老年人进行心理辅导，帮助老年人纠正片面、错误的认知，促进老年人之间的良性沟通。在活动中，心理咨询师引导老年人积极思考，通过观看图片，进行自我认知检验，推翻了绝对化观念“眼睛不会欺骗人”，让老年人认识到眼见不一定为实。最终，使老年人认识到遇事不能偏听偏信，必须通过沟通认识真相；慎做传话带话的第三者，以避免产生误会；宽心做人，不能什么都往心里去，以免影响自身生活质量；沟通以相互尊重为基础，要选择适宜的场合，用真诚和善意建立良好的沟通关系。

上海市静安区成立心理健康服务小组，由专业心理咨询师或经过培训的心理辅导师帮助社区老年人解决心理问题或由心理问题引发的行为问题：一是个体心理咨询。对具有严重躯体疾病、伤残、卧床等重点老年人或者需要帮助的老年人，主动提供咨询服务。例如，心理咨询师为老年人提供面对面的心理咨询服务并进行心理疏导，解答老年人的心理困惑；再如在心理健康服务室设立心理健康服务热线，由专业心理医生为有心理服务需求的老年人提供帮助；还有邮件心理咨询，在区精神卫生中心和社区设立专门的心理信箱，同时开通网络心理信箱，使有心理服务需求的老年人可以通过书信或邮件的方式表达自己的困惑，由专业人员进行解答。二是团体心理咨询。将具有相似问题的老年人集中起来进行团体心理咨询，帮助老年人进行自我认知，从而改变行为。包括组织表演心理剧，根据老年人的实际问题设计剧情，以促进情感发泄，体会角色的情感与思想，消除消极情绪，保持心理健康；利用家庭游戏疗法，促进家庭成员之间的沟通与交流、提高家庭活力和机能、消除老年人的消极心理；组织心理健康沙龙，根据老年人的主要心理健康问题，确定一系列的主题，鼓励老年人就相关主题进行自由发言和讨论，从而达到自我认知和自我理解的目的，增强老年人适应环境和克服危机的能力。上海市静安区为老年人提供心理健康服务的模式值得学习与推广。

近年来，沙盘游戏被广泛地运用在心理咨询、心理评估、心理治疗等领域内。沙盘游戏治疗是目前国际上很流行的心理治疗方法，通过游戏评估诊断人的心理问题，缓解人的紧张和焦虑的情绪、促进人的身心健康发展。宁夏夕阳红老年服务中心通过沙盘游戏判断老年人心理状态和发现老年人心理问题，再慢慢引导老年人走出心理误区。该服务活动每周一次进入各个社区，相当受老年人欢迎。石家庄市长安区荣景园社区心理咨询室采用沙盘治疗、系统家庭治疗、OH 卡牌治疗、音乐减压等形式为居民进行专业治疗，还会定期在社区举行大型公益心理咨询活动。

二、心理/精神支持服务

心理/精神支持服务是指通过语言沟通、情绪疏导等方式，排解老年人心理压力，促进其身心健康的服务。机构养老针对老年人各阶段心理/精神方面特征和需求开展服务，主要包含环境适应服务、情绪疏导服务、家院共助服务、社会关爱服务。

（一）环境适应服务

老年人离开原来熟悉的生活环境新入住养老机构，普遍存在心理和情绪问题，出现环境不适应、情绪低落、失眠等状况。环境不适应主要表现在生活环境不适应、社会交往环境的不适应，以及由于生活环境变化而产生的心理和情绪问题。这些问题在一定程度上影响了老年人在养老机构的生活质量，同时影响了老年人的身心健康。在养老机构服务中，机构应当协助老年人进行环境适应，并将此项服务列为新入住机构老年人的专属重点项目。

重庆市第一社会福利院在环境适应服务方面的具体做法为：第一，环境适应个案服务。针对每位入院老人，由相应责任区专业社工开展为期一个月的环境适应服务，内容包括协助熟悉院内工作部门设置及环境设施状况，熟悉休养区的工作人员及共同居住的老年人情况，协调满足老年人在日常生活中的个性化需求事项，处理环境不适应引起的心理和情绪问题，提升老年人对养老机构环境的熟悉度，引导老年人高高兴兴地入住这个适老宜居新环境、权益保障新平台、尊老奉孝新圈子、专业服务新场所、医护诊疗新场院、康复理疗新场地、健身保健新场馆、文体娱乐新会所、雅趣培育新田园、陶冶性情新乐园、逸情游憩新港湾、亲情互动新驿站、人文关怀新绿洲、颐养天年新家园、来去自由新天地的幸福大家庭，增强机构归属感。第二，开展环境适应小组活动。针对同一时间段新近入院尚有相同适应性问题的老年人，由社工和志愿者共同开展环境适应小组活动，分享养老故事，促进老年人人际交往，强化老年人院内支持系统。第三，环境适应主题活动。针对休养老年人存在的实际困难和问题，在全院范围按季度开展环境适应主题活动，在主题下开设家庭聚会日、心语心愿、集体生日会等特色服务项目，实现熟悉环境设施、促进人际交往的服务目标，缩短老年人环境适应过程，使其安心在机构愉快生活。

（二）情绪疏导服务

老年人健康水平、认知能力难免逐渐下降，高龄老人常伴有各类老年疾病，长期遭受病魔缠身的困扰，身体健康的变化也会诱发或影响老年人的情绪问题。新近入院的老年人通常会变得更为敏感，产生自卑抑郁的消极情绪，自尊心降低，自我认同感减弱，严重影响老年人心理健康和生活质量。

重庆市第一社会福利院在情绪疏导服务方面的具体做法是：第一，建立“老人经纪人”社工服务制度，自入院起对老年人进行“一对一”专属服务，其中重点内容为老年人定期陪伴、情绪动态评估，及时响应老年人情绪疏导方面的问题。第二，开展情绪管理和生命教育小组活动。一方面，针对老年人无用感、焦虑感、抑郁感等心理问题，社工运用生命教育，普及“人与己，人与人、人与环境、人与生命”和优势视角、生命回顾等科学理论学说，开展认识自我、关系协调、环境共融、生命启示等内容的小组活动，协助老人树立积极乐观的人生观、世界观和价值观，提高老年人生命质量和幸福指数，积极享受生活。另一方面，老年人情绪不稳定，容易发生情绪感染，暴喜暴怒，既影响人际关系，又不利于身心健康，通过组织参与游戏和体验分享小组活动，促进老人在情绪接纳、察言观色、适当表达、资源寻求和自我情绪管理五个方面的改善，帮助老年人了解自我，正确归因，促进老年人妥善处理情绪。第三，开展老年义工服务活动。为了推动老年义工服务事业健康、有序发展，重庆市第一社会福利院建立健全义工管理制度，完善相关服务流程和激励机制。

（三）家院共助服务

家庭是老年人精神支持的重要来源。老年人即使进入机构养老，家庭仍旧是其重要的支持力量，发挥着情感支持、精神慰藉的作用。随着年龄的增长、身体机能衰退，老年人容易产生消极自卑的心态，无用感增强，部分由于家庭变故选择入院的老人存在自己是子女负担，甚至产生被抛弃的想法等。对选择机构养老的老年人来说，虽然未与家庭成员一起生活，但家属的关爱和支持，在满足老年人情感上的需要，重塑生活信心方面仍有不可替代作用。

养老机构是老年人精神支持的有效补充。养老机构在为老年人提供休养服务过程中，及时与老年人家属沟通服务情况，反馈休养老人身体、心理及精神等多方面信息，并对及时出现的问题协商解决，实现老年人家庭和养老机构共同完成对老年人的照顾。

重庆市第一社会福利院在家院共助方面的具体做法是：第一，在养老服务过程中建立常态化与家庭沟通机制。由责任区社工每月向家属反馈老年人休养期间的情绪心理变化情况，使家属及时了解相关信息，社工以如此跟进方式有效提升了与家属之间的亲和力，在及时妥善处置休养老人相关问题时赢得了其家属的主动配合与支持。第二，邀请家属参加主题活动。每逢父亲节、母亲节、感恩节等节日，社工组织都会搭建休养老人与其家属亲情互动的平台，让家属能有适当时机向老年人衷心表达情真意切的尊老、孝老、爱老情怀，使老人能够真切感受和体验来自家庭的温馨关爱。第三，开展家庭聚会日。每年举行一次隆重盛大的聚会，邀请老人家属、志愿者聚集至福利院与休养老人共度一天美好时光，活动内容包含“文娱表演、亲子游园、拍摄全家福、变身探访及亲情陪伴”。第四，在九九重阳节（敬老日），开展针对老人家属的年度“孝爱家庭”和针对一线护理人员的“老人床前好儿女”评选表彰活动。通过上述举措，旨在建立家院共助的长期协作机制，鼓励子女多看望父母、陪伴父母，强化家庭对休养老人的精神支持的责任和作用，让老人感受来自家庭的温暖，营造“孝亲敬老”氛围。

（四）社会关爱服务

老年人入住机构养老后，由于环境限制的原因，与社会接触较少，家庭互动频次降低，社会支持减少，社会参与缺失。为使老年人感受到社会关爱，社工在服务过程中，应积极链接社会资源，满足老年人情感陪伴、社交及自我实现等方面的需求。

重庆市第一社会福利院在社会关爱服务方面的具体做法是：第一，常态化志愿者管理机制。合理运用和管理志愿服务资源，按照志愿者志愿服务种类、时间进行登记，强化志愿者团队建设，为持续开展志愿服务奠定基础。第二，开发志愿者服务项目。根据老年人精神陪伴需求，开发"心与心"长期陪伴志愿服务项目，为院内老人提供"一对一"陪伴服务，提供稳定的情感支持；根据老年人物质生活、社交和自我实现方面的需求，开发"心语心愿"志愿服务项目，创建志愿服务项目与老年人服务需求的对接平台，链接志愿者帮助院内老人实现心愿。第三，建立常态化志愿服务项目。与志愿者服务团队和爱心企业建立长期合作机制，开展常规性义务诊疗、理发、文艺演出、法律咨询等服务，让老人感受来自社会的关爱。第四，在每年敬老日，举办年度志愿者和志愿单位评选表彰活动。通过该项活动，进一步扩大志愿服务的影响，激发爱心人士、志愿团体和单位参与关爱老人志愿服务的积极性，促进长期志愿服务机制的建立。

三、社会参与服务

（一）文化娱乐服务

进入机构养老后，基本生活都由专业护理员提供，老年人每天空闲时间较多，迫切需要文化娱乐活动来充实和丰富原本单调的休养生活。

重庆市第一社会福利院在文化娱乐服务方面的具体做法是：一方面，开展日常文化娱乐活动和节假日主题活动。按照适宜老年人的生活常规安排，组织开展涵盖音乐、美术、书法、插花、舞蹈、健身、手工制作、智力游戏等怡情陶冶项目的日常活动，结合重大节假日开展主题活动，丰富老年人的休养生活，实现老有所乐。另一方面，开展兴趣爱好小组活动。总结梳理老年人的兴趣爱好，开展书画小组、歌唱小组、手机电脑学习小组、园艺花卉小组、烹饪厨艺小组等活动，提升老年人生活质量，促进老年人社会交往和人际交流。

为满足老人精神文化需求，2016 年 5 月 12 日，重庆市第一社会福利院老人艺术团正式成立，共有 76 名休养老人加入。老人艺术团的成立，是该院坚持以老人需求为中心，创新文化建设，打造"一福享老"品牌的重要举措之一，有利于丰富老人晚年生活，提高老人生活质量和幸福指数。

（二）自我实现服务

社工将挖掘老年人特长和文化娱乐活动中培养的兴趣爱好，进行包装，打造老年人喜闻乐见的表现形式，搭建老年人风采展示平台，促进老年人全方位自我价值实现。第一，个人兴趣爱好展示平台。社工在日常服务过程中了解老年人的兴趣爱好，整理成果，在节假日或主题活动中予以展示，提升老人自我价值感。第二，集体才艺展示平台。利用老年人在文化娱乐活动方面已有的禀赋，定期组织才艺展示、成果展示，提升老年人成就感和价值感。第三，老年志愿者服务平台。在院内建立老年志愿者服务机制，如由休养区老年人担任图书管理员，负责图书馆日常运营；如组织老年人志愿者团队在节日对困难老人进行慰问演出，给予特殊人群关爱，展现自我价值；再如，让有烹调技能专长的老年人亲临老人食堂厨房指导，为丰富休养老人共享饮食文化增光添彩。

四、社区老年大学/老年课堂

随着中国老龄人口的增多，20 世纪 80 年代，老年大学在中国许多地方兴起。老年大学成为许多社区老年人更新知识的课堂、健身养心的场所、开心娱乐的园地、广交朋友的平台、智力开发的基地。在社区老年大学老年课堂上，可以通过专题讲座、咨询指导、上公开课等形式，解决老年群体共同关注的问题。以社区老年课堂为主阵地，聘请各行业的精英和由专家学者组成的公益课堂义工讲师团，对老年人进行知识更新和技能培训，开展涉及法律、科学养生、医疗保健、人际沟通、家庭教育等各类知识的专题讲座和咨询指导。

社区老年大学/老年课堂还经常在社区开展丰富多彩的文体健身活动，依托社区老年人活动室、老年健身活动设施，组织老人开展体育、文化娱乐等群体活动，使老人老有所乐。同时，鼓励老年人积极参加适当的娱乐活动，组织、培养老人的兴趣和爱好，如唱歌、跳舞、棋类、桥牌、听音乐、绘画、书法、诗词等，开展打太极拳、练气功、门球比赛等健身活动，组织联欢会、旅游观光、种花、钓鱼、编织等养心娱乐活动。此外，鼓励老人做一些力所能及的事，为社会贡献余热。

第五节　临终关怀服务管理[①]

伴随老年人口规模增加，临终关怀服务需求不断增长。养老机构服务对象以高龄、失能失智老年人为主，这些老年人因身体机能衰退难以抗击各种病魔吞噬其生命。为此，休养老人因疾病原因，死亡风险高，临终关怀服务需求更为迫切。《养老机构服务质量基本规范》中将临终关怀服务定义为：为临终老年人提供姑息治疗、护理、生活照料、社会工作、心理慰藉、伦理支持、后事处理及对家属的心理抚慰和精神支持的活动。具体到全人照顾视角下机构养老服务中的临终关怀服务，就是在现代医学判断为无法治愈的生命终末期休养老人进行识别、评估的基础上，为提高休养老人生命质量和尊严，在休养老人所患疾病确无治愈希望的有限生存期间（即临终期 6 个月或更少），为临终休养老人及其家属提供全面的照护，为患病休养老人提供适当的救治，尽力减轻病痛，舒缓死亡痛苦，使临终休养老人能够舒适、安详、有尊严、无痛苦地走完人生最后的阶段；同时使其家属身心得到保护和慰藉，帮助家属走出亲人生死离别后的痛苦，开展满足老

① 杨胜普，2018. 全人照顾视角下机构养老服务概论[M]. 北京：中国社会出版社；沙勇，周建芳，白玫，2019. 养老服务管理[M]. 北京：社会科学文献出版社.

年人及家属生理、心理、社会和精神需求的持续性专业服务。重点主要分为两个方面：一是心理需求方面。临终老人可能出现种种担忧疑虑，包括不确定感、如何了结自己曾经耿耿于怀的事件、感觉自己是家人的负担等；同时，临终老人面临恐惧感、孤独感和对生活的失控感。二是精神需求方面。探索个体的意义感和生命的目的，探索与生命和死亡问题有关的态度、信念和想法、价值及顾虑；通过鼓励个体回顾过去肯定生命的价值，探索个体关于自己和家人的现状和未来的希望和担忧；探索为什么要面对死亡和受苦的问题。

生命最为严苛之处，在于它会死亡，而死亡自然会让人感到无比的痛苦。前文已经谈到，面对死亡的痛苦，“鼓励个体回顾过去肯定生命的价值”属于精神方面的需求。具体而言，临终期的老年人在与病魔顽强抗争的同时，往往可能会回首自己的人生，无疑是极其复杂的精神需求使然。谈到回首人生，往往会让人联想到一部不朽的著作——《钢铁是怎样炼成的》。苏联作家尼古拉·奥斯特洛夫斯基在该书中塑造了一名极不平常的非凡英雄，作家笔下如同钢铁一般的保尔·柯察金曾有这样一句名言，“人最宝贵的东西是生命，生命每个人只有一次。人的一生应当这样度过：每当他回首往事时，不会因为虚度年华而悔恨，也不会因为碌碌无为而羞愧”。大家知道，来到养老机构生活的休养老人，大多是极其普通的寻常百姓，并不一定都是经熔炉炼就而成的钢铁之躯。为此，在临终关怀服务中，在鼓励休养老人回顾过去肯定自己生命价值这一环节，切忌简单、生硬地将服务对象与这块“钢铁”画等号，切勿夹杂个人喜好胡乱借鉴这句名言而引来无端的弄巧成拙。对于休养老人而言，他们的一生也许与轰轰烈烈、惊天动地无缘，但却有各自独一无二的精彩年华，总有让他们自己引以为荣、引以为傲的件件往事，哪怕就是他们忙事业、忙家庭的一些琐事，这些也许是无足轻重、微不足道的点点滴滴，但却就是他们成功一生的缩影，这就已经足以让他们能够肯定自己生命的价值了，因为他们历经普通一生所取得平凡的丁点小成就，同样是精彩一生的写照，同样可以折射出闪光的生命价值。

一、服务管理

（一）临终老人心理护理（心理呵护/灵性关怀）

临终老人的精神创伤和由此产生的心理异常是用药物和手术难以消除的。临终老人最关心的就是心理辅导和疏通。因为药物已无法治愈疾病，而如何解除痛苦才是让他们活得有尊严的关键。对于临终老人来说心理治疗和心理护理是十分必要的。因此，从心理角度上临终关怀的护理目标是帮助老人从对死亡的恐惧与不安中解脱出来，以平静的心情面对即将到来的死亡，较舒适地度过临终过程的各个阶段。

1. 心理层次上的呵护（心理呵护）

第一，自觉无法治愈时，能够帮助老人面对死亡。若老人得到足够的心理慰藉，从心理上接受现实，他就会不再做无谓的抗争，较能镇静且理性地作出决定及交代后事，家人必须快速地完成或承诺被交办的事项，以示尊重，使老人能安详平静地走向死亡，让老人保持生命的最后尊严。

第二，帮助老人完成未完成事件，了却心愿。老人的希望随着生命历程而改变，当老人知道自己无法延长生命时，又希望减轻疼痛或希望重新调整药物，希望家人看望、吃某种食物、做某些事，只要不会伤害到老人，应予成全。尤其是当老人能放下心爱的人、事、物，如托孤、遗物分配、交代遗嘱及处理后事等，这些都能如愿交代，了却心愿时，老人将觉得自己可以走得心安。

第三，与老人家属沟通，给予老人家人支持与关爱。在老人生命垂危之际，老人的家人需要心理的呵护，能够坦诚地倾诉痛苦，获得贴切的照顾，可以消除放弃和被人放弃的恐惧，坦然面对死亡。

第四，提供社会支持，解决实际问题，减轻老人内心的焦虑、担忧；同时，借助社会的义工等力量，陪伴、呵护老人。通过和老人交谈、祷告、讲故事、读诗等形式，促使老人感觉到有力量的支撑，不孤单、不寂寞，安详地走完人生的旅程。

2. 灵性层次上的呵护（灵性关怀）

第一，帮助临终老人寻找人生意义的自信。在临终关怀服务中以灵性层面上的精心呵护，让老人回忆生命中快乐、成功、挫折等件件往事，让老人追寻自身值得骄傲的人生意义，让老人回望引以为自豪的人生闪光点。让老人任性、自信去体验没有虚度一生的成就感、满足感、尊严感。

第二，让老人从宽恕或被宽恕中了却内疚。对老人来说，伤人或伤心的心结通常深埋于心底，若不予释怀了结则心灵难以平安。对临终老人的照顾应密切注意这份灵性需要，妥帖帮助老人从宽恕或被宽恕中释放内疚压力，让老人无憾而洒脱离世。

第三，给予老人关爱。人的生存最怕孤苦伶仃，临终老人更怕孤单，在这一刻充满关爱走进老人即将消逝的生命，帮助临终的生命带着尊严在爱中告别人世。“爱”使临终老人能感到生命的意义和离世的尊严，让生命的终结在犹如远航归来停泊于港湾的静美诗境中定格。

第四，给予老人希望。怀有希望虽死犹生；抱着不能达成的希望而活于世间，对临终老人而言终究是遗憾、不安和不甘心。因此要尽量给予临终老人希望，并尽量促进达成，尽量让临终老人不留遗憾。另外，希望之所以不能达成，原因颇多，倘若实在不能达成的话，则临终者大可撒手离世不必抱有任何遗憾。

（二）临终老人家属居丧期哀伤辅导

老人的离去是不可避免的结果，但并非服务的终点，因为死亡不只是个体生命的离去，它还使活着的亲人们经受哀伤的煎熬。老人过世后，部分家人自己无法调节或者通过家人支持也无法走出哀伤的人，社会工作者也为其提供关怀照顾、居丧服务和哀伤辅导等，协助家属调适因亲人离世而产生的不良情绪反应，顺利度过居丧期。除此之外，临终关怀也服务于各类有需要的其他群体，如临终患者直接相关的照顾者，间接相关的休养老人，通过了解其状态与想法，充分调动相关资源发挥作用、给予关怀、提升抗压能力、倡导人性化的服务与照顾。

综上所述，中国“孝道”观自汉代以来，“孝”被提到与天同齐的高度，体现“百行孝为先”传统观念的精神文化根深蒂固。中国人的传统观念总是把父母临终时子女是否亲自服侍在侧直至送终作为评价子女是否孝顺的一个标准，却未顾及临终老人对“善终”价值的诉求，尚未关注临终老人的尊严和生命意义，明显忽视了临终老人的自身的需求，或者说道德诉求或“善终”需求，也是对临终老人是否有什么未了的愿望、对提高死亡质量的漠视，更是对临终老人的不尊重，直接损害了临终老人的尊严。为此，在以孝道为根基的中国传统伦理文化背景下，“善终”既是老年人在人生最后阶段的道德选择，也是孝子的道德义务以及整个社会的道德责任。作为最普遍、最一般的伦理原则和道德规范的社会主义人道主义，是当今社会老年伦理关怀的底线。给予老年临终者全面的伦理关怀、使之圆满地走向生命的终点，不仅体现了社会主义人道主义的根本要求，也体现了一种关心人、尊重人、以人为中心的人本主义精神，还体现了提高老年人生活与生命质量的现实需要，更体现了全人照顾视角下机构养老服务精神文化的丰富内涵。

二、服务实践

（一）临终关怀病房[①]

临终关怀病房是医院或社区专门为临终者在逝世前的几周至几个月的时间设置的特殊病房。临终关怀病房开放的主要对象包括恶性肿瘤晚期患者（较多）、病重危重患者、植物人和其他患者。

1991 年 3 月，天津医科大学临终关怀研究中心召开了“首次全国临终关怀学术研讨会暨讲习班”，之后又举办了五期临终关怀讲习班。其中包括两期“中美临终心理关怀研习班”和“中英临终关怀研习班”，以及“93 北京临终关怀国际研习班”等，并在天津、北京、西安、武汉、深圳等地举办临终关怀学术报告会或临终关怀系列讲座，先后有近 2300 名从事医疗、护理、营养、心理等方面工作的人参加，极大地推动了临终关怀事业队伍在我国的形成和发展。

北京临终关怀机构中比较著名的是朝阳门医院“临终关怀”病区，这个病区是北京第一家由卫生局批准成立的老年关怀医院，截止到 2021 年底，病区有 40 张床位，收住多种心脑血管患者和癌症晚期患者，医护力量雄厚，能够提供 24 小时临床护理和生活护理服务。

深圳临终关爱病房设置比较突出的是深圳龙珠医院（晚期肿瘤临终者关爱病区），截止到 2021 年底，病区有床位 56 张，环境优美、医护团队专业强大，成为许多恶性肿瘤临终者的优先选择。

上海的临终关怀机构以宝山爱德护理院最为突出，截止到 2021 年底，病区有床位 300 张，成为具有一定规模的临终关怀机构。

惠州市第一人民医院于 2017 年设立临终关怀科，开展临终关怀服务。该院专门设立了关怀病房、心灵舒缓室、关怀室，作为临终关怀服务的主要阵地，以“临终关怀+善终关怀”模式为终末期患者提供温暖的生命支持。可以由亲人和医护人员全程陪伴病患走完人生的最后旅程，尽量减少病患的痛苦，使病患能够获得最后的心灵慰藉。同时，考

① 沙勇，周建芳，白玫，2019. 养老服务管理[M]. 北京：社会科学文献出版社.

虑到不同患者的宗教信仰，临终关怀科的不同病房还按照佛教、基督教、天主教等不同宗教风格进行了布置，使病患临终时能够获得更多的心理安慰。

（二）社区居家临终关怀

北京市西城区德胜社区卫生服务中心从2009年开始探索社区居家临终关怀工作，主要提供舒缓医疗、舒适护理、心理慰藉、中医扶正四方面的服务，服务内容覆盖生理、心理、生活各方面，包括建立电子档案、姑息治疗、止痛指导、心理疏导等。前期病情稳定可居家护理，后期病情加重可收入社区病房，顽固性癌痛可由病房与人民医院疼痛科专家通过远程视频平台进行会诊，当出现社区不能控制的癌痛、严重感染、肿瘤并发症、严重心律失常时，需转到三甲医院治疗。病房还提供上网、音乐、志愿者陪伴等人性化服务，目的是提高临终者的生活质量，让患者有尊严、平静安详地离开人世。

2018年，成都市生命关怀协会与祥和里社区合作开展了“终在祥和”祥和里社区居家临终关怀项目。该项目为社区里的临终老人及其家属、近邻等提供身心灵社全方位、全人、全家、全程的临终关怀服务。致力于舒缓临终老人的疼痛、焦虑、失眠、浮肿等病症，缓解常见的老年综合征，对患者及其家属进行“有尊严”的照护。

参考文献

包世荣，2019. 我国养老服务业发展研究[D]. 长春：吉林大学.

柴化敏，2018. 英国养老服务体系：经验和发展[J]. 社会政策研究，（3）：79-96.

陈淑红，2007. 养老服务与产业发展[M]. 长沙：湖南人民出版社.

崔研，2021. 居家养老共享服务平台运营管理及其优化研究[D]. 秦皇岛：燕山大学.

邓大松，李玉娇，2018. 医养结合养老模式：制度理性、供需困境与模式创新[J]. 新疆师范大学学报（哲学社会科学版），39（1）：2，107-114.

董红亚，2019. 中国养老进入服务新时代[M]. 北京：中国社会科学出版社.

董克用，王振振，张栋，2020. 中国人口老龄化与养老体系建设[J]. 经济社会体制比较，（1）：53-64.

杜鹏，李龙，2021. 新时代中国人口老龄化长期趋势预测[J]. 中国人民大学学报，35（1）：96-109.

杜鹏，陆杰华，何文炯，2018. 新时代积极应对人口老龄化发展报告・2018[M]. 北京：华龄出版社.

杜鹏，王雪辉，2016. “医养结合”与健康养老服务体系建设[J]. 兰州学刊，（11）：170-176.

冯立天，1992. 中国人口生活质量研究[M]. 北京：北京经济学院出版社.

苟明，2020. 标准化让“老有所养”更有质量[J]. 中国质量监管，（8）：20-23.

谷甜甜，李德智，徐萍，2019. 国外养老服务管理体制对比及启示——以典型福利国家为例[J]. 经济体制改革，（5）：149-157.

郭竞成，2012. 农村居家养老服务的需求强度与需求弹性——基于浙江农村老年人问卷调查的研究[J]. 社会保障研究，（1）：47-57.

郭丽君，2019. “医养结合”养老服务体系[M]. 北京：科学出版社.

韩玺，2017. 医养结合养老服务评价指标体系研究[D]. 西安：西北大学.

韩烨，沈彤，2021. 中国特色养老服务体系建设的逻辑起点与规划远景——从“积极老龄化”到“积极应对人口老龄化”国家战略[J]. 学习与探索，（3）：29-35.

侯冰，2018. 城市老年人社区居家养老服务需求层次及其满足策略研究[D]. 上海：华东师范大学.

黄佳豪，孟昉，2014. “医养结合”养老模式的必要性、困境与对策[J]. 中国卫生政策研究，7（6）：63-68.

贾玉娇，2017. 中国养老服务体系建设中的突出问题与解决思路[J]. 求索，（10）：90-98.

姜向群，丁志宏，2004. 对我国当前人口老龄化问题研究的概念和理论探析[J]. 人口学刊，（5）：10-13.

金易，2012. 人口老龄化背景下中国老年人力资源开发研究[D]. 长春：吉林大学.

凯瑟琳・麦金尼斯・迪特里克，2008. 老年社会工作生理、心理及社会方面的评估与干预[M]. 2 版. 隋玉杰，译. 北京：中国人民大学出版社.

蓝子俊，2020. 中国民营养老机构发展困境研究综述——基于纵向时间视角[J]. 西部学刊，（23）：144-147.

李兵，庞涛，2018. 国家养老服务质量框架：定义、原理和标准[J]. 社科纵横，33（2）：97-104.

李彩宁，毕新华，2018. 智慧养老服务体系及平台构建研究[J]. 电子政务，（6）：105-113.

李丹，李丽萍，2022. 社区医养结合养老服务高质量供给研究[J]. 中州学刊，（3）：59-66.

李娟，2011. 城市养老机构服务质量及其影响因素调查研究[J]. 社会工作（学术版），（11）：66，85-87.

李小伟，2021. 我国社区养老服务发展现状及策略分析[J]. 西部学刊，（1）：155-157.

李学斌，2008. 我国社区养老服务研究综述[J]. 宁夏社会科学，（1）：42-46.

李玉玲，2020. 我国养老服务质量建设的难点及治理研究[J]. 兰州学刊，（2）：192-199.

李振星，2019. 社区养老服务的网络智能平台构建研究[J]. 电子商务，（4）：37-38.
梁小民，1995. 西方经济学教程（修订版）[M]. 北京：中国统计出版社.
刘厚莲，2021. 世界和中国人口老龄化发展态势[J]. 老龄科学研究，9（12）：1-16.
刘宜滨，2013. 我国人口老龄化及其特点[J]. 神州，（9）：240.
刘奕，2021. 从资源网络到数字图谱：社区养老服务平台的驱动模式研究[J]. 电子政务，（8）：40-51.
刘渝琳，王路，赵卿，2005. 中国老年人口生活质量评价指标体系的构造[J]. 重庆大学学报（自然科学版），（8）：154-158.
楼研，许虹，2017. 居家养老服务与管理[M]. 杭州：浙江大学出版社.
卢建荣，2022. 老年慢性病患者健康管理的研究进展[J]. 中国城乡企业卫生，37（4）：39-41.
陆杰华，2019. 人口负增长时代：特征、风险及其应对策略[J]. 社会发展研究，6（1）：21-32，242.
陆杰华，刘芹，2018. 改革开放 40 年来中国老龄研究的进展、创新及展望[J]. 中共福建省委党校学报，（12）：76-85.
马贵侠，2010. 论“时间银行”模式在居家养老中的应用[J]. 南京理工大学学报（社会科学版），23（6）：116-120.
马洪，孙尚清，1989. 经济与管理大辞典 · 续编[M]. 北京：中国发展出版社.
马克思，恩格斯，1995. 马克思恩格斯选集（第一卷）[M]. 中共中央马克思恩格斯列宁斯大林著作编译局，编译. 北京：人民出版社.
毛靖，耿力，2020. 中国健康老龄化的趋势与策略[M]. 武汉：华中科技大学出版社.
孟珈磊，杜海玲，2018. 借鉴国外养老模式发展辽宁省养老产业——以美国、日本养老模式为例[J]. 商业经济，（2）：39-41，79.
潘纪一，朱国宏， 1991. 世界人口通论[M]. 北京：中国人口出版社.
祁峰，2010. 英国的社区照顾及启示[J]. 西北人口，31（6）：20-24，28.
秦强，李乐乐，2019. 新时代我国人口老龄化问题研究[J]. 广西社会科学，（11）：78-83.
任际，2017. 老龄化新趋势及应对:国际化与多元治理[J]. 辽宁大学学报（哲学社会科学版），45（6）：93-99.
任娄涯，马小琴，杨晓婷，等，2019. 我国居家养老服务需求研究现状[J]. 护理研究，33（9）：1549-1551.
沙勇，周建芳，白玫，2019. 养老服务管理[M]. 北京：社会科学文献出版社.
单奕，2015. 居家养老照料[M]. 北京：海洋出版社.
史柏年，2003. 社区照顾模式及其在中国的应用[C]//王思斌. 转型期的中国社会工作——中国社会工作教育协会 2001 年会议论文集. 上海：华东理工大学出版社.
宋雪飞，周军，李放，2017. 非营利组织居家养老服务供给：模式、效用及策略——基于南京市的案例分析[J]. 南京大学学报（哲学 · 人文科学 · 社会科学），54（2），145-156.
隋立军，2021. 全生命周期视角下养老社区绿色化程度评价研究[D]. 大连：大连理工大学.
孙鹃娟，2007. 中国老年人生活质量研究[M]. 北京：知识产权出版社.
孙作文，2019. 老龄化背景下日本居家养老服务体系的构建及启示[J]. 当代经济，（3）：156-157.
滕炜，2016. 医养结合服务体系的重塑[D]. 成都：西南财经大学.
同春芬，张健，2018. 居家养老概念辨析[J]. 社会福利，（1）：9-13.
佟新，2006. 人口社会学[M]. 3 版. 北京：北京大学出版社.
万春，2010. 西方经济学的微观需求理论体系及相关政策启示[J]. 经济问题探索，（2）：144-150.
王成，周玉萍，2021. 国内养老机构标准化建设：边界、实践与展望[J]. 西南石油大学学报（社会科学版），23（3）：9-17.
王莉莉，2013. 基于“服务链”理论的居家养老服务需求、供给与利用研究[J]. 人口学刊，35（2）：

49-59.
王梅欣，2019. 新时代养老服务体系构建研究[M]. 北京：人民出版社.
王婷，贾建国，2017. 我国养老及社区养老现状分析[J]. 中国全科医学，20（30）：3707-3710.
魏媛，刘苏瑾，谭芳芳，2021. 人口老龄化背景下我国机构养老服务的问题及对策探讨[J]. 辽宁经济，（2）：74-77.
翁丹，2019. 老年慢性病健康管理的研究进展与思考[J]. 中医药管理杂志，27（5）：202-203.
邬沧萍，2002. 提高对老年人生活质量的科学认识[J]. 人口研究，（5）：1-5.
邬沧萍，姜向群，2015. 老年学概论[M]. 3 版. 北京：中国人民大学出版社.
邢占军，王从，2021. 生活质量视角下的文化养老研究与政策思考[J]. 理论学刊，（6）：140-146.
许虹，李冬梅，2015. 养老机构管理[M]. 杭州：浙江大学出版社.
亚伯拉罕·马斯洛，2012. 动机与人格[M]. 3 版. 许金声，等译. 北京：中国人民大学出版社.
杨翠迎，刘玉萍，2021. 养老服务高质量发展的内涵诠释与前瞻性思考[J]. 社会保障评论，5（4）：118-130.
杨胜普，2018. 全人照顾视角下机构养老服务概论[M]. 北京：中国社会出版社.
杨燕清，肖惠敏，2017. 我国养老服务质量评价体系的研究进展[J]. 中国护理管理，（5）：716-719.
杨自平，2014. 先秦儒学与老年学[J]. 深圳大学学报(人文社会科学版)，31（6）：46-53.
姚蕾，2018. 老年人服务与管理概论[M]. 北京：清华大学出版社.
叶浩生，2004. 西方心理学理论与流派[M]. 广州：广东高等教育出版社.
叶南客，唐仲勋，1989. 老年人生活质量初探[J]. 人口研究，（6）：31-37.
尹文辉，2009. 美国涉老政策及法律法规——《美国老年法》的诞生和发展[J]. 中国社会工作，（32）：52-55.
游雪滕，蔡德发，2021. 养老服务人才队伍建设现实困境及对策探析[J]. 大学教育，（9）：154-156.
袁鸿江，曾尔亢，2002. 老年医学[M]. 北京：人民卫生出版社.
早川和男，2005. 居住福利论：居住环境在社会福利和人类幸福中的意义[M]. 李桓，译. 北京：中国建筑工业出版社.
张登利，2019. 中国居家养老服务的支持性政策研究[D]. 武汉：华中科技大学.
张丰健，熊晗，刘义兰，等，2020. 老年人机构养老适应性的研究进展[J]. 中华护理杂志，55（12）：1896-1902.
张瑾，等，2018. 我国养老服务体系建设重点问题研究[M]. 北京：中国经济出版社.
张恺悌，2008. 老年社会工作实务[M]. 北京：中国社会出版社.
张雷，韩永乐，2017. 当前我国智慧养老的主要模式、存在问题与对策[J]. 社会保障研究，（2）：30-37.
张荣，赵崇平，2018. “互联网+”居家养老体系建设研究[M]. 北京：光明日报出版社.
张书，等，2019. 养老服务标准化基础与实践[M]. 北京：中国标准出版社.
张旭升，牟来娣，2010. “居家养老”理论与实践[J]. 西北人口，31（6）：25-28.
张燕坤，2021. 养老机构标准化与服务质量管理探索[J]. 中国标准化，（20）：47-51.
张毅，2019. 社区养老服务主体法律制度研究[D]. 沈阳：辽宁大学.
张再云，2015. 从管控到规制：新中国成立以来我国养老机构监管政策的历史脉络[J]. 老龄科学研究，3（1）：39-49.
张泽滈，肖瑶，雷佳，2018. 将养老服务推向高质量发展阶段——“养老服务质量理论与实践论坛”观点综述[J]. 西安交通大学学报（社会科学版），38（4）：84-88.
章晓懿，刘帮成，2011. 社区居家养老服务质量模型研究——以上海市为例[J]. 中国人口科学，（3）：83-92，112.
赵胜文，张富国，2015. 马斯洛需求理论对历史唯物主义的拓展[J]. 北方论丛，（3）：123-128.

中国社会科学院语言研究所词典编辑室，2016. 现代汉语词典[M]. 7 版. 北京：商务印书馆.
周春发，付予光，2008. 居家养老：住房与社区照顾的联结[J]. 城市问题，（1）：68-72.
周红云，郑好，2015. 协同视角下居家养老服务人才培养机制研究[J]. 管理研究，（2）：1-9.
朱冬梅，2013. 养老服务需求多元化视角下的社会组织建设[J]. 山东社会科学，（4）：48-51.
Alderfer C P, 1969. An empirical test of a new theory of human needs[J]. Organizational Behavior and Human Performance, 4(2): 142-175.
Warr P, 1987. Work, Unemployment, and Mental Health[M]. Oxford: Oxford University Press.